谨以此书
献给中国改革开放四十周年
献给祖国各地和海外的温州人

只因我是温州人

吴明华 著

北京航空航天大学出版社
BEIHANG UNIVERSITY PRESS

图书在版编目（CIP）数据

只因我是温州人 / 吴明华著. -- 北京 ： 北京航空
航天大学出版社，2019.1
　　ISBN 978-7-5124-2912-3

　　Ⅰ.①只… 　Ⅱ.①吴… 　Ⅲ.①地方文化－温州－文集
Ⅳ.① G127.553-53

中国版本图书馆 CIP 数据核字（2018）第 301652 号

只因我是温州人

出版统筹：邓永标
责任编辑：曲建文　舒　心
责任印制：马文敏
出版发行：北京航空航天大学出版社
地　　址：北京市海淀区学院路 37 号（100191）
电　　话：010 - 82317023（编辑部）　010 - 82317024（发行部）　010- 82316936（邮购部）
网　　址：http://www.buaapress.com.cn
读者信箱：bhxszx@163.com
印　　刷：北京柯蓝博泰印务有限公司
开　　本：710mm×1000mm　1/16
印　　张：19
字　　数：280 千字
版　　次：2019 年 1 月第 1 版
印　　次：2019 年 1 月第 1 次印刷
定　　价：49.00 元

序　言

　　经常有各地的朋友来到温州拜访吴明华先生，谈及温州的情况，普遍对温州人的经商之道感兴趣。有人总结出温州人的"商道秘笈"，明华先生看了觉得这些道理全国各地的人都懂，只是温州人做到了极致，这些理念温州人似乎与生俱来无师自通，在言谈举止间、在行动中自然流露，而作为地域文化特征早已融入了温州人的灵魂。

　　要说究竟，就要追溯温州的历史、温州的地理人文和文化传承。

　　然而，讲述温州的文章书籍又是很多的，文学家的作品多以旁观者的角度观察抒写；专家学者的文章，更多地注意政治、经济方面；官员的文字多注重实践的探索；记者的新闻报道，着笔于一时一事之印象……

　　温州长期以来就是一个偏远闭塞之地。温州话之独特难懂，就是因为长期以来与外界交流之阻隔。然而，天地造化，历史上的温州亦有文化大发展时期，"温州文化"自成一体，显著异于其他地区。温州乃至浙江以外的人撰写涉及"温州人"的许多文字，对温州地域文化特征失于把握准确，温州人读了反而觉得不接温州的地气，更多的大约是作者自身的感受和经验反映。

　　温州位于东南一隅，三面大山一面临海，山海屏障，使得温州少受战火波及，历史上亦曾为中原南迁之"世外桃源"，在此与沿海北上之先民融合，给蛮荒的古代温州带来了先进文化。故而千百年来，中原文化在中原地区历经沧桑，而于温州在保持本色基础上有长足发展。

　　南宋建都临安（杭州），天子脚下温州人迎来了大发展机遇。南宋时期是中国古代政治、经济、文化发展的高峰阶段，也是当时世界上最为繁荣发达的区域。温州在文化大发展的同时，走出大批学子，他们为后世的温州人树立了标杆。同时还诞生了以本土学者叶适为代表的"永嘉学派"——行实事，有实功，亦称"事功学派""功利学派"，在当时思想界引起巨大反响，对后来中国的学术思想和社会发展产生了极大影响，深切影响着温州（浙南）地区后世思想和社会发展。今日温州之成就，都可以找到前因后果的联系。

崛起于改革开放的温州，当初"十万大军"闯天下，他们大多是出身草根、洗脚上岸的农民，读书不多。这可能是温州人给国人的最早印象。而后的温州亦以工商业闻名，温州人走遍全国、走向世界亦以善于经商著名，但温州少有文化事业之巨制。这样就给国人留下这样的印象：温州人会做生意没文化。当代温州相比于文化繁荣的城市，文化氛围并不浓厚。实际上，温州商业氛围的浓厚遮蔽了一个真相：温州是一个历史文化源远流长颇具个性的城市，无论历史上还是当代，温州都是一个学风甚盛、人材辈出、传统文化传承未曾中断的地区。

与其说温州人理念有多先进，毋宁说温州人有多传统。恰恰是这一点成为温州人在改革开放之初闯世界之利器。人们发现，温州人文化不高，但很有"人情味"。改革开放四十年后的今天，国学大热，昭示着传统文化的回归，国学立身处世之道为国人所推崇，然而，温州人早已抢得先机，勇立潮头。

与温州人有过往来的人都有体会，温州人特别客气，凡事为对方考虑，很给面子。聚会抢着付钱，并不是因为温州人有钱；温州人灵活包容，不是因为温州人没有原则底线。温州人是一个多面体：自力更生、团结合作、四海为家、敢于冒险、灵活创新、精于创业；温州人开放而又传统、自主而又抱团、变通而又执著。如果说这些都是宏观概括，那么这本书就是以民间角度——以作者在温州，历经几个社会发展阶段的所见所闻和所思所得来诠释"温州人"，他们是亲切的、平和的，就在我们的周围，似我们的邻里兄长，所以这本书是温暖的、能触摸和有情怀的，能让你感知温州和温州人，对你而言也许是"陌生的熟悉"，也许还有与你想像中的出入；温州人既不神秘也不另类，他们只是温州这个地方的人，因山水滋养而有所不同。这本书，在外的温州人读来，也许能给他带去几分乡愁；在本地的温州人读来，可以品味乡土文化的醇厚。

序言 003

明华先生当过工人、军人、教师和干部，经历丰富。青年时期开始发表作品，于20世纪90年代初下海经商，经商二十多年创造了一个个商界传奇。在温州被誉为"温州最有钱的文化人，温州最有文化的有钱人"。

明华先生的父亲为工厂技师，母亲为小学教员，兄妹4人，其祖辈亦有家学渊源。青少年时期家中生活清苦，但传统家风气息浓厚，1983年获全国妇联"五好家庭"称号。有感于世人对于温州的关注，于20世纪90年代初出版了著作《遥望温州》，对温州地域文化的思考遂成兴趣。

明华先生虽书生意气，但人情练达、世事洞明。创办过多家制造型的小工厂、一家中西医结合医院、一家四星级酒店、连锁旅店、房地产业等，成就卓著。所有投资，几无失察。相比于前期成功后来投资失利的许多朋友，明华先生善于省察"成功之究竟"，审时度势。事业成功还得益于道德操守，得益于长期读书、精于实践形成的大格局和历史观。明华先生不抽烟不喝酒也不唱歌跳舞，"唯有读书和运动不可辜负"，学以致用。偶尔有感而发，以为报纸写文章、为高校讲演以怡情。

温州文人亦文亦商，然而事业宏大者不多。明华先生是一特例，值得探究。中国本土文化缺乏一种创业精神，儒家思想重在维护人与自然之间的和谐，不倡导向自然过度索取。文人经商亦多有羁绊。中国文明早熟，历史上也没有发生"产业革命"。温州的"永嘉学派"学说在历史上就显得特殊，在当代的影响也许可以从"温州现象"乃至温州文人普遍经商中得以体味，其他地方的文人群体如同温州者并不多见。

温州是值得探究的，温州人精神是一笔宝贵的精神财富，我们需要唤醒心灵深处的激情，"认识你自己"也需要有一种比较；温州人是值得交往的，温州人乐于成人之美，他们由衷赞叹勤奋进取的人。

明华先生和一批温州学者亦是文化自觉者，有知人和自知之明，对温州文化亦有自知和卓见。本地知名文化学者沈克成先生，是明华先生青少年时代开始交往至今的挚友，可以说是温州的一位儒者。当年创业为自己的企业取名"里仁"，源自《论语·里仁》："子曰：里仁为美，择不处仁，焉得知？不仁者不可以久处约，不可以长处乐；仁者安仁，知者利仁；富与贵，是人之所欲也；不以其道得之，不处也。"家风熏陶，沈亚兄创办"唯品会"，其名亦有精义。

在全国各地有 200 多万温州人，至 2018 年 11 月，在全国地市级以上城市成立异地温州商会 268 家，在海外的温州人当前有 68.8 万人。"三个温州"的说法，分别指本土温州、全国各地的温州人和海外的温州人。散居全国各地和海外的温州学人其占温州人比例也是很高的。各地商圈有"唯温商马首是瞻"的说法，盖因温州人具有强烈的自主性和探索精神。温州本土作家彭文席先生六十多年前创作的寓言《小马过河》成为青少年必读经典，影响了几代人，还被翻译成几十种文字走向世界。其中一句即为温州人精神的写照："河水既不像小松鼠说的那么深，也不像老牛伯伯说的那么浅。"这是小马在亲身实践之后所得出的结论。

与各地朋友闲说温州不失为一件有趣的事，与温州人探讨温州文化亦是一件人生快事。

是为序。

逸柏酒店集团 CEO　吴跃春

戊戌年初冬于上海

目 录

第一章　温州人与众不同的群体个性

——温州地理的人文解读

解读温州人的密码

要解读温州和温州人先要说"瓯"，"瓯"对温州人来说至关重要，温州人大多有"瓯"字情结。

温州古称"瓯"，瓯越、越瓯、东瓯，指的都是如今的温州。温州为什么称瓯有三种说法：一说是因为温州人会制瓯；二说是温州的地形像"瓯"；三说是因这片土地上有条瓯江。

瓯，是古时我们祖先使用的盆盂类陶器，盛水盛酒用的。古人生活离不开瓯："超宗既坐，饮酒数瓯。"（《南齐书·谢超宗传》）1700 年前的西晋名人杜毓在《荈赋》中就明确指出"器择陶拣，出自东瓯"。这是迄今现存历史文献中最早关于陶瓷产地的记载。可见，温州陶瓷业历史悠久。

在古代，瓯又是陶质的乐器。"坎其击缶，宛丘之道。"（《诗经·陈风·宛丘》）唐朝孔颖达《正义》将此解释为："缶是瓦器，可以节乐，若今击瓯。"也就是说，瓯是钟磬一类的打击乐器。古时，我们祖先使用的盛器是瓯，高兴时打击的乐器也是瓯，如此娱乐，让人想起那些久远的蛮荒时代。

2002 年 11 月起，文物专家对温州西郊的老鼠山进行了近一个月的发掘，陆续出土了数百件器物，包括陶器、石箭头、骨质和玉质饰物等。据浙江省文物考古研究所工作人员考证，这些器物绝大部分属于距今约 3500 年前的商朝。这表明，7000 年前已开始种稻、制陶的河姆渡文明毗邻的瓯越之地，在商朝时，已经开始制陶，在这个林莽苍苍、猛禽飞鸣的蛮荒时代的温州，就有先民居住了。

温州先民们的制瓯技术领先于中原许多地方是不争的事实。吴仁敬等著的《中国陶瓷史》说："瓯越所造的青瓷，精密坚致，为后进天青色釉之始祖。"又说："所谓缥瓷，即瓯越之青瓷也。"经温州市文物工作者长期的努力，迄今已发现了100多处瓯窑古遗址，并出土了不少精美的瓯窑瓷器。

我父亲是陶瓷专家，设计陶瓷炉窑的。他年近九旬时仍然思路清晰。我曾与他讨论：温州的先民为何擅于

三国堆塑谷仓罐，温州市瓯海区藤桥镇石埠村出土（温州博物馆藏）

制瓯，父亲认为是温州的粘土适宜制瓯的缘故。在交通落后的古代，原料就地取材是先决条件。温州的腊石矿又很丰富，给从粘土制瓯到以腊石为主要原料的制陶、烧瓷提供了良好的条件。江西景德镇被誉为"千年瓷都"就是因为当地有优良的制陶原料——高岭土。

故善于制瓯的温州先民被称为瓯民，他们居住的地方被称为瓯地也就顺理成章了。

在《山海经》这部我国最早的地理书中，即载"瓯在海中"。晋郭璞对此有一诠释："今临海永宁县，即东瓯，在歧海中也。"查辞书，有歧山的条目而无歧海。"二达为歧，物两为歧"，温州的海岸线弯弯曲曲，多半岛与小岛，洞头即称为"百岛之县"，歧海大约因此得名。

《周书》中也有关于瓯的记载："东越海蛤，瓯人蝉蛇，且瓯文蜃。"孔兆注："东越瓯人也。"说明瓯属东越。《周书》又云："汤问伊尹曰：'诸侯来献，或无马牛之所生，而献远方之物事实相反不利。今吾欲因其地势所有献之，必易得而不贵，其为四方献令。'伊殷受命，于是为四方令曰：'臣请正东，符娄、仇州、伊虑、沤深、十蛮、越沤，剪发文身，请令以鱼皮之鞞、

蜈鲗之酱、鲛鼰剑利为献。'"这里的"越沤"当是古时的温州。孙诒让先生著作《温州建置沿革表引》中说："夏为瓯、殷为沤、周为欧,实一字也。"也就是说,无论沤、欧,均是瓯。

可见,"瓯"之命名早矣。而作为浙江省第二大河的瓯江,却迟迟未见于典籍。在北魏郦道元的《水经注》这部非常重要的地理著作中,没有对瓯江的记载。最早关于"瓯水"或"瓯江"的记载是南朝宋郑辑之所著的《永嘉郡记》:"瓯水出自永宁山,行三十余里,去郡城五里入江。"也就是说,瓯江的得名在"瓯地"或"瓯民"之后——这是瓯地最大的一条河流,所以被人们称为瓯水或瓯江。

因而上面的第三说可以排除。

瓯,还可引申为国土,《南史·朱异传》:"我国家犹若金瓯,无一伤缺。"金瓯即盛酒器。但以"瓯"来命名地名的,不多。巧的是,在闽北还有一个城市叫建瓯,查建瓯历史,同样是以制作瓯器闻名。茶经中的建盏,即指建安(今福建建瓯)制造的一种稍带红色的黑茶盏,被宋时茶人视为佳品。这旁证了温州古称瓯地的由来,实为器物命名。

三面环山一面朝海

温州人善于制"瓯",温州的地理环境,也像一个"瓯"。

说起温州地理,惯常的提法是"东南一隅"。自南宋王朝在金的武力进逼下南迁临安(今杭州),"偏安于东南一隅"。而温州又在浙江的东南隅。到最后,宋高宗更是从临安逃到了温州——这真是东南一隅,再过去就是海了。

隅就是角落、边远、相对封闭的地方,长期以来,温州人的感觉就是被遗弃在角落里。不是"静女其姝,俟我于城隅"(《诗经·邶风》)躲在角落里等待情人相会,而是蜷缩在角落里的弃儿向隅而泣。

温州的北面是台州,西面是丽水,南面与闽北的福鼎、寿宁等地接壤。这三面都有高山阻隔,西南边是洞宫山脉,最高处在泰顺县境内的白云尖,海拔1611米,比山东泰山的玉皇顶还高;西北边是括苍山脉,最高处在永嘉县境内的大青岗,海拔1271米;正南边经由分水关通往福建闽北。分水关即分水岭的关隘。"高山岭头,水分两边流",自然不低。

只有中部的小部分地方以及濒临东海的东部是平地。但你不能有华北平原、胶东平原般无边无际的概念，这些只是小平原，并且常常有小山点缀。所以你在整个温州的任何一处，都能抬头见山。这并不是说温州地势高峻，而是这里水网密布，沟渠纵横、河湖交错，所以在温州的任何一处，又都能低头见水。山水温州的称谓由此而来。

从历史记载中我们知道，在 3000 多年前，居住在这里的人民，生活远比中原落后，中原人在"城中好高髻，四方高一尺"时，瓯民却剪短头发，身上刺着花纹、赤足，以吃蛇、蛙和鱼、蛤为生。

当孔圣人率三千弟子、七十二贤人，在沃野千里、阡陌相连的中原大地周游列国，问礼于洛阳之时，瓯民"制瓯击缶"，还在捏他的泥巴，敲他的盆盂呢！在交通极其落后的古代，中原的先进文化和生产力无法透过重重的山峦，惠及这"瓯"中之民。

这是一个"瓯"，一个面向大海、盛满了温州人民世世代代美好希冀的"饭碗"。同时也是瓯民的一个大家园，它为瓯民遮风避雨，供他们起居饮食，同时又将他们阻隔在中原文明之外。

温州人的特殊经历和因此造成的独特个性，都是因为这个"瓯"。

所以上面的第二说也讲得通。

瓯中的世外桃源

我好旅游，全国各个省市自治区、全世界七大洲中的六大洲（除南极洲之外）都留有我的足迹。走多了之后回过头想想，这个"瓯"待温州人不薄。别的不说，有时候光看中央台的天气预报，都会发出这样的感慨：瓯地的瓯民真是有福！

温州的年平均气温在 18℃左右，年均降雨量 1600 毫米左右，无霜期长达 280 天。如此冷热均匀、气候湿润的地方实在少见，滋润得温州人个个水灵灵的。加之这里的河道纵横，水网丰富，土地肥沃，农作物一年三熟，东部的海岸线曲折绵长，沿海岛屿星罗棋布，海产品异常丰富。

遥想当年温州城，瓯江与宽阔的护城河将城区围成一个孤岛，城内九山环立如斗魁，整齐的街坊罗列其间，每条街坊或前或后都有一条河道。河水

《孤屿全图》（局部）叶应宿绘画（明朝），图中内容为温州城瓯江两岸山水，孤屿指江心屿

与城外小河相通，清澈见底而缓缓流动。家家户户有一小桥与街坊相通，由于小桥是各家自己建造的，形式不一，高低不同，有的栏杆雕饰豪华细腻，有的粗放而富有野趣。人们在桥上聊天，在自家的河埠头汲水、洗刷。坐在厨房间里，向窗外伸出钓鱼竿，顽皮的邻家小孩扔一颗石子，倏忽之间正要咬钩的鱼儿不见了，引来一阵哄笑声……

在古代，温州人的吃饭应该是不成问题的，而且可以吃得很好。地形造成的闭塞又有什么关系呢？自给自足，自己的语言，自己的生活方式，自得其乐，反正天高皇帝远。

河道宽广处，庙宇搭出戏台，逢年过节的热闹景象，令人流连。温州人至今形容"热闹"便是"戏台下似的"。夏天，河边的榕树下，坐满了乘凉的人，树荫下是凉凉的水气，是最好的社交场所，拉家常讲故事……在河中游水嬉戏的小孩，更为这种社交场所增添喜悦的气氛；玩腻了水，那就上山吧，华盖山、松台山，就在湖边，有的山上能看到瓯江。山水城市，山水相连……别以为这是我的想象，在我刚懂事时温州就是这个景象，我的游泳就是在大榕树下学会的。

读书时春游，就在自己住家附近的河埠头上船，一直划到远郊的风景区茶山或者仙岩。手划船、舴艋舟、小火轮四通八达，乐清、永嘉、瑞安、平阳，都是船来舟去，甚至连地处山区的泰顺、文成也可用拉纤或背滩的方式坐船到达。划动的船桨，搅动了清清的河水，也搅动了悠游的鱼虾，不时跃出水面……以前的瓯地，分明是另一种版本的"世外桃源"。

　　这样的一个世外桃源，不知道延续了多少年。相对闭塞的环境，生产力虽然落后，民风却比较纯朴，战争、杀伐也较少波及。瓯民不急不躁，稳步前进，从3000多年前的断发文身、击瓯为乐至隋、唐时，与中原的差距已经不大了。

　　到了宋代，特别是南宋，中原因外族的侵入，经济和文化都受到了极大的破坏，相对稳定的温州反而就走到了前头。生产力方面，这时温州的造船、纺织、印刷、陶瓷、皮革等等行业都非常发达，产品远销南洋、日本、高丽诸国。生产力的发达，促进了市场的繁荣。

　　史书记载温州"地不宜桑而织纴工，不宜漆而器用备"，"海育多于地产"。在南宋时期，永嘉县的商业税是全国各县平均商税的7倍多。

　　此时温州，游客云集，往来不绝，酒楼茶肆，箫歌喧阗；文化方面，九山书会、永嘉才人，南戏由萌芽而发展，事功学说的提出，永嘉学派的形成等，都证明了这一点。时任温州知州的诗人杨蟠有《咏温州》，诗云：

　　　　一片繁华海上头，从来唤作小杭州；

　　　　水如棋局连街陌，山似屏帷绕画楼。

　　　　是处有花迎我笑，何时无月逐人游？

　　　　西湖宴赏争标日，多少珠帘不下钩。

　　可见温州当时的盛况。至此，这个"瓯"字，真像一只满满登登的饭碗，在风调雨顺中，盛满了岁月累积下的收成。仿佛将在一代代瓯越子民手中一直这样端下去。然而饭碗盛得越满，就越不好端，招引的觊觎者越多，倾覆的风险也越大。

金瓯无缺有代价

　　随着经济的发展、物产的繁荣，闭塞的温州逐步为外界所了解。这里临海处一片平坦，船舰可长驱直入；进来之后只要占据周边山头，则攻守自如。而中央政府派兵欲来，却有大山阻隔，天高皇帝远，像一个失去保护的孤儿。于是海盗、倭寇频顾温州。

　　明嘉靖三十五年（1556年）九月，"倭寇数千自楠溪出，夺舟渡江至蒲州登岸、屯据龙湾，并分兵掠永嘉场。王沛、王德率义兵拼力抵御，斩倭寇十六人，生擒十四人，夺马十余匹。十月，倭寇由闽犯瑞安境，守备刘隆、温州卫指挥祁高战死"。数千人来扰，唯义兵抵御，说明守军救援不及。而事隔一月，连守备与指挥也战死了。

"明嘉靖三十七年（1558年）四月初五，倭寇八百余犯梅头，攻海安所。初六，王沛、王德率义兵追剿，遭敌包围，王沛与族中崇尧、崇修被害。十七日，倭寇船百余艘从黄华攻磐石。磐石把总统率舟师战败，全军覆没。二十三日，倭寇分掠永嘉、龙湾，王德率部在金岙与倭寇相遇，力战身死。"一月三次，船百艘、磐石卫把总以下全军覆没，义兵首领力战而死。倭寇的猖獗与实力由此可见。当时明朝国力还在鼎盛时期，温州人比沿海其他地区遭受更多倭难，因地理环境因素，救援不及是非常明显的。

直至"嘉靖四十年（1561年）四月二十七日至五月十六日，时任浙江都司参将的戚继光自台州率兵南下，在乌牛、琯头、磐石等地连战皆捷，斩敌一百二十余人，生擒二十余人，焚溺倭寇无数，救回被掳男女三百余人"。第二年，戚继光与俞大猷会剿流窜福建的倭船七十余艘，捣破倭寇在横屿（今福建宁德城外海中）的老巢，倭患才算稍息。

倭患息后不久，洋人便紧跟而来。倭寇空手而来，抢掠之后满载而去。洋人恰恰相反，往往满载而来，载来的是洋烟、洋酒、洋油、洋布、洋伞等等洋货，同时还运来大量的鸦片烟。洋船大多有武装保护，能正常贸易的，便做贸易，不能正常贸易的就走私，走私不进来的，就武装贩运了。他们也满载而去，载去的是茶叶、丝绸之类的土特产及抢掠去的物品。真是商人、海盗、土匪三位一体。

清道光十八年（1830年），英人梅兰率战船三艘，侵扰乐清沿海；咸丰三年（1853年）四月间，在永嘉林干（瓯江口灵昆岛）地方索洋一千而去。五月廿七日，又有海匪"广东艇"白日登岸，劫去妇女七人，进港船计十余只。闻黄岩地方蹂躏尤甚。咸丰六年（1856年），夷匪（洋人）骚扰温州，泊东门码头，镇道各官合馈银七百两，折净钱一千五百并礼物等。与此种骚扰同时的是鸦片烟源源不断地流入温州沿海……

就连英国公使卜鲁斯都在给国内的文书中承认："值得我们严重关注的事实是：镇海、舟山、温州的中国当局和居民，原来对于到那些地方去的欧洲人都是很友好的，毫无侵害地让他们在那里住下来，在温州且做了很大的生意。不幸在没有任何权力加以管束的情形之下，坏蛋逐渐聚集起来。这里的坏蛋经常凌辱那些毫无抵抗能力的居民还不够，终于在这几个口岸及其邻近水面当起土匪和海盗来了。"（1861 年 5 月 30 日致罗素发文第 56 号）他描写了外国"商人"怎样在温州当土匪和海盗以后，接着说："（外国人）罪案累累，终至逼得人民起来用群众暴行寻求报复了。"

在温州沿海至今仍保留有永昌堡、蒲壮所城、金乡卫等古代防御工事，城墙、城门、城楼、烽堠、烟墩完整。温州民众中流传至今的"光饼""盾牌舞"便是非物质文化遗存，是对抗倭英雄戚继光的纪念，而永强宁村至今仍保留有全国唯一的一个汤和庙，并且每年举办祭祀活动。宁村号称中国姓氏第一村，全村 80 余姓，据传便是抗倭将领汤和手下留守屯垦兵丁之后。同样，这段抗倭的历史还给金乡留下了一种独特的方言。这一切，如今是爱国主义的教育素材，也是那段屈辱历史的见证。

金瓯无缺——瓯地的人民，在历史上为抵御外侮，付出了沉重的代价。

瓯地让温州人吃尽了苦头

中华人民共和国成立后，按理说温州应当走出困境。其实不然，前数十年之中，这种"瓯"样的地理环境依然让温州人吃了苦头。

倭寇、洋人选择从温州进来，退踞台湾的国民党反攻大陆也选择从温州进来，其原因还是因为易攻易守，进可扼守咽喉要道以图中原，退可遁入山里长期潜伏，从战术角度说，这个"瓯"形的地方，是国民党眼中的桥头堡。

1949 年 11 月，温州刚解放不久，台湾国民党就派遣"浙瓯游击队"200余人，乘汽船 2 艘、帆船 5 艘分两路在平阳马站登陆；1950 年 2 月，国民党派遣"东南反共救国军浙闽边区第一师"，由师长王丁植带领，20 多人在平阳石坪乡登陆；同年 7 月，国民党的正规军 100 多人分两批攻石坪乡；几乎与石坪乡战斗的同时，另一股 70 余人从永嘉的清水埠登陆，清水埠与温州市区仅一江之隔，战斗的枪声市区可以清晰地听见……解放初期，在温州这类事太多了！

解放洞头有三次，头尾"三出三进"。第一次是 1949 年 10 月 7 日晚，21 军第 63 师在北起温州、南至福州的百里海岸线上发起进攻，解放洞头等海岛的战斗打响。9 日凌晨 188 团攻占洞头，全歼守敌 2000 余人，洞头解放。在随后的两年内，解放军与国民党军队发生拉锯战，1950 年 7 月，2000 多人包围攻占洞头，致我守军一位营长及 38 位战士牺牲……直到 1952 年 1 月的那次战斗，才第三次解放了洞头。

沿海其他岛屿如一江山岛是 1955 年解放的，它长不过 2 里，宽不过 1 里，分南北两个姐妹岛，中间隔一条江，故称一江山岛，驻扎有国民党正规军 1100 多人。这次战役由华东军区参谋长张爱萍统一指挥，是解放军首次陆、海、空三军协同作战。很多战士都是入伍不久年轻的浙江兵，据说牺牲也不少。一江山岛解放后，与此相望仅 14 公里的大陈岛，与我军控制的前沿阵地头门岛仅 9 公里之遥。一江山岛是大陈岛最重要的屏障，国民党军队因此在美国第七舰队护航下，一夜之间撤光，将大陈岛上的 18000 多名居民带到台湾，国民党军对浙江海域的封锁由此消除。

温州仍然被认为是国民党军反攻大陆的最佳登陆地点：三面大山环绕，东临大海，只要炸掉主要的三条公路，解放军好几天都进不了温州，而有海军空军优势和美军支持的国民党军就可以肆意作为。一江山战役的物资保障就是以温州为基地提供粮食弹药补给的。

温州成了中国最大的军分区，到处是民兵，有其历史渊源。20 世纪六七十年代洞头女子民兵连就闻名全国，1959 年毛主席接见了当时尚称"女子民兵排"的排长汪月霞。汪月霞后来任连长（曾任温州市人大常委会副主任，现健在）。以女子民兵连为故事背景的小说《海岛女民兵》在 1974 年被上海电影制片厂改编成电影《海霞》，相信 50 岁以上的人都还有印象。女主角海霞由上海姑娘吴海燕饰演，这位英姿飒爽的女民兵带着都市姑娘的妩媚与干练，在当时也是"女神"级大明星了，年轻的男观众心中暗暗仰慕着，电影插曲《渔家姑娘在海边》传唱至今，堪称经典。

直至 1963 年，温州解放十几年之后，国民党"反共挺进军第三十一支队"的两拨人马，还在平阳的大淹湾和永嘉的虎头岩相继登陆——我在温州市文化局工作时的两位领导陈又新、沈国鋆，后来还就此事件为故事背景写了《东海小哨兵》的戏而得奖。

虽然国民党小股武装的侵扰终究成不了气候，每次总是以被击溃或消灭而告终，可是温州人却因此吃了大苦头！温州被定为前线地区。不允许在温州投资大的工程项目，不许在温州建高楼，温州的一切工作都要从战备的需要出发……

记得我刚念初中时，班主任兼大队辅导员召集班干部开会，在黑板上画了一幅温州地图，然后解释说：这三面是山，一边朝海，就是大口袋，敌人一进来，只要把海这边一封锁，就扎紧了袋口，就可以关门打狗了——此时的"瓯"，又成了捉鳖之瓮。

她讲时热情洋溢，仿佛胜利就在眼前。她就不想想，我们自己也在这个大口袋里面。因为国家极少投资，温州人的失业率就更高；温州人的住房更紧张；温州学校的数量比例也低，温州人更少升学的机会，甚至连一些温州本地的中专学校都搬迁到省城杭州或者其他地区了；温州的干部升迁的机会也更少；温州的一切建设都滞后……

根据权威部门统计，从 1949 年到 1978 年的 30 年间，国家对温州的投入累计 5.95 亿元，平均每年 1983 万元。温州有人口 700 多万（共和国成立初期没有这么多人，但从 1953 年到 1962 年这 10 年时间，台州与丽水两个地区的大部分县属温州，所以仍按 700 万人来计算），也就是说每年每人能摊到 2.83 元人民币！

另外，温州的土地总面积是 11784 平方公里，现今人口总数 800 多万，也就是说温州的土地面积占全国的 1.2‰，人口约占全国的 6‰，人均土地面积约 2 亩左右，远远低于全国人均 12 亩左右水平。这个数字还不能说明问题。温州是"七山一水二分田"，而二分田还是个约数，实际耕地面积仅是全市土地面积的百分之十几，也就人均耕地面积 0.33 亩左右。再好的气候，再肥沃的土地，再勤劳的人民，能产出多少东西来？本地流传民谚"平阳讨饭，文成人贩，洞头靠贷款吃饭"，原属平阳县的金乡以前是著名的"讨饭村"，文成山区穷，许多人外出打工，在本地老婆难讨，就都到四川等内地讨老婆甚或花钱买，一些人就趁机做起"贩卖人口"的生意，"文成人贩"因此得名。

温州人成了向隅而泣的弃儿。

这个饭碗，真不好端！

温州人与众不同的群体个性

世外桃源般的黄金时代在记忆中渐渐远去，留给瓯民的，尽是离乱与困顿。所以，温州人对于这个"瓯"字，带有复杂的情感，简而言之是又爱又恨：爱的是它是故土，恨的是它的闭塞给人民生活、社会发展带来的困境。

这种情绪表现在日常生活语汇中，温州人一向将这个"瓯"字作为贬义词来使用。比如形容某件事情办得拗手，不顺畅，称为"瓯里瓯兜"；形容某人性格怪异、为人处世不爽直，也叫"瓯里瓯兜"；说某人小里小气，出手不大方，叫作"手瓯里开销"；说这个人衣着邋遢、形貌猥琐是"瓯兜相"；而讨饭用的盛器就叫"瓯兜钵"……

我朋友何纪椿先生是温州人中在香港创业比较早、做的产业又比较大的一位老板。他的一家香港公司便叫瓯江实业公司。因为香港人当时大多不知道这个"瓯"如何念，往往将它读成"甄"字。还有人称用这个"瓯"字不好，"瓦"容易打碎，彩头不好，何先生便将这个"瓯"字改为"欧洲"的"欧"字，"瓯江"便成了"欧江"。后来他与我合作在温州办了个欧江实业公司。温州人都认识这个"瓯"字，以为我们将字写错了。温州只有瓯江，哪里有欧江！

这个"瓯"字给温州人造成某种困境的同时，却也使得温州人形成与别处不同的群体个性，让温州人在中华民族中独树一帜。比如共同在这个"瓯"中生活，温州人容易抱成团，同舟共济，非常团结；这个"瓯"又是开口的，开向浩瀚的大海，故温州人的心胸开阔、目光远大，很早便向海外发展。

由于瓯地的特殊性，有台风洪涝，有倭寇海盗，不断来抢掠，而中央政府视瓯地与瓯民为弃儿，温州人只能自力抵御，从而造就了温州人好武、强悍的性格，经常能创造以少制多、以弱斗强的战绩；对于生存环境，历史上温州人一直有一种惧怕心理。国家不向温州投资，温州人只能自力更生，自找出路，造就了他们的经商才能。他们不找市长找市场，不看风向看走向……于是同样一个"瓯"字，却成就了温州人的一番轰轰烈烈的事业！真可谓败也"瓯"，成也"瓯"。

第二章　从瓯越到温州

——温州的建制沿革

前温州期——东瓯国的建立

说罢温州的地理环境，再来说一说温州的历史建制及其沿革。我们不能数典忘祖，更要数往知来。要知道，历史是一面镜子，映照着未来。

中华民族有五千年的文明史，但温州被记载的历史却短得多，仅2000多年。关于温州的历史分期，研究的角度不同，分期也因之各异。我是旨在"闲说"，不做深入研究，仅粗略地分为"前温州期"和"温州期"两部分——即以唐高宗上元二年（675年）正式在这块土地上设立温州为界。

《山海经》的成书年代在战国时期，秦、汉朝时期均有增删，书中记述各地山川、道里、部族、物产、祭祀、医巫及原始风俗，并掺杂神话传说、鬼怪异闻。战国时期在公元前三四百年，也就是说瓯地在2000多年前方被提及，且仅点明"瓯在海中"而已。

此前的历史，依温州地理学家朱烈先生考证，该地虽然已经冲积成陆，却卑湿低下，湖沼星罗棋布，先民们只能住在小山坪上，过着狩猎的生活，断发文身，连鞋子都没有。瓯民唯一与中原相比的只有制瓯技术，"且瓯属越"，他将此一时期称为瓯越期。

2002年发掘老鼠山文化堆积层时，考古专家们惊奇地发现山顶的熟土层距今3000至4000年左右，比山脚的遗址晚千年。

这就是说温州先民先是住在山脚下，而后逐渐往山顶上迁移。而一般人类的居住史总是随着文明程度的提高，往适合居住的山下迁。温州先民为何上山？专家推测：当时温州的水域面积比较大，有段时间有水位上涨，把先民"赶"上了山。这也是专家所称的"海侵"现象。据考证中国最近一次海侵的高峰时期在距今 6000 年前，今温州地区沿海平原在 5000 年前仍为一片汪洋大海，在距今 4000 至 3000 年水位上升达到高峰，之后进入海退期，距今约 1500 年海水退到现今海岸线。

东瓯国区域图。东瓯国是越王勾践的后裔东瓯王的封地，大致在今日浙东南的温州和台州温岭一带，东瓯是温州的古称

温州至今还流传着一句民谚："沉下七星洋，浮起上河乡。""七星洋"即温州东向沿海的永强等地的古称，而"上河乡"是今温州西的三溪地方。东向濒海的大罗山系是高地，而西向三溪地方原为一片汪洋泽国。在历史上，曾经发生过温州东部地势沉陷而西部地面抬升的地质事件。迄今，三溪的地名中仍保留着"屿儿山""后屿"等反映濒海特色的地名，且地层挖掘中发现贝壳等海洋生物的遗骸。而在大罗山的一些村庄中，至今流传着"大洪水"的传说，反映了朱先生所考证的瓯越前期沧海桑田的地质变化。

瓯越地区正式与中原接轨，是周赧王九年（公元前 306 年）。据《史记》等有关书籍记载，楚灭越，据越国北境地（今浙江钱塘江以北）。原越王无疆的子孙向东南沿海逃迁，小部分人就散居在今浙南一带，称王称君，朝服于楚，开始将中原文化带进了温州。秦始皇二十六年（公元前 221 年），秦始皇统一六国，书同文，车同辙。嗣后征服瓯越、闽越，以其地置闽中郡。

楚灭越，秦又灭楚，越王后裔当然对秦不满，秦二世六年（公元前 221 年），诸侯叛秦，越王勾践七世孙驺摇率散居在瓯地的瓯民叛秦，加入了陈胜吴广起义的滚滚洪流。尔后又帮助汉高祖打败了西楚霸王项羽。驺摇因战功被汉高祖封为海阳侯，仍掌瓯越之地。汉惠帝三年（公元前192年）驺摇以当时的瓯越地为主，再加闽北部分地方，建立了东瓯国，被惠帝封为东海王，世称东瓯王。

东瓯国的建立意义重大，它不仅是温州历史上第一个见诸记载的行政建制，让瓯民有了归属感，也为此后2000多年的温州行政区域建制奠定了基础。

温州历史自东瓯国始，至今已2210年。

东瓯国的背影

汉初，诸侯国多相互讨伐兼并，而中央政权又顾此失彼。如汉武帝建元三年（公元前138年），闽越出兵围东瓯。"东瓯食尽，困且降，乃使人告急于天子……遣庄助（严助）以节发兵会稽。"（《史记·东越列传》）严助奉命派兵"渡海"救东瓯。毕竟是天子发兵，兵未至，闽越武装即闻风而逃。这件事正好印证了我在前一章节提到的瓯地与瓯民的尴尬。恐闽越在严助兵撤走后再来攻打，东瓯王广武侯望率其众四万多人迁徙庐江郡，即安徽省的西南部桐城那一带。当然不可能是全部居民都迁出，有一些人眷恋故土留下来，一方土地养育一方人。

从册封东瓯王到广武侯望徙瓯民去庐江郡，计55年。而这一走，东瓯国在瓯地的统治就结束了。东瓯故地，又被闽越控制。

在历史的长河中，55年太短了，所以东瓯国所留的记述不多，古迹更为稀少。东瓯王都究竟在现今温州的何处难以指实。《史记索隐》引《永嘉记》称："（瓯）水出永宁山，行三十余里，去郡域五里入江，昔有东瓯王都城，有亭，积石为道，今犹在也。"《永嘉记》不知指何书，宋郑缉之有《永嘉郡记》，所述过于简略，无法考证。《明一统志》倒是载"东瓯王墓在府城西五里的瓯浦山"。但如今的瓯浦山上从未发现有王墓，山下倒有一座东瓯王墓，那是清道光年间重修的，与史书所载不符，当不得真。

东瓯国留在温州的脚印，似乎已经被时光风化，难以寻觅。但历史总归是历史，当人们迷失在东瓯国遥远的背影中时，它却以另外一种令人意想不到的方式，提示我们它的存在。

20多年前，我家找了一个安徽的小保姆。我们认为温州话外地人无人能懂，便当着她的面用温州话说出自己的疑惑："太瘦小了，不知道有没有病。"想不到那保姆随口接上去："我没有病，身体很好，只是瘦一点。"我吃了一惊，她竟能说温州话！不过她的语调不同，语音也不纯净。"你在温州待过？"我问。她摇摇头："我这是第一次来温州。"后来深入了解，她是安徽桐城乡下人，一个小山村，全村人都说这种带着不同腔调的温州话。

2000多年前发生在瓯地的那次著名的大迁移，将东瓯国从历史上抹去的四万人的长途跋涉，竟然用这种方式在我面前展现了它的遗存。

风水大师郭璞——温州最早的城市规划师

在地广人稀的古代，四万余人走了之后，瓯地所遗瓯民不多，对汉王朝来说已经微不足道，这里便被虚空了50余年。"始元二年（公元前85年）以东瓯地为回浦县。"（《太平御览》）隶属会稽郡。但设县之后，大约生齿仍旧不繁，又废回浦县为回浦乡，其间还改称过东瓯乡。

东汉顺帝永和三年（138年），析章安县东瓯乡为永宁县（见《后汉书·郡国志》）。此是温州为县治的开始。永宁县北与黄岩接壤，西部包括旧处州（今丽水市）领地。孙诒让说："地方千里，而户仍不满万。"

东晋明帝太宁元年（323年），析临海郡之永宁、发固、横阳、松阳四县罢永嘉郡，建郡于瓯江下游南岸，即今温州市鹿城区辖地。

郭璞，东晋著名的文学家、训诂学家，以精通卜筮之术闻名。《晋书》本传记述他卜筮灵验之事甚多。如他筑墓葬母，墓离河水只有百步，人说此墓不安全，他称此水不久即成陆地，后来果然沙涨数十里。

相传永嘉建郡时，郭璞正"客瓯"，于是，地方官在筑郡城时，便请他卜地。

他站在江边的西廓山上，谋划筑城位置，见周围诸山错立似北斗星座。华盖、海坛、松台、西廓四山似斗魁，积谷、选山、仁王三山似斗杓（以上七山均为温州市区山名，现除仁王之外其余六山均存）。郭璞认为："若城绕山外，当骤富盛，但不免兵戈水火，城于山则寇不入斗，可长保安逸。"到底是骤富盛好抑或长保安逸好，正犹豫不决时，有白鹿衔花从眼前跑过，绕城一周，跑的是依山线路。有此祥瑞，郭璞下定决心，于是北据瓯江，东西依山，南临会昌湖，兴建郡城，并名为斗城。

郭璞在设计筑城的同时，还设计在城内开凿二十八口水井，既象征天上的二十八星宿，又解决城内人口的用水问题。这二十八口水井现在还有几口，如铁井栏路的"铁栏井"。郭璞还利用城内原有的五个湖泊（温州称潭）泄水，称"城内五水配五行，遇潦不溢"。可惜这些潭大多在城建中被填了，仅剩九山落霞潭尚在。

700年后，北宋的方腊起义，势不可挡，短短时间内攻陷六州五十二县，威震东南。但围困温州40余日，始终不能破城。清嘉靖年间倭寇6次侵犯温州，均不能破城，只好在乡间到处抢劫掳掠。

温州人为纪念郭璞卜筑郡城的功绩，将他登临的西廓山改名为郭公山，并在山下建郭公祠。为纪念白鹿衔花绕城，在海坛山筑"白鹿庵"，并且呼郡城为白鹿城，或鹿城。现在郡城城垣早毁，唯有郭公山仍屹立瓯江边上，成为人们登临饱览瓯江胜景的好去处。

人文鼎盛的黄金百年

也许郭璞唯有慧眼，依白鹿衔花之瑞而筑的城池，真的给永嘉人伦文化带来了辉煌的百年之盛。

先是南朝著名的诗人、中国山水诗鼻祖谢灵运任永嘉太守。他一到永嘉，便为这里的山水绮丽而倾倒，从政之余，寄情东瓯山水，留下了不少千古名篇。"池塘生春草，园柳变鸣禽"成为千古传诵的佳句。温州留下了谢公亭、谢池巷、谢客岩、康乐坊等与谢灵运有关的地名与遗迹。再是南朝著名的史学家裴松之任永嘉太守。他曾任国子监博士，所注《三国志》较正文更为充实，开创了作注新例（易中天"百家讲坛"《品三国》，倾倒亿万观众，裴松之所注《三国志》就是其引用材料的主要来源之一）。后有南朝著名诗人颜延之任永嘉太守，他曾官至金紫光禄大夫。诗与谢灵运齐名，世称"颜谢"。还有孙绰、丘迟、王筠等文学家均担任过永嘉太守。他们给这个闭塞的瓯地带来中原的先进文化，使瓯地的发展跟上了中原的步伐。

说到这里必须提一提两位重要人物，一位是大名鼎鼎的书法家、文学家王羲之；一位是南朝齐、梁间著名的医药学家、道教思想家陶弘景。他们均与温州结下了不解之缘，对温州的文治教化有极大的影响。

王羲之（303—379 年），字逸少，琅玡临沂人（今属山东），出身贵族，48 岁时任会稽内史、右军将军，世称王右军。他虽出身豪门，却对仕进不感兴趣，朝廷"频召为侍中、吏部尚书，皆不就"。永和十一年（146 年）称病辞官，从此长居会稽（今浙江绍兴），过着"年年桑渝""独善其身"的生活，并遍历东中诸郡，与东土人士尽山水之游。《温

王羲之画像

州府志》引祝穆《方舆胜览》等书所载，认为王羲之曾任水嘉太守，但《晋书》本传未载。至今还是温州史学界争论未休的悬案之一。我以为，无论他当不当太守，遍历温州，留下不少遗迹是不争事实。相传他在此"庭列五马，每出行，五马齐驱，绣鞍金勒，光彩照人"。北宋杨蟠任永嘉太守时，将温州街巷分为三十六坊，为了纪念王羲之，将其庭列五马之地命名为五马坊，并有诗云："相传有五马，曾此立踟蹰。人爱使君好，换鹅非俗书。"据《永嘉县志·古迹》载："墨池在墨池坊，王右军临池作书，洗砚于此。"坊因池名。清代曾任温州司马的郭钟岳有一首《咏墨池》的诗："风流太守忆王郎，经换笼鹅字字香。昨日见郎书法好，移家合住墨池坊。"我在温州市文联上班时，办公室就在墨池边上，天天可以见到"墨池"两字。

陶弘景（456—536 年）字通明，号华阳居士，曾在南齐朝廷任诸王侍读，后愤于朝政腐败，便弃官归隐，跑到江苏句容句曲山（茅山）隐居，世称茅山道士。雍州刺史肖衍密谋废杀齐和帝，曾得他的谋划，登极为梁武帝之后便征召他出山为相，被他婉言拒谢。然朝廷每有大事，梁武帝即派人到山中与他商议，他也确实出了不少主意，故被称为"山中宰相"。齐永明八年（490年），陶弘景游历瓯越一带，曾在安固（今温州瑞安）结庐采药。安固一带百姓因他的山中宰相的名头而不受地方官吏欺压，又因他的医术而受惠，故尊称他为陶公，后来将他住过的小屿山叫陶山，渐渐地，陶山又成为方圆数十里地的地名。陶山寺有一副楹联——"六朝霸业成逝水，千古名山犹姓陶"就是说此事的。梁武帝曾有诏书问陶公，何以长恋此间山水，陶公回了一首

诗："山中何所有？岭上多白云。只可自怡悦，不堪持赠君。"国家级风景区楠溪江有个景区叫大箬岩，大箬岩有个洞叫陶公洞，也是当年陶弘景曾经隐居的地方。他在此洞撰写《真诰》一书，这是一部道教的经书，共七篇，计二十卷，因而大箬岩又名真诰岩。陶公洞为浙南最大的天然石室，香火极为旺盛。另外在永嘉县岩头区岭头与梅坦之间也有一个陶公洞，山石清奇，峰峦挺秀，在那里也流传着陶弘景隐居的许多传说。可见陶公与温州山水的渊源甚深。

《永嘉县志》关于这时的情况有段话："晋立郡城，生齿日繁，王右军导之以文教，谢康乐继之，乃知向方，自是家务为学，至宋遂称小邹鲁。"梁时，邱迟《永嘉郡教》称温州"控山带海，利兼水陆，东南之沃壤，一郡之巨会"。这时的温州，开始成为中国东南的重要都市了。

天地人和置温州

隋开皇九年（589年），平陈，废永嘉郡，置处州，十三年，改处州为括州，并安固、乐成为永嘉一县。当时的永嘉县范围包括现在的永嘉、瑞安、乐清、泰顺四县，几近现在的温州市范围七成，但郡治移设处州（今丽水市莲都区）。至隋炀帝大业间，把括州复为永嘉郡，但那时的郡治在处州。唐武德五年（622年）于永嘉立东嘉州，领永宁、安固、横阳、乐成县，这时温州才和括州分开了。其后废州、置州，经几次变动，本书不是史书，不必在此详述。但这种变动频繁的现象，可以从一个侧面反映自汉以降，晋魏南北朝到隋的政权更迭、社会动荡的局面。

由于地理的独特性，中原战争频仍、政权更迭的时候，瓯地却极少波及，生齿日繁，生产力发展，几近赶上中原了。按《隋书地理志》，此时的人口已经超过了广武侯望迁徙之前的数字了。中央政权又开始重视这块瓯地，并于唐高宗上元二年（675年）析括州之永嘉、安固二县，在这块土地上设立温州。这次置州，意义重大，一是州名至今1300多年从未改变；二是疆域面积直至1949年没有多大的变化。也就是说，从唐高宗上元二年开始，瓯地与瓯民从前温州期进入了温州期。

为什么这次置州，不叫永嘉而取名温州呢？《浙江通志》引《图经》云：

温州城中古迹东山书院。北宋皇祐五年，儒志先生王开祖进士及第，不仕回温，于华盖山上聚一郡英才而教之，开永嘉学派学术先河。其聚徒讲学之地，后世以之为东山书院。此图为民国时期摄制的毕业生合影（黄瑞庚　供图）

"永嘉民李行抚诣阙请置州，制以永嘉、安固二县置温州。其地自温峤山西，民多火耕，虽隆冬恒燠，故名。"温州属江南东道，据《唐书·地理志》，这时的温州有户四万二千八百十四，口二十四万一千六百九十。人丁兴旺，加之冬无严寒，夏无酷暑，取为温州，得其名哉！

取名置州不仅仅因人丁兴旺，这时的温州经温州人的不懈努力，已经逐渐赶上中原了。《隋书·地理志》称豫章、永嘉"君子善居室，小人勤耕稼……少争讼而尚歌舞。一年蚕四五熟，勤于纺织。亦有夜浣纱而旦成布者，俗呼为鸡鸣布"。而《唐书·地理志》更列温州四县为上县，上贡的土产有布、柑桔、甘蔗和鱼皮。又设有监盐官监制盐田的生产，瑞安且有铜矿开采。姜准《歧海琐谈》说温州有名酒叫丰和春，也是始于唐代。周辉《清波别志》中说温州产蠲纸，"在唐凡造此纸户，免本身力役，故以蠲名。今出于永嘉。士大夫喜其有发越翰墨之功，争捐善价取之，一幅纸能为古今好尚，殆与江南澄心堂纸等"。

看来，温州之所以成为温州，除了地理优势，更离不开温州人民的努力，一个人丁兴旺、经济繁荣、物产丰富、文风鼎盛、社会安定的地方，才可能得到中央政权的承认和重视。

有如现时温州，没有经济方面的成就和人民素质的提升，没有城市文明建设的深入和区域文化事业的发达，一切都是空谈。还是那句话：天地人和，置温州。

南宋——天子脚下温州人

金兵占领中原，钦、徽二宗被掳，康王南逃。这个时期的温州终于赶上了中原，在经济、文化诸方面，都是温州历史上的高峰期。考其因由，大约有三：

一是康王南渡，偏安杭州（临安），朝廷离温州近了，再不似以往的天高皇帝远，任其自生自灭、有无两可了。建炎四年（1130年），宋高宗赵构避金兵难，泛海抵温，驻跸江心孤屿之后，朝廷对温州更加重视，譬如置市舶务，管理对外贸易，将温州柑桔列为贡品等等。

二是康王南渡，中原贵族大户随之而来，带来不少钱财珍宝，也带来中原奢华的生活方式，"山外青山楼外楼，西湖歌舞几时休"在某种意义上说促进了江浙一带的经济和文化的发展，温州也随之发展了。

三是京城就在眼前，温州士子赴考不像以前那样千里迢迢。以宋为例，康王南渡前，京都在汴梁，温州的读书人要赴京赶考，须舟车劳顿经月；南渡后，温州人到临安考试，只需十数日，赴考方便促进了学文习武的热潮，中举的人多又鼓励了赴考士子，形成良性循环。据统计，自隋炀帝创置进士科开始，至清光绪三十一年废科举为止，温州考中文进士的有1583人，其中宋朝就有1371人。武进士393人，宋朝有374人。可见两宋温州举子之盛。徐奭、王十朋、木侍问、赵建大、周坦、徐俨夫、周旋7人还中了状元。而中武状元的人则有11人之多。是时，真可谓士林荟萃，文风蔚然。

徐照、翁卷、徐玑、赵师秀合称"永嘉四灵"，诗成南宋一派。他们的诗风浅近平易、简约清淡，影响很大。与此同时，永嘉杂剧兴起，当时的九山诗会、永嘉书会的才人，编选成《赵贞女》《张协状元》《王魁》等名剧，在庙会、节庆时演出，是为南戏的发源。而后发展到元朝由温州才子高明（高则诚）写就的《琵琶记》，被称为"南戏之祖"，极大地促进了中国戏剧。更应大书一笔的是永嘉学派以及它在中国思想史上的重要地位。

两宋以来，温州的生产力有了很大的发展，对外贸易日盛，元祐五年（1090年），"改造船场于郭公山麓，岁造船以六百艘为额"，新设船厂，年造船600艘，规模够大了！所以才会有后来建立市舶务之举。经济的发展，对外贸易的增加，必定促进学术思想的活跃。盛行于当时朱熹的理学、陆九渊的心学，因空谈义理、不务实际，已经不适应生产力发展的需要。温州的薛季宣（1134—1173年）开创事功之学，陈傅良（1150—1203年）进一步阐述其经世致用的思想，尔后叶适（1150—1223年）等人提出"以功利来衡量义理"，"教人就事上理会"。认为"笃行而不合于大义，虽高无益也；立志不存于忧世，虽仁无益也"。永嘉学派的理论一扫当时学术界的迂腐之气，具有进步的意义。事功学说在很大的程度上影响了温州人的价值取向，直至今天，人们在探究改革开放后"温州模式"产生的思想渊源时，仍然可以从永嘉学派的理论中找到某种联系。

这里要特别提到温州郡守韩彦直。韩是与岳飞齐名的抗金大将韩世忠的长子，宋绍兴十八年（1148年）进士。淳熙四年（1177年）起任温州知州。"九月，用州之钱米有藉无名者合四十余万，益以私钱五十万，命幕僚与社、里长，募闲民开浚永嘉城内河道，计一万三千余工，浚环城河道二万三百余丈，从此远坊曲巷皆通轻舟，郁滞得舒，民间和乐，颂声大起。"也就是说，他将政府小金库的钱，加上自己的私钱，用来浚疏温州城南的河道，造福于民，难怪会"颂声大起"。是时温州种植柑桔甚盛，韩彦直爱桔，于淳熙五年十月撰《永嘉桔录》三卷，为世界上最早的关于柑桔的专著。书中载温州桔种十四、柑种八、橙种五，合共27种，而以泥山（今苍南县的宜山）柑为第一。他在温州"首捕巨猾王永年，穷治之，杖徙他州。奏免民间积逋，以郡余财代输之"，政绩卓著。韩彦直后来官至龙图阁学士、提举万寿观，转光禄大夫致仕。按现在也算当到"国务委员"这一级的大官了。

偏安终究无法久远，1276年，元军攻陷临安（杭州），陆秀夫、张世杰等携益王赵昰、广王赵昺逃来温州，后文天祥由海道过零丁洋赶来，居江心屿，欲招兵买马，图谋复兴。终因大势已去，回天乏力，唯留下千古传颂的《正气歌》。温州江心屿至今仍有文信国公祠以纪念文天祥。2004年我陪文天祥第 24 代裔孙文元衍（遥远）先生谒文信国公祠，文先生称：全国各地文信国公祠不少，唯温州的保存完整，清洁儒雅。

人口从 91 万到 19 万

县治虽说增加，人口却大大减少，其原因是元时统治者在温州设置十七翼千户，用来镇压温州人。明时因地理环境的特殊性，倭患频仍。宋淳熙年间（1174—1189 年），温州有户十七万三十五，口九十一万六百五十七。到明嘉靖年间（1522—1566 年），仅有户十万九千七百五十五，口三十五万二千六百二十三。四百年间人口减少了近三分之二，可见温州人所受的灾难之深重了。

这段时间要提及的是温州府同知黄钏和温州府卫金事夏光。嘉靖三十七年（1558 年），倭寇入犯，黄钏率中军抵敌，大败倭寇，但左右二路望敌而溃，倭合兵攻中军，黄钏腹背受敌，被执，坚强不屈，倭方责以金赎，黄钏笑且骂曰："尔不知黄大人不爱钱耶！"倭怒，将其衣服剥掉，寸斩而死。夏光以毒药敷箭镞射倭，贼中箭者拔镞一嗅，说这是夏光的箭，倭寇便闻风而逃。夏光战死时仅 32 岁。

清世祖顺治三年（1646 年）春，清军入浙，七月下温州。府县建制仍沿明制不变，唯强迫汉人以换衣装并剃发，引起温州人的反抗。瑞安陈世亨、永嘉何兆龙等起兵反清，头缠白巾，号称白头军，坚持了 4 年之久。郑成功时在闽粤一带反清，为防郑成功反清力量壮大，清廷宣布海禁，不许片帆入海，并于顺治十五年（1658 年）设浙江总督，驻扎温州，却未能阻止郑成功反清复明的步伐。郑以温州沿海一带为反清复明的北伐支应之地，于同年兵临温州城下，扎营南门巽山，清军据城坚守。虽然这次郑成功未能攻进温州府城，却备下粮草，不久之后破乐清县城，杀清守将熊应风。清廷为切断郑成功与沿海人民的联系，下了迁界令。"永嘉将一都至五都濒海民内徙，计迁三十里。以茅竹岭为界。乐清弃地九十，存四十二里，瑞安迁弃五里，平阳迁弃十余里。徙民人众，界内屋少，贫而无亲者，凡庙宇及人家内外，皆设灶榻，男号女哭，四境相闻。"（孙延钊《明清间温州兵事拾闻》）

康熙十三年（1674 年），靖南王耿精忠据闽反清，派都督曾养性攻温州府。

清温州总兵祖宏勋诱杀巡道陈丹赤和永嘉知县马堺于华盖山的大观亭，迎曾养性部入府城。清廷即派宁海将军贝子傅喇塔、定南将军布尔根率部进剿耿军，并于永嘉楠溪的绿嶂山大败耿军。接着进驻市郊西山，用大炮日夜攻城，曾养性连续失败，死伤两万余人，只好于康熙十五年（1676 年）降清。经此一战，温州人口又锐减，据康熙二十年调查，只有 19.18 万余，比之嘉靖年间的 35 万余人，又少了许多。

从对外通商到改革开放

光绪二年（1876 年），英国侵略者借口马嘉理案件，发动第二次鸦片战争，迫使清政府签订《烟台条约》，温州被定为对外通商口岸之一。不久，英国便在江心屿圈地建立领事馆。温州辟为商埠之后，现代交通运输、通讯次第发展，招商局在光绪三十年（1904 年）通电报，光绪三十一年邮政局成立。接着是内河小火轮通航，外海与上海、宁波、福州以及台湾的基隆、淡水相继通航。温州在 20 世纪 20 至 30 年代，进入一个新的发展阶段，跟上了中原的发展步伐，被誉为小上海。现时的步行街五马街，即是二三十年代建成的，基本保留了当时的建筑风格，成为温州一大商业景观。

抗战期间，温州三次沦陷，日寇来温主要是为了抢掠，温州的桐油、粮食、布匹等都是抢掠的目标，还搜刮铜、钨、锑等战略物资。1941 年 4 月 19 日拂晓，日军第五师团和海军陆战队在瑞安等地登陆。国民政府军在日军猛攻下，不战而撤出瑞安。日军 300 余人在距温州城 30 公里的潘桥与瑞安县保安第八大队第二中队发生遭遇战，第二中队伤亡惨重。温州城防空虚，在日军兵临城下时，仅有刚刚开到的荣誉军士大队 100 余人在新桥抵挡了一阵，这使温州城内各机关及民众得以撤退。20 日晨，温州陷落。5 月 2 日，日军满载所劫物资撤出温州，国民政府军才乘机收复。期间还不断派飞机来轰炸市区，南塘、朔门、花柳塘等处都曾被炸，死伤无数。一颗炸弹直接命中五马街口的中央大戏院（即后来大众电影院）。好在中央大戏院系新式的钢筋混凝土结构，非常牢固，仅炸掉一层，所余三层经过修整，仍使用了半个世纪之久。

还有一件事可供谈资：温州人有一旧俗，死后棺木不是马上入土，一般要停厝三年，当年的清明桥外是停厝的场所。为了不让棺木被风吹雨打，常常搭上小棚遮盖，俗称棺材屋。清明桥外就成了一个特别的场所。所以温州有谚语"棺材抬到清明桥"，意谓一切都太晚了。日军飞机飞临温州，见到清明桥外众多的棺材屋，以为是什么军事工事，轮番俯冲投弹轰炸。炸得棺材板、尸体四散乱飞，附近人家的瓦背上都有残肢断臂，惨不忍睹。此事我小时曾经听说过，后见《温州文史资料》专辑的文章，方知是实。

中华人民共和国成立之后，温州的建制变化较大。先是改浙江省第五专区为温州专区，设专员公署，下辖永嘉、瑞安、乐清、泰顺、文成、青田、玉环七县及温州市。1952年丽水专区撤销，丽水、云和、龙泉、景宁、庆元五县并入温州。1953年将玉环县的北岙等岛析出建洞头县，归温州专区。1954年，又将台州专区撤销，将温岭、黄岩、仙居三县及海门直属区划归温州。此时的温州版图为历史上最大，有温州市（市区）、永嘉等17个县及海门、矾山2个直属区。后来丽水地区和台州地区相继恢复，划入温州的县又复划回，

第二次鸦片战争后，温州被定为通商口岸，光绪三十一年邮政局成立。图为邮差开邮箱取件，摄于20世纪30年代温州府前街（黄瑞庚　供图）

温州的版图又缩小到原来水平。1981年，平阳县一分为二为平阳、苍南两县。同年温州地、市合并，成市管县的态势。

现在的温州市下辖鹿城、瓯海、龙湾、洞头4个区，瑞安、乐清两个县级市，平阳、苍南、文成、永嘉、泰顺5个县。洞头是2015年7月撤县设区的。

第三章　说点温州话的故事

奇怪的表彰会

瓯一样的地理环境,造就了不少独特的人文现象。古怪的温州话便是其一。常有外地人听我们讲温州话说：你们讲的是什么鸟语！

温州话实在难懂。20 世纪 80 年代初,在温州军分区礼堂召开了一个表彰会。我有幸以媒体记者的身份参加,那时我在编温州第一个通过邮局向全国公开发行的文学期刊《文学青年》。表彰的对象是从老山前线作战归来的立功战士。与越南打仗是非常艰苦的,作战的双方太"知己知彼"了——因为过去是"同志加兄弟",并肩作战几十年。作战风格相同,彼此了解对方的战略战术。加上越南人久经沙场,与法国殖民者作战,同美军作战,近百年来甚少停歇,并且最终取得胜利。战斗艰苦卓绝,我们也出了不少感人的文学作品,如《高山上的花环》等。我那时正在写作,以为可以挖点好素材。

受表彰的立功战士有八九位,个个戴着大红花,笑得一脸灿烂。我认真地听着介绍,并飞速地记录着。可记着记着,不禁停了笔,具体的事例呢?写报告文学或小说要的是细节,是动人的故事,不要这些套话,看来要在会后进行个别采访了。我请市委办公室的一位秘书朋友帮我安排采访,他却摇了摇头："恐怕不会同意让你们这些笔杆子采访的。""为什么?"我觉得很奇怪,既然让媒体记者参加,总是要进行报道的。他悄悄地在我耳边说："这是个军事秘密,别到外边说去,他们都是因为会讲温州话而立功的。"

这也算是个奇闻,温州人当然讲温州话,但在部队里应当讲普通话。我本人曾经当过兵,在连队里我们温州兵常常让连长、指导员刮鼻子（批评）,说我们碰在一起总是叽哩呱啦说什么鸟语。他们怎么会因为讲温州话而受表彰呢？他吞吞吐吐。我又找在军分区的熟人，还直接拿着记者证（当时这个证件还是很管用的）找立功战士采访，终于弄懂是怎么回事了。

原来当时作战的主要通讯工具是步话机，上级靠步话机指挥战斗，下级靠步话机请示报告，即所谓"长江、长江！我是黄河，我是黄河……"之类。但步话机很容易被对方截听，你讲普通话，敌方也会找会讲普通话的人来听，你讲广东话或广西话（当时战斗主要集中在广西与越南交界），敌人也找懂广东话或广西话的人来听。怎么办？有位指挥员一下子想起他手下的几个温州兵整天叽哩咕噜，说着谁也听不懂的鸟语，对，让他们上！于是步话员全都换成温州兵，这一招还真灵，对方连听到的是哪个地方话还没搞清，就稀里糊涂地吃了败仗。温州话的特殊性由此可见一斑。

"思思、此此、次次四"

这是一个奇怪的小标题，不是温州人是不会懂的。这个小标题的七个字，是我考全国各地的作家、语言学家的一道题目，并且屡试不爽，几乎没有一位外地的作家或语言学家能破译。

新编的《温州市志》关于温州方言的概述中有这样一句话："温州方言种类之多、差异之大，可称全国之最、世界之最。"是否世界之最不得而知，至少在全国范围之内，温州话的难懂是很出名的。

温州话粗粗一算有十数种。如苍南、平阳有北港话、蛮话、金乡话；泰顺有罗阳话、蛮讲话、畲客话；乐清有大荆话；洞头有闽南话；永嘉有仙居话、青田话等等。而且其中不少话是互相无法直接交流的，他们之间的交流不是像山东话与河北话之间的交流，相互能听懂只是口音不同，温州话之间差异大，相互听不懂。

瓯语在温州讲的人最多，估计超过一半。市区、永嘉、瑞安基本上都讲瓯语，平阳、文成、乐清大部分也讲瓯语，外地人指的温州话基本上指的就是瓯语。我上面说的"思思、此此、次次四"就是这种话。闽语讲的人也不少，平阳、苍南、泰顺、洞头不少人都讲闽语。但泰顺部分人讲的闽语与福建的寿宁县相近，属闽语中的闽东话系统。其他三县人讲的是闽南话，与厦门、台湾的人能顺利交流；苍南有部分人讲蛮话，"蛮"字有蛮横、不讲理、

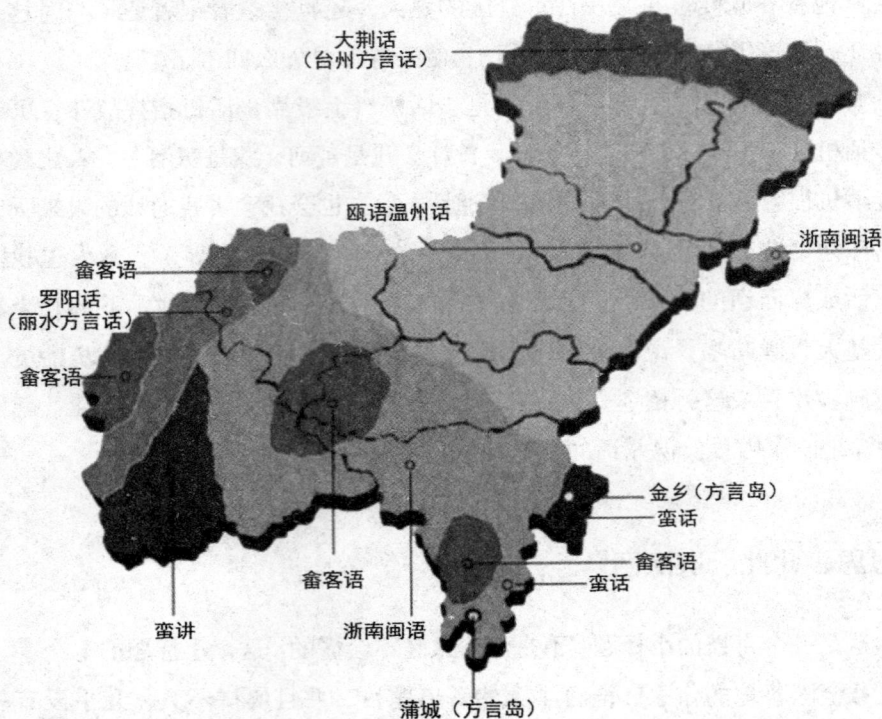

温州方言分布图（原载《温州商报》）

土里土气的意思，含贬义，但这里是个中性词，仅指苍南钱库、肥艚等乡镇讲的一种土话。前面写的温州兵受表彰的事我推测就是讲蛮话。因为当时报的立功战士的籍贯都是苍南人。讲蛮话别说是越南人无法破译，就是我们这些地道的温州人都听不懂；蛮讲有别于蛮话，是泰顺县泗溪、三魁等乡镇人说的；畲客话是居住在温州的畲族人说的语言。温州的少数民族据说有39个之多，但39个少数民族总共也不过温州人口的1%左右。其中畲族最多，有近6万人，分布在泰顺、文成、苍南和平阳等县。畲族是外来客居温州的，所以温州人称之为畲客，称畲族妇女为畲客婆，畲族话也就称为畲客话了；温州话中还有泰顺罗阳的泰顺话、乐清北部的大荆话等等，套用一个成语叫不胜枚举。其实，再说下去便是以其昏昏使人昭昭了。因为我自己都搞不懂温州话，我曾对那位教语言的朋友说过：要能搞懂温州话，那才是真正的语言学家。

不过，无论如何"不胜枚举"，在这里金乡话还是一定要"举"的。金乡话有一个非常典型的方言岛，只在苍南金乡镇城内（旧金乡卫）使用，说金乡话的大约只有 3 万人。说起金乡话还要提到戚继光和戚家军。自元以降，倭寇为患，明初开始猖獗，特别是方国珍、张士诚失败之后，余党逃入海隅，与倭寇勾结，不断骚扰温州沿海。为抗倭患，明洪武二十年（1387 年）置金乡卫（现苍南金乡）、磐石卫（现乐清磐石）以及宁村、蒲门等千户所，筑卫城和所城，卫所附近建烽堠（烽火台），以传递军事信息。有卫、有所必有人守，招募了不少兵丁，不足部分由义兵来凑。所谓义兵，便是因地方不堪倭患，青壮年自发组织的。但倭患仍然连连，效果似乎不甚理想。嘉靖三十四年（1555 年）戚继光由登州卫指挥调浙江任参将。他见旧军素质不良，便去苍南、浙东特别是义乌等地招募农民矿工，编练新军，成为抗倭主力，效果彰显，他也因战功升任统兵官。倭患稍息，戚继光奉调北方，部分戚家军便留在金乡卫，尔后娶妻生子，金乡卫城内的人便讲一种以吴语为基础，掺杂了瓯语、闽语和蛮话的独特语言，形成一个方言岛。

在温州，类似于金乡话这样的方言岛还有，如苍南的蒲壮所城，城外全说闽语，城内说的是变调了的瓯语，泰顺全县以蛮讲和罗阳话为主，唯有百丈口镇不同，但说的也是变调的瓯语。泰顺与永嘉的深山还有些更小的方言岛。苍南人把讲瓯语的称为"本地人"，讲蛮话的称为"垟里人"，讲金乡话的称为"城里人"，讲闽南话的称为"山头人"。

普通话只有四个声调：阴平、阳平、上声、去声，也就是汉语拼音中的第一声至第四声。而温州话（以瓯语为例）则完整地保留了包括"入声"在内的古汉语的八个声调。分别是：阴平、阳平、阴上、阳上、阴去、阳去、阴入、阳入。实际上，温州话的"语言表情"比普通话要丰富许多。

有文章调侃说，"只有英语才能给温州话完美注音"。我想，拼音文字本身就是记录语言的声音，故有这种便利，也容易学，拼音文字字义需要"规定"出来，与音形义结合在一起的象形文字汉字不能比较，也完全没有汉语这种文字的涵义丰富和深邃。我想其他的拼音文字用来注音中国方言也各有这方面的"特长"，不会单单英语可以"完美注音"温州话，说不定法语可以"完美注音"另一些浙江方言呢。文章还做了有趣的举例：they they——谢谢；moon——摸我；sky——滚开；say——细；honey——给你；buy——赔。注解也只是大体表达出温州话的意思而已，这些话的"语言表情"只有温州人能心领意会了。

瓯语的归属

对于温州话的归属（这里的温州话指瓯语、蛮话、蛮讲等温州人讲的语言的总称），据说众说纷纭，莫衷一是。章太炎曾将温州话归于闽语系，"属福建而从福宁"；赵元任和王力都将温州话归于吴语系，属南吴语；中国社会科学院与澳大利亚人文科学院合编的《中国语言地图集》把温州话归为吴语系。似乎温州话的归属从此成为定局。我对语言研究所知不多，不知如何分类。我只是有个疑问：我能讲上海话，上海话属吴语无疑，我基本上能与无锡、苏州、杭州，乃至温州的邻居台州人沟通，但他们全听不懂温州话。沟通无从谈起不说，并且连语言结构都完全不同，将温州话归于吴语系我想不通。同样的，温州话也无法归到闽语系，两者之间的差别实在太大了。

后来，我正式提出了自己的观点，并为此在一些有关的会议上疾呼：应当有个瓯语系或温州语系，除闽语与大荆话（与台州话相似，可以明确地划归吴语系）外的所有温州方言，都归到这个语系来，不要再让那些不懂温州话的语言学家，将温州话一会儿塞入闽语系，一会儿塞入吴语系了！

我就此一观点请教我的多年好友、出版了《温州话》一书的沈克成先生。沈兄博学多才，汉语的电脑输入法——表形码（沈码）就是他发明的，同时他又是位语言学者。但他对我的观点似乎不以为然，于是让我看他的一篇文章《温州话从哪儿来》。据他的考证，温州的先民（即瓯民）讲的是古越语，而古越语属于侗台语，是今日侗语、水语、壮语、傣语、黎语、泰国泰语、越南京语、缅甸掸语等共同祖语的兄弟语。其主要特点是形容词后置于名词，如菜咸、笋干、饭焦等；副词后置于动词，如吃添、走好等；副词后置于形容词，如红显、苦倒等。我认为还有将动词后置于名词的，如关灯，温州话说灯关关，扫地，温州话说地扫扫，等等。为说明问题，我只能引用沈先生的原文了，好在他的文章一向以简练著称的。文章如下：

公元前3世纪，楚国灭越，派春申君治吴。楚人给吴越带来了最初的华夏语影响，从此汉语通过楚方言的形式大量进入吴越。楚治吴始于前249年，至西晋永嘉之乱长达560年，直到秦统一中国后，楚人在吴地仍有强大的势力和影响。温州话中至今还保留着南楚沅湘方言，如"惮（发怒）、訾那（怎么样）、憨（痴呆）、晒谷坛、牛拔过看勿著虱爬过密密掐"等最具温州方言特色的词都见于楚语。

秦始皇于吴越地东置会稽郡、西置鄣郡，东汉又分置会稽、吴郡为二。秦汉置郡设官驻兵，标志着汉人对吴越地区进入正式开拓阶段。汉以后，越民族逐渐融入汉民族大家庭之中。但没有汉化的越人却避入山区成为"山越"，当时的浙南、闽北一带还是越人天下。

五胡乱华，晋室南迁，大量汉族移民南下，在长江南方逐渐形成了江东方言，是现代吴语、江淮官话、闽语、徽语的祖语。江东方言是温州话中前中古层次（白读系统）的主要来源。宋室南迁，更使首都临安（今杭州）的吴语带上官话色彩，杭州人说的就是宋代由汴京中原官话渗入吴语而形成的独特的杭州吴语。由于政治变迁，在江浙一带造成两方面影响，一是汉人人口大量增加，他们努力学习土话，增强了当地汉语方言对非汉的同化力量，二是中原南迁人士大量聚集于新都城，又使都城一带形成双重语言制，即士族说官话，庶民操吴语。中国最大的几次从北向南的移民运动都发生在唐宋。中原方言在温州方言中留下了中古层次即文读系统。江浙北部地区受北来雅音官话的影响形成北吴语（以苏州话为代表）；而离京城较远因而发展较慢的南吴语（以温州话为代表）则仍保持较多的古老特征。在现今的汉语方言中，吴语的地位仅次于官话居第二位，是我国东部沿海经济发达地区的方言用语。

从沈先生的论述中，我们可以有这样的几种概念：一是温州人原先讲的是属于侗台语的古越语；二是楚人给温州话带来了最初的华夏语的影响；三是江东方言是温州话中前、中古层次（白读系统）的主要来源；四是中原方言在温州方言中留下了中古层次，即文读系统。根据这四个概念，我只能得出如下的结论：现今温州人讲的温州话是以属于侗台语的古越语为基础，并受到楚语的影响，其白读系统主要来源于江东方言，文读系统主要来源于中原方言的东越语（或瓯越语）。瓯语系（或温州语系）中包括了瓯语、蛮话、蛮讲、金乡话以及我们还未给取名的温州方言。因为瓯语（或温州语）与吴语、闽语、江淮官话、徽语一样，祖语同属江东方言，所以有许多共同点。特别是吴语及闽语与瓯语的共同点更加明显，但这种共同点还构不成从属的关系。正如粤语与闽语的关系一样，它们之间也有很多共同点，但它们之间没有从属关系。我们不能因为讲温州话的人较少而将它随便往哪个语系里塞。小国也是个国家，在联合国里，大小国家都是一个席位。在我们的语言"联合国"中，也应还瓯语系或温州语系一个应有的席位。

一次我坐火车由上海至青岛，与日本《读卖新闻》的一位记者同一软卧包厢。他常驻中国，汉语非常好，他说自己就是听不懂温州话，很想学，可惜没有机会。他认为温州话的独特性和温州人的独特性一样，很可以夸耀于世。我突然悟及：我的关于瓯语系或温州语系的概念是提出的时候了！它的背景就是基于温州与温州人在全国的影响。

不过我还有点自知之明，以我这种中人之下的才能和水平，加之现在又在经商，无法再辟一条语言学的研究之路。我赞同李国文先生的《中国文人的活法》中讲的一段话："譬如当文学家，就得舍去当政治家、经济家、文化家的念头；同样，当了政治家、经济家、文化家以后，还要当文学家，没有超常的智慧，没有非凡的才气，通常都是要出洋相的。"我只能提出这么一个观点，以引起诸如中国科学院语言研究所的研究员郑张尚芳先生，上海复旦大学教授、博士生导师、吴语研究室主任游汝杰先生，以及沈克成先生等温州籍的语言学专家的注意，就这个观点进行研究探讨，或许能让温州话有个正确的定位。

我希望有更多的语言学家来关注这个"思思、此此、次次四"。

说点温州话的故事

有一点上面那位日本记者没有说错，温州话与温州人一样具有独特的个性，与闽语和吴语均大不相同。有的是你要这般说，我偏要那般讲，你说拖鞋，我讲鞋拖；你说砧板，我讲板砧；你说好走，我讲走好；你说包子，我讲馒头；你说馒头，我讲实心包；你说热闹，我讲闹热；你说蹄膀，我讲膀蹄；你说豌豆，我讲蚕豆；你说咸菜，我讲菜咸；你说老丈人，我讲丈人佬……

有的是直白得土到掉渣：你说亮，我讲光，月亮叫月光，天亮叫天光，吃早餐吃天光。袋叫兜，口袋叫兜兜，布袋叫布兜，围兜叫澜汪兜。蛋叫卵，鸡蛋叫鸡卵，鸭蛋叫鸭卵，卵石叫石板卵。干叫燥，烘干叫烘燥，晒干叫晒燥，阴干叫阶沿头阴阴燥……

有的又文绉绉的，保留了许多古汉语，这点从宋人话本、《今古奇观》《三言二拍》等书上可以得到印证：年轻叫后生，麻烦人家称让你生受，舅母叫妗娘，姑姑叫姑娘，阿姨叫姨娘，小孩叫琐细儿，中午叫日昼，陌生叫打生……

还有一种根本说不出道理来：跨说碰（音彭），抱说佗，撕说铎，天上叫天里，山上叫山里，床上叫床里，街上叫街里，吵架叫论场，眼红叫眼汪热，害羞叫睇人睛，膝盖叫脚窟头，腋窝叫拉轧下，床头叫眠床头。温州人有时调皮，考考外地人对温州话的理解能力，便说：雨伞夹啦拉轧下，浪荡鸡瘔（屎）拌糖霜……

温州话中有的俗语像顺口溜，讲起来又形象又生动。如："有的人（有钱人）千套万套（指衣服），冇的人旺竿头（竹竿）等等燥（等衣服干了才有得穿）。""十个媒人九个瞎（音似哈，即撒谎），还有一个冇结煞。""三个老人客（妇人），抵得百只鸭（指吵闹）。""讲你好脚勿跷起（翘的意思），讲你孬（音毛）嘴勿跷起。"……

好了，可以打住了，温州话的独特性有时会令人捧腹。

我觉得会讲温州话常常是很开心的一件事。下海后的这些年，与人谈项目的时候，要到拍板的关键时刻，你没有回旋的余地，你的话我们都听懂，我却可以说声对不起，然后当着对手的面，自己几个叽哩咕噜一通，行，表态吧；旅游的时候，碰到温州老乡，叽叽喳喳，听得人目瞪口呆，开怀一笑。我以为温州话对温州人的亲和力，要比其他语言来得大，因为物以稀为贵，也因为奇货可居。

记得20世纪80年代初，我在上海十六浦码头排队买回温州的轮船票，前后排了好几百人，真是熙熙攘攘，突然不知为什么，有个带红袖标的中年人要将站在我前面的三个听口音像是温州乐清人的拉出队伍到管理办去，于是就吵开了。带红袖标的似乎是个头儿，手一挥，办公室里出来一班人马，坐地老虎出山猫，这三个要吃亏了。没想到他们并不胆怯，其中一个用温州话指挥："你掩护，我动手，厕所门口。"呼地两个人同时出手，迅雷不及掩耳，将"红袖标"拉到了厕所边，分工掩护的那位摊开手拦住了办公室里出来的那班人。我们排队的也一齐围上去，"让他平安点吧。"他朝红袖标努了努嘴，这班人只好迟疑地站住了。后来很快地就化干戈为玉帛，三个人重新回到队伍，"红袖标"向那班人挥挥手："有证明的，我认错人了。"

队伍还很长，我便同他们聊天，原来他们是票贩子，每天每人排两张票卖给不愿排队的人，一天可以赚十几元钱，大约排队多了，被这"红袖标"认了出来。这是卖苦力的活，但能赚钱。那时大家的工资每月几十元，他们一天能凭此赚十几元就算很好了。我问他们刚才怎么摆平了"红袖标"，"一句话，10元钱"，他们笑着回答。"什么话这么厉害？""简单得很，老师傅，你家住方浜中路××号三楼"，然后在他的口袋里塞了10元钱。原来他们早已跟踪过这个"红袖标"！但这个"红袖标"也是老江湖，他掂量了一下，家庭地址让他们查到了，不要找麻烦，而网开一面还有好处，就选择了后者，于是化干戈为玉帛。

闲聊中，他们知道我有记者证，就自告奋勇地拿着我的记者证去找"红袖标"，没多花一分钟，居然被他们搞到了一张三等船票（能报销的上限），免我一个多钟头的排队之苦。我用温州话向他们表示感谢：叫你们生受了！

这是温州人在艰苦环境中练出来的生存能力。当然也可以看出，温州人在起步发家的初期，难免带点不很干净的色彩，后来，他们中的两个人在上海北京路扎下根，开间五金电器店，一家人都住在上海，并且与我成了朋友。

还有件事，顺便在此一说：我与另一温州人坐软卧去天津，在南京站上来两位南京人。我们两人正就一件事讲到兴头上，仅与他们点了点头算是打招呼。巧的是我朋友手中拿了一份《读卖新闻》，那是他在床底下找到的。两位南京人说："看来我们要跟这两个日本人坐到北京了。"我看其中一位手拿扑克，猜想他上车前就想好要邀同包厢的另两位打牌的，偏遇到了"日本人"。我们不禁笑了，他们才问："你们能听懂我们的话？""岂止听懂。"我笑着说。心想，我的普通话比你们说得好。"那你们怎么说这种古怪的话，像日本话似的。"我一想，他们的话也对，温州话的节奏确实有点像日本话。当年倭寇专门拣温州一带来抢掠，这里有没有什么联系或渊源？也许日语的祖语也是侗台语呢。沈克成先生是懂日语的，向他请教。

沈克成后来写了一篇文章《日本话与温州话》，转录如下：

曾有一个笑话，20世纪六七十年代正当"上山下乡"运动高潮时，温州某单位的头头带领一班知识青年去黑龙江支边，住下来后，在旅馆的服务台给家里挂长途，说的自然是家乡话。服务员一听，满以为来了个日本特务，这可不得了，立即向上面报告，后来一查，弄得大家啼笑皆非。

听在外的华侨说，温州人块头不大，在外国经常被老外视作日本人，受到了特别的礼遇。不过现在中国的国力日益强大，老外也不敢小觑我们了。可见温州人跟日本人，不仅长得像，说话也很像。

其实这是有道理的。日本人说话分训读和音读，训读就是当地日本土著的原来发音，音读是向中国学去的读音。音读中又分吴音、汉音和唐音，指的是不同时期向中国学来的读音。吴音是最早传入日本的，吴指中国长江下游一带的地区，日本在公元5—6世纪左右与这一地区的交流很频繁，当时的汉字音读主要受这一地区的影响。汉音大约在中国的隋唐时期通过儒教及各种汉文典籍传入日本，主要受中国北方、长安一带的发音的影响，现在日语中的大部分汉字音读都是汉音。唐音是中国宋代以后传入日本的，主要受中国南方地区的发音的影响，唐音在日本汉字音读中占的比例不大，主要是禅宗方面的用语。隋唐时代中国的政治文化中心在中原洛阳、开封一带，说的是河洛话。历史上因为宋室南迁，大批中原人逃到江浙来，温州文化和语言也受到河洛文化和河洛话的很深影响。宋代以降，北方少数民族陆续入主中华，北方方言逐渐演化成官话，再取代为国语，然而这并不影响日本，因为宋元明清以来，中日关系恶化，两国已老死不相来往。所以日本人说话，至今仍保留着我们中国老祖宗的腔调。

普通话说话像行云流水，温州人说话有板有眼，日本人说话抑扬顿挫。北方人就是搞不明白，日本人说话怎么会有促音，其实日本的促音，就是我们温州话中的入声。这有什么难的，不是很自然的吗？

日语的五十音图每个音都能在温州话音素中找到一一对应，所以温州人学日语咬音就比较准。再说，我们现在常用的一些基本术语和词汇，如："服务、组织、纪律、政治、革命、方针、政策、经济、科学、干部、健康、法律、共和、社会主义"等等，都不是正统的汉语，而是来自日本的"出口转内销"。所以它们的发音也是我们非常熟悉的。例如"世界"一词，日本人拼せかい，读sekai，普通话读shì jiè，温州话读sei42 ga42（拼音中数字表示温州话发音声调第几声，温州话发音共八声。后文同——编者注）。你看日语，跟温州话像，还是跟普通话像？

日本的汉字含意，许多都是中国古汉语的用法。例如"学校"古称"学堂"，学生聚会或上大课的地方称"讲堂"。朱熹当年在长沙等地讲学的遗址不还挂着醒目的"讲堂"两字吗？"讲堂"一词，日本人写为こうどう，读音 kō dō，普通话读 jiǎngtáng，而温州话读 guo35dduo31。跟日本话何其相似乃尔。

笔者 20 世纪 70 年代曾自学日语，想不到学得很顺畅，不多久就转换了角色，从学生变成了老师。这靠的是什么？其中一个原因就因为我的母语是温州话。

说起温州话的古怪，我还想起一件事。"文革"时期，上海的小旅馆很怪，电灯的开关在门口外面，睡觉前要到门口关灯，非常麻烦。特别是大冷天，脱了衣服关灯怕冷，旅客有时便喊服务员来关灯。温州话的古怪我前面曾举过一例，即动词后置于名词，关灯温州话叫"灯关关"。有温州旅客睡下后喊服务员："服务员！"服务员过来了，旅客说："灯关关。"服务员说："谢谢侬。"走了。温州旅客又喊："服务员！"服务员又过来问："啥事体？"旅客说："灯关关。"服务员说："勿要客气。"又走了。原来她将"灯关关"听成了"顶呱呱"，以为旅客夸她的服务态度好，所以才会回答"谢谢侬"和"勿要客气"。最终灯没关掉，温州旅客只好穿着裤衩瑟缩着起床去关灯。

对了，在结束本章之前不要忘记抖包袱："思思、此此、次次四"纯是温州话的音译，意思就是"玩玩、吃吃、看看戏"。按沈克成先生的考证，正确的写法是：嬉嬉、契契、眙眙戏。

第四章 火线、前线和黑线

——温州人的风雨历程

风声鹤唳的前线

介绍温州的文章，经常会提到这么一句话："温州五十年代是前线，六十年代是火线，七十年代是资本主义黑线。"……因为这三顶帽子，温州人比之同时代的其他地方人经历过更多的风雨，受过更多的苦难……

"五十年代是前线"指的是台湾国民党当局将温州作为反攻大陆的桥头堡，一次又一次地派遣武装人员在温州登陆，政府遂决定将温州定为反帝反蒋的前线，准备"放进来，关门打狗"。这里的"五十年代"是约数。台湾的小股武装人员登陆延续到1963年，而政府的政策延续到1965年文化大革命前夕。

1949年后，1951年的"镇反"，1952年的"三反"，1955年的"肃反审干"，1957年的"反右"斗争，1958年的"反右倾，拔白旗，整社整风"运动，1960年的纠"五风"，1963年的"四清与社会主义教育"运动，直至1966年"文化大革命"……在不断的运动中，还有中央人民政府副主席、中央军委副主席朱德，副总理兼国防部长彭德怀、徐向前，公安部长罗瑞卿，国防部副部长许世友等部队和公安部的高官对温州进行视察，温州的紧张程度可想而知。

本书作者吴明华少年时代照片

温州地方太小，温州干部的官职也小，高官不断视察，温州的政府、温州的干部受宠若惊。"革命警惕性"就更加高，"运动"便更加积极。

还有一点也很奇怪：台湾国民党当局在登陆几次无法取得成功之后，按理说应该会改弦易张、另起炉灶的，想不到却一而再、再而三，乃至十几次之多，还是不断选择温州登陆，大约温州的地形对他们的诱惑力太大了，一旦占领这个桥头堡，进可攻、退可守，所以会如灯蛾扑火般地前仆后继。

第一次国民党武装人员在温州登陆是新中国成立不久的 1949 年 11 月 8 日。那天上午 8 时，国民党"浙瓯游击队"200 余人由廖志标率领，分乘两艘汽船、五艘帆船，企图从平阳马站（现属苍南县）登陆。下关镇农会得悉这一情况，立即集合民兵 40 余人，一面在下关镇炮台地方和镇中心小学布防，一面派部分民兵把守山头，负责瞭望，并火速报告驻下关的解放军某部。部队立即出动，军民协同作战，经两个小时激烈战斗，打退了企图登陆的国民党军。

第二次国民党武装人员在温州登陆是翌年 2 月 27 日夜，"国民党东南反共救国军浙闽边区第一师"师长王丁植带领 20 多人在平阳石坪岙登陆。民兵队长饶维岸接到报告后，立即率领十余民兵，配合区中队。在战斗中，他率领民兵活捉敌师长王丁植，缴获手枪一支、羚羊角一支和黄金八两七钱。同年 7 月 25 日，国民党武装人员 100 多人又两次分乘帆船企图从石坪岙登陆，均被饶维岸指挥民兵，利用有利地形击退。饶维岸因此获得"浙江军区民兵剿匪模范"称号。

国民党武装人员的登陆一次次被击溃，登陆的戏却愈演愈烈。1951 年 7 月 24 日，国民党"浙江反共突击军"第七、第二十八两个纵队 360 余人，携带电台和全副美式装备，在乐清县破岩头村和朴头村之间登陆。第七纵队 200 人刚一登陆即被发现，乐清县立即调动 3000 余民兵配合解放军 4 个连的人马，在雁荡山区进行围剿，不到 10 天除 24 人下海逃逸外余皆被歼。是役缴获六〇炮 26 门、轻重机枪 5 挺、电台 1 部、各种枪支 87 支以及一批弹药。第二十八纵队的 160 余人经永嘉、仙居潜入缙云、青田等县的大山之中，企图潜伏下来，但不久也被当地的军民歼灭。

偷渡不成，国民党武装人员改变策略，实行空降登陆。1953 年 11 月 13 日夜，"大陈防卫部二处敌后巡回组"5 人，由飞机运送空降在永嘉县大山区龙潭坑附近，并且潜伏下来。但这伙特务在解放军和民兵的围剿下，也于次年6月落网的落网、击毙的击毙，仅有一人下海逃回当时尚被国民党军占据的大陈岛。是役部队和民兵先后缴获电台3部、手枪3支、子弹1128发、卡宾枪5支等。

不必再报流水账了，反正国民党武装人员认准温州这个"瓯"了。直至1963年，还有两股武装人员直接从台湾基隆港出发，分别从平阳的大渔湾和永嘉的虎头岩相继登陆，其结果当然和50年代初的一样：全军覆没。不过有一次特殊的战斗，是我亲眼目睹的，应当在此公诸同好。

那是1958年9月24日，上午9时许，温州上空蓝天白云、晴空万里，能见度非常好。那年我16岁，初中毕业，欲去西山陶瓷厂我父亲工作的地方。正走到水心一带（水心现时是住宅区，那时是空旷的田野），突见东南方向天空飞来了好多架飞机，在西山一带上空盘旋。每架的尾巴处都拖着淡淡的云烟，煞是好看。那时温州还没有机场，见不到飞机，今天突然间冒出那么多飞机，引得路上行人都驻足仰望。我正数着飞机的数量，突见北方天空又出现了多架飞机，一溜银灰色的，在蓝天白云间隐隐闪烁，但机尾没有淡淡的白烟。后来便见先前的飞机回头向东南方向飞去，这边的飞机也往东南方向追赶。我们观看的人这时才悟出了一点端倪，似乎是敌对两方的飞机，但不知何为我方何为敌方。

不一会儿，所有的飞机几乎都消失在东南方的上空，大家的目光都在天空中搜寻，怎么会一下子都失去踪影了呢？说话间，那些飞机又出现了，这次是银灰色的在前，而拖着淡淡白烟的飞机在后。临近西山上空，突然间天空中火光一闪，就见一架银灰色的冒出了火烟，摇晃着一头扎到了远方的地上，接着是一声巨响，一股浓烟。我们观看的人都鼓起掌来，一定是美蒋的飞机被我们的空军打下来了！随后云消烟散，那么多的飞机一下子消失得无影无踪。带着兴奋的心情，我离开了水心，但心中总在疑惑，不知这掉下的飞机究竟是怎么回事。

后来约过了一个星期，有消息登载出来，原来那天国民党空军出动了100余架次的F-86、RF-84型飞机，对南起广东汕头、北至温州的大陆沿海地区进行侦察骚扰活动，我人民解放军海军航空兵第二师出动了16架米格-15和歼-5型战机迎战。中队长王自重在遭到12架国民党飞机围攻的情况下，英勇机智地击落两架携带"响尾蛇"导弹的 F-86 型飞机，在撤出战斗时，自己却被另一架 F-86 型飞机用红外制导的"响尾蛇"导弹击落。当时飞机坠落在温州近郊新桥附近。一位正在田中劳动的农民不幸被爆炸的飞机碎片所伤，截去了一条腿。而我看到的正是王自重的战机被敌机击中的一幕。时隔半个多世纪，此情此景仿佛仍在眼前。

温州确实是前线！随着一次次的登陆、空降、空战，在全国性的大运动、大斗争中，还套着温州本地的小运动、小斗争，温州的政治之弦，绷得比全国的任何地方都紧。

苦涩的台湾糖

那段时间我的年龄还小，记得参观过两次展览，一次是"向党交心"展览会，展览会的物品都是我第一次见到的，很新鲜，所以至今仍记得：有地契、屋契，有银元和伪钞，还有国民党的委任状等。其中有的是自己主动献出的，有的是不献，由群众或自己的子女检举以后抄家抄出来的。其中也有我认得的吴百亨先生家的东西。在当时来说向党交心的受表扬，没有交心的挨批斗，好像还有因此而被逮捕的。

另一次是 1963 年粉碎台湾国民党武装人员两次登陆之后开的展览会，那时我已经参加了工作，在我们车间当搬运工的一位"涉台分子"，在参观展览会时便被"叫了进去"。他在 1948 年去过台湾，他舅舅将一船鱼鲞之类的海货运到台湾，换回了一船台湾糖，他跟着去做帮手。这人胖乎乎的，什么都漫不经心，大大咧咧的，常给我们这些学徒工吹自己在台湾的经历，什么基隆港的码头海鲜如何好吃，阳明山的温泉洗了如何体肤光滑。

参观展览会时，他看到国民党登陆人员为了收买人心，将台湾糖送给农民时，竟然说了句："台湾的糖确实不错。"立即有人报告上去，半个多小时以后，在展览会的出口处，他便被戴上了手铐。过两天，拉到厂里开批斗会，有学徒揭发他平时吹嘘台湾如何好，他嘟嘟囔囔地说："船行基隆港，没钱上去吃餐饭；阳明山的温泉，我也只是听说的。"此后我就没有再见到他，听说后来病死在劳改农场。

2003 年，我赴台湾参加两岸房地产研讨会，特地去基隆港的渔人码头吃了餐饭，又上阳明山洗了一次温泉浴。回到温州便与当年的老工友谈起了他，大家不免感叹了一番。

二叔，跨越海峡的悲情人生

我二叔1949年前在台湾大学教历史，著有《硫球群岛》等著作。台湾"二二八"起义时，台大的学生是主力，我二叔是支持学生运动的进步教授，于是被台湾国民党当局驱逐出境，只好别离妻小，独身一人于中华人民共和国成立前夕回到了温州。

他的同学和朋友大多知道他的这一经历，因为温州当时还没有大学，便推荐他到中学任教。20世纪50年代初期，他在温州一中（现温州中学）和瓯海中学（后来的温州四中）都教过课，因为学识渊博，很受学生欢迎。但随着一个接着一个的运动，他这种"涉台分子"便感受到了极大的压力。他患有肺结核病，只好离开温州市区回到瑞安乡下，寄居在我们家里。

当时我们家的生活也很困难，他便拼命写稿，希望能挣点稿费以补家用，但结果并不理想，我从未看过他寄出去的文章变成铅字。后来我自己开始投稿，方才知道，发表文章先要过政审关，像他这般的"涉台分子"，不可能过这一关。所以他的作品只有两位读者，一位是我这小读者，一位就是看稿的编辑。我对文学的爱好一方面是因为家中的大批书籍，一方面也是因为他的影响。

1955年肃反审干运动时，他突然被公安机关抓起来，大约怀疑他是国民党派来的特务。一海之隔，两个社会，查又无法查。他在监狱里肺病加重，大吐血，送到医院抢救，我父亲赶去时已经来不及了，草草地将他埋在瑞安的隆山。

改革开放之后，不仅内地在变，台湾也似乎在变，两岸都有个平反风，我们给右派平反，台湾也给"二二八"起义平反。我二叔的小姨子在南京河海大学当教授，那时退休不久，便为我二叔平反的事情，台湾、大陆两边跑。台湾的平反似乎是对事不对人的，仅仅给"二二八"学生运动正名而已。将我二叔驱逐出境的是一位军警，后来我二婶便嫁给了这位军警。按我二叔的小姨子的话就是这位军警看上了我二婶，将我二叔赶走之后就可以霸占二婶了。

故事并未就此结束，陪我二叔的小姨子来温州找我的河海大学一位教师告诉我，因为她也爱我二叔，所以终身不嫁，并且在我二叔死后的三十几年之后还为他的平反一事而奔走。这就演化成一个缠绵悱恻的爱情故事了。可惜的是她为之奔跑的平反一事并未成功，大陆的有关部门回复是："因为政府从来未给他戴过帽子，他是因病去世的。"这话似乎也没错，可两岸的分离却造成了多大的人间悲剧！

我二叔的小姨子和后来从台湾回来探亲的我父亲的老朋友都摇头叹息说，二叔这么有才能、有学问的一个人，又长得一表人材！说起我父亲的这位朋友，还有个小插曲。他在 20 世纪 40 年代去台湾，80 年代才回到温州探亲，电话中约好如何如何见面，可老远看见我就径直过来拉着我的手了："你跟你的二叔很像，我一眼就认出来了。"但我知道我二叔比我个子高，按现时的说法比我帅，而且我见过我父亲收藏的他的一幅字，章草体的，很有风骨，那是他在年轻时写的，我现在写得还没有他的好。我希望我的下一本书是关于我二叔的长篇小说，现成的故事、现成的人物，写起来应该不困难。

说起"帽子"，1980 年我曾在《东海》杂志发表过一个短篇小说，题目就是《帽子的故事》。写一位教师，被打成右派之后送去劳改，吃了 21 年的苦，"右派"更正时，与他共同改造的"右派"都被摘了"帽子"，他却没有在被摘之列。因为他被打成"右派"时师范刚毕业，没有什么实质性的"罪状"，因为年轻，讲话比较冲一点，又因为叔父去过台湾做生意，凑名额时凑了上去。送他去劳改时关于给他戴帽的报告还未有批文。据说名额算错了，不必再凑数，也就没有批下来。

既然已经送到劳改农场，学校领导也没有去要回他，莫名其妙当了 21 年假"右派"。结果与他一起去劳改的人都得到更正，他却必须先给自己找到这顶"帽子"，否则无法更正。这是真人真事，这位教师曾经是我母亲的同事，我们家的人都认识他，那会儿正在帮我们家做家具，木工手艺是他在劳改农场学会的。他的事与我二叔的故事类似，说明温州对这类事反应过度，因为这里是所谓的前线。

前线的后果

既然是前线，政府不会往前线投资；同样因为前线，政府要抓的工作主要的是阶级斗争，温州建设滞后，生产力的落后便渐渐地显现出来了，再加人多地少，吃饭便成了问题。政府感觉到这种压力，早在 1955 年就开始动员人们上山下乡垦荒，以解决城市就业的压力。

1955 年 9 月 17 日，温州市第一批志愿垦荒队员 114 人到庆元县开荒（庆元现属于与温州毗邻的丽水市）；同月 26 日，第二批 589 人到龙泉县、云和县和黄岩县开荒（龙泉、云和现属于丽水市，黄岩属于与温州毗邻的台州市），到同年底，全市有 3300 人参加开荒。当时温州市区只有十几万人口，去垦荒当然是市区的人，这个数字从人口的比例来说是很高的了。1956 年 1 月，又有 204 名温州青年志愿垦荒队员奔赴大陈岛开荒。时任团中央书记胡耀邦同志派代表送来了锦旗和贺信。

1957 年，温州的机关开始精简机构。将 1631 人下放到基层或农村工作。1958 年虽然发了一阵虚火，但巧妇难为无米之炊。1959 年 1 月开始动员青年支援宁夏建设，第一批 19644 人于 5 月上旬抵达宁夏，考虑当时市区的人口数，这个比例也不算小了。1960 年又开始动员职工下乡和精简城镇人口。据统计，从 1960 年到 1964 年，共精简职工 29757 人。这些被精简的职工有的还携家带口下放农村，因此减少的城镇人口是 39456 人。1965 年，"文化大革命"前夕，开始动员青年支边到新疆去，先后三批，又是上千人。我的弟弟就是第一批去新疆的，至今还在新疆工作，做到了去时的誓言：立志边疆干革命。

广武侯望为避战祸，亲率四万瓯民迁徙庐江郡，由边远的瓯地迁往繁荣的内地。2000 多年后，温州人被一批批迁往边远的地方，其中不乏下放的干部。

这里我要介绍几位在温州很有名气的人物：沈克成，里仁电脑公司董事长、浙江大学客座教授、温州市政协委员、学者；张思聪，浙江省文联副主席、温州市文联主席、温州市人大常委、剧作家；林剑丹，浙江省书法家协会副主席、温州书画院院长、书法家；谢振瓯，中国工笔画会副会长、福建省政协常委、画院院长、国画家；汪廷汉，温州市书法家协会副主席、温州技校校长、书法家；马亦钊，温州市书法家协会副主席、温州大学副教授、书法家；

张如元，温州市书法家协会副主席、温州师范学院副教授、书法家、书画理论家；还有我本人，未下海时是温州市作家协会副主席、文学创作研究室主任，两届市政协委员……我们这些人都是 20 世纪 70 年代后半期，由于学有专长被批准特招而成为国家干部的，据说最早是张思聪先生，最后是张如元先生。当时人事局有 10 个指标，只特招了 9 名，说是宁精勿滥。9 位中还有一位我不认识，只好付诸厥如。

这件事透出这样几个信息：一是这些人都未能念上大学，因为当时大学毕业是包分配的。说明那时的教育制度不合理，将许多优秀人才拒之门外。二是这些人在此前按当时的观念都没有正式的工作。据我所知，沈克成自办工厂，张思聪在中学代课，林剑丹是文管会临时工，谢振瓯在集体工厂做工，汪廷汉在集体工厂当技工，马亦钊、张如元亦如此。我当时是在集体体制的纺织厂搞技术。也就是说，我们这些人连个国营工厂的工人都当不上，说明当时的就业很困难。三是根本没有人才的概念，不管优秀不优秀，基本上是处于自生自灭的境地。

火线的延伸

"六十年代是火线"，指的是发生在温州的大规模的武斗现象。

与全国各地一样，温州人也分成两派，一派叫"工总"，一派叫"联总"。"工总"是工人造反总司令部的简称，"联总"是联合造反总司令部的简称。"红色通缉令一号"、现已落网的女贪官，曾任温州市副市长、浙江省建设厅副厅长的杨秀珠就是"联总"这一派的。

其结果是作为文化古迹的府前街钟楼，被烧为一堆瓦砾；解放街上最热闹，最有代表性的一个街区，也被烧为平地。

王小普回忆录这样写道：

大概在 15 日，我父亲急于去看望没有到乡下避难的姑母一家，冒着危险带我和大普去温州。姑母家住大简巷，我们路过解放路，只见南至公园路，北至铁井栏，东至华盖山，西至解放路的大片房屋成了废墟，包括五马街口邮电分局、新华书店、钟表店、美术公司和县前头解放电影院（事后统计共24495 平方米）。

倒塌下去的栋梁成了木炭状，有的还在冒烟。那天父亲还带我们去看了钟楼。钟楼位于广场路和府前街的交叉点，原为温联总占据。工总司一位"战士"学着电影《小兵张嘎》里的镜头，在同伴的掩护下，披着棉被冲到钟楼下，在钟楼底层的西面墙上炸开一个洞，放火烧了钟楼的楼梯，上面的联总"战士"纷纷跳楼而逃。我去看时，楼是没法登了，楼梯也成了木炭状。后来钟楼被拆除了，从此温州的钟鼓楼只剩下鼓楼了。

上文作者文笔出彩，生动有趣。当时，我家住在仓后街，离钟楼只有 5 分钟的步行时间，火烧起来后，我们都跑去看了。钟楼确实是火焰喷射器烧的。大约王小普的记载是群众的演绎传说，民间传说总是有传奇色彩。

温州的经济基础本来就差，经过这一折腾，温州人的生活成了大问题。当时流传的一些民谣可以说明温州人的苦况和窘境。譬如"日昼冇米、黄昏冇被"；"站着等死（水），坐着倒霉（捣煤）"；"工总、联总，有饭吃就让你总"；"日昼靠天光，黄昏靠月光"等。温州话中"水"与"死"同音，也就是说那时的温州粮食、水、煤、电全面紧缺，人心惶惶，民不聊生。

写着写着，彼时的一幕幕都映现在我的脑海，我只觉得日子总在一次次的排队中过去，那时我 20 岁，是家中的主要劳动力。排队买米，排队挑水，排队买煤，买了煤挑回家还要自己动手捣成煤球方能烧。好不容易忙到晚，

吴明华（前右）与沈克成（后右一）等人摄于 20 世纪 60 年代

1969 年 4 月 1 日温州知青赴黑龙江前合影留念（黄瑞庚 供图）

全市一片漆黑，又停电了……

于是政府赶紧动员大中学生去边疆、去农村插队落户，少一口人吃饭，少一点麻烦。1969 年，近 4000 中学生奔赴黑龙江参加生产建设兵团。接着是去黑龙江各国营农场，我妹妹就是那时去佳木斯连江口国营农场的，接着就是去大兴安岭林场和黑龙江插队落户了。去往北大荒插队的人中，后来还出了一位改革开放初期闻名全国的企业家叶文贵。

黑龙江在遥远的东北边陲，那时候，对地处东南隅的温州人来说是远不可及的，传说那边冬天上野外都得带根棍子，一撒尿就得用棍子敲，否则就冻成一条棒，将人跟地连在一起。又说擤鼻涕一不小心就会擤掉鼻子。温州人几年难得见一回雨夹雪，再说去的都是自己的十几岁的宝贝儿女，家长们的心都是悬着的。

1970 年 5 月 16 日大清早，温州市人民广场开欢送知识青年赴黑龙江参加生产建设的大会，简短的会议一结束，就上车走人。会议一结束，家长们为了再看子女一眼，争先恐后地往门外停车的地方挤。几万人的集会呀，这一拥挤年老体弱的先倒下去，然后前仆后继，相互践踏，哭声喊声震天，事起突然，又无应急措施，发生了严重的伤亡事故。据事后统计，死16人，伤60余人。但老百姓传说的不止这个数字。那时新闻不如现在的透明公开，传说大约是有道理的。我家距人民广场步行不到10分钟，我去过人民广场，现场躺着不少人，呼儿唤女，找爹喊娘，喊声哭声一片，景像之惨实在无法形容。可怜天下父母心！

到年底，又有1000多人奔赴黑龙江大兴安岭农场。

黑线的由来

从1955年的3000多人上山垦荒开始至1970年的知识青年去黑龙江为止，虽然好几万人离开了温州，但对于解决温州人的就业问题仍是杯水车薪。年轻人可以上山下乡，带家携口的中年人怎么办？农村的剩余劳动力怎么办？当年温州政府机关最热闹的地方是市劳动局，门口天天排着长队；最有权力的政府官员是劳动局局长，屁股后头天天跟着一大帮子人。记得我们家斜对门一户人与当时的劳动局局长沾亲带故，连到他们家拜访的人也多起来。

问题是这"瓯"是前线，政府不会在此投资办企业，劳动力的出路一直成问题，民以食为天，饭还是要吃的，温州老百姓只好自寻出路。出路在当时只有两种：一种是在家做小生意或办小作坊、家庭工厂；一种是走出家门，凭手艺赚钱，或跑单帮推销温州小作坊生产的小商品。

凭手艺的早期是理发、照相、弹棉花、补皮鞋、做衣服、修理日用品等。一把刀，一把剪，一个弹棉弓，一个照相机……本钱少，负担轻，带着手艺闯天下。永嘉桥头的大多外出弹棉花，泰顺的大多外出开理发店（改革开放后，遍布全国的"温州发廊"不知和这个有没有渊源），乐清的补皮鞋、做衣服，市区的外出拍照相、修门锁、补面盆……当然还有什么也不做，干脆外出要饭的，如苍南宜山、灵溪乡下的一些农民，农忙种田，青黄不接时就携家带口当叫花子去了。

跑单帮推销小商品的，也以地方的不同有不同的门类。譬如永嘉的大多推销纽扣，后来发展到服饰、表带、领带以及其他小商品；苍南推销标牌、商标、工艺礼品，后来发展到丝织标牌、高级印刷品、包装编织袋等；平阳先是推销工具、机械零件，以后发展到机器，甚至整条生产线；乐清是开关、低压电器、缝纫机配件，以后是成套电器、工艺缝纫机之类；瑞安是汽车、摩托车配件；永嘉是阀门、水泵等，不一而足。

40多年了，时间不短，回想起来却也历历在目。我的中学老师陈云先生，被打成"右派"劳改回来，生活无着，便外出以补搪瓷面盆、搪瓷碗为生。因为理发、裁缝都需要手艺，只有补搪瓷制品不需要技术，买到漆锭，加加热涂上去便成了。只是走街串巷，风餐露宿，苦不堪言。陈先生因而积劳成疾，过早辞世。无独有偶，我父亲的老友吴行健先生，与陈先生有着相似的经历，劳改回来后也是以此为生，否则家中三个孩子便无法养活。吴先生早年参加地下党，又有深厚的国学功底，曾经担任过温州教育界的领导，写得一手好字，也只能靠此谋生，更何况农村的多余劳动力了。能以自己弹棉、补鞋、理发的技术换一碗饭吃，天幸地幸了。

沈红儿是我初中时代的同学，自毕业之后便没再见面。几十年过去，如果在路上见到已经互不相识了。巧的是她与我夫人一样同为越剧票友，来我家排练时才又见面。说起她中学毕业之后的经历，我觉得在我们这一代温州人中颇具代表性。她中学毕业后找不到工作，就与爱人一起干苦力——拉板车搬运货物。常常是她爱人在前拉车，她在后推车，夫妻二人同心协力还能挣口饭吃。但随着孩子们的出世，她无法再帮爱人推车，而靠她爱人一个人拉车的收入又无法养大三个孩子，于是她动脑筋学补皮鞋以贴补家用。问题是在那个养鸡下蛋换点油盐都算"资本主义"的年代，补皮鞋是不容许的。在温州立不住脚，夫妻两人只好带着孩子往外跑，哪里管理不严便在哪里住下来，靠补鞋养活一家人。遇上管理了，他们便又开拔。从温州开始，一路走一路干，逐步向环境比较宽松的大西北转移，几年工夫下来，走到了新疆，并在那里住了下来，一住好几年。可新疆也不是世外桃源，管理一严，他们只得开拔，从大西北往东北方向转移。补鞋的人多了，不赚钱，又动脑筋开馄饨店、点心店。一路走一路担惊受怕，挨打受气的事层出不穷，甜酸苦辣都尝遍。待他们流浪到秦皇岛时，十一届三中全会召开了，改革开放的时代到来了，他们才在秦皇岛定居下来，开起了餐馆，成了几家餐馆的老板。正可以大展拳脚时，几十年的流浪生活却搞坏了她爱人的身体，而且他们也开始步入老年。沈红儿性格豪爽、心直口快，又喜欢文艺，并且想得开，于是毅然决定餐馆让孩子们接手，携爱人回到温州颐养天年。她一边照顾老伴，一边与我夫人这帮票友一起唱唱越剧，我才有机会见到这位多年未谋面的老同学。沈红儿的经历在温州绝对不是唯一的，温州的好多企业家都有着类似的遭遇。

温州的企业家都是草根出身，大名鼎鼎的正泰集团总裁南存辉，少时也曾以补鞋为业；德力西集团董事局主席胡成中，以前是不错的裁缝师傅；人民电器集团的郑元豹自小习武，后来开班当武术教练，谁能想到他的企业现在全国拥有四大制造基地、12 家全资子公司、85 家控股成员企业、800 多家加工协作企业和 3000 多家销售公司；曾任温州工商联主席的神力集团董事长郑胜涛原来是举重运动员，曾经拉过板车，靠干苦力谋生……

在那物资匮乏生活水平低下的年代，温州人的做法正好适应了社会的需要，弥补了人们生活中的空缺，因而还是受各地老百姓欢迎的。温州人又不怕苦、不怕累，不怕山高路远，不怕风霜雨雪，足迹遍布全国各个角落，从新疆到西藏，从海南到东北，哪里能挣口饭吃就去哪里。照说有关部门应当鼓励温州人这样做，事实却恰恰相反，温州人是资本主义的代名词，资本主义就是温州人——这便是所说的"七八十年代是资本主义黑线"。

黑线的代价

全国人民都在老老实实地上班，过着朝八晚五的生活，唯有你们温州人东流西窜去赚钱，你们就是资本主义的黑线嘛！大家都在国家单位上班，再不济也是大集体，偏你们自己搞家庭工厂，不是资本主义黑线是什么！

在外做手艺的，常被当成流窜的五类分子（地主、富农、反革命分子、坏分子、右派分子），不是五类分子，至少是"盲流"，他们常常被抓、被打、被遣送回乡。我的一位熟人，现在是知名的企业家了，那时在黑龙江弹棉花，在鹤岗设了个点，因为那里离苏联很近，被怀疑为"苏修特务"，关了几个月后因查无实据，遣送回原籍。

我有一位在河南补皮鞋的熟人，经常蹲在大厂门口，生意非常好，因为全厂 3000 多名工人，竟没有人补皮鞋的。他在那里被恶少敲诈不说，竟然三次被遣送回乡。在外推销产品更危险，说是"投机倒把"，弄不好就要劳改判刑。

在家里办家庭作坊、办工场的压力更大，那叫地下工场，雇工剥削，典型的资本主义复辟。上有政策，下有对策，办工场的人，要么找个"红帽子"戴起来，称社办企业（公社）或队办企业（生产大队），要么躲在地下，偷偷运作。前者没有多少钱可赚，后者千万要小心。一旦被抓便有可能倾家荡产外加牢狱之苦，而且还有被枪毙的。"地下工场主""地下包工头""资本主义复辟的马前卒"之类的帽子常常出现在判决书上。

乐清的柳市镇现在全国著名，正泰、德力西在民营企业100强排行榜上是靠前的几个企业之一，老总不是全国人大代表便是全国政协委员。当年柳市办企业的带头人，所谓的"八大王"，如"电器大王""螺丝大王"等，有受过批斗的，还有坐牢的，个个都是"实行资本主义复辟的典型"。

我本人在20世纪70年代也办过厂，一个是丝织厂，一个是医疗仪器厂。丝织厂是代外地一家社队企业办的，仅仅拿点工资，主要目的是解决从黑龙江回来的妹妹工作问题。医疗仪器厂与朋友金依诺合办，挂靠在社办企业的名下，企业赚大头，自己拿了一点小钱，战战兢兢，生怕哪一天大祸临头。一俟到允许写作时，就不办厂了，去搞创作去。后来想想，如果胆子大一点，坚持将企业办下来，不想去当什么劳什子的作家，也许现在有个大企业家的头衔。

不过话又说回来，有这段办企业的经历，我才会有20世纪90年代初的"下海"一举，而且回想起来，甜酸苦辣都有。冒险时的紧张，运动期间的惊吓，分到一点小钱时的酸甜，现在都成了我与金依诺、沈克成三人的谈话资料。当时，金依诺的表妹、沈克成的妹妹都是下乡青年，都没有工作，我们三人或一起办厂，或分头办厂，一起分享赚钱的快乐，一起渡过难关，也算是一段佳话。凡事都有一个前因后果，我和年轻的朋友讲，年轻就是本钱，不必过分计较眼前得失，要有点历史观，要有点远见。

对温州人来说，"资本主义黑线"几个字是惊心动魄的经历，是刻骨铭心的惨痛。但这些并未能压住温州人，一来是社会需要、市场需要，所谓"杀头生意有人做，蚀本生意没人做"，既然能赚钱，当然有人做。二来是实在无路可走，不做要饿死人的，所谓"铤而走险"，豁出去了！温州有句歇后语："水碓下的雀儿——吓惯了。"风风雨雨，温州人见多不怪，并且练就一副钢筋铁骨。

黑线阴影笼罩下的动荡

艰难的环境，造就了温州人强悍的性格，也不时酿成恶性案件。记得1979 年的一个热天，我正住在江心屿的江心寺大殿后的一间偏房里写小说。那时我刚调入文化局，原来纺织厂的几位同事来看我，一位我搞设计时的描图员告诉我，昨天她遇到一件事，现在想起来都后怕。

她家住在江心屿对面的市区屯前，那天是星期天，大家都在家休息，道坦里有一担纱面担，放在那里几个钟头了，也没人要。纱面是温州特有的一种面条，细细的如棉纱，一般供女人坐月子吃，谁家生小孩，亲戚和朋友去探视，就叫去吃纱面汤。常常有人挑着纱面担串街走巷贩卖，因为这担纱面没人要，大家便围拢来，看看都有些什么？

她家在道坦里，也在旁边看热闹。上面的纱面一分开，有一刀刀肉，开始以为是猪肉，再仔细一看，妈呀！是人的大腿！下边还有小腿什么的。赶紧去找公安局，弄得她两餐饭都吃不下。

当时是封锁此类消息的，反而社会上传得沸沸扬扬，或有添盐加醋的，传得惟妙惟肖，称为"九段案"。此后不久，就有动员报告，说要打一场人民战争，将制造此一案件的阶级敌人揪出来。后来从其他地方找到头、手等拍了完整的照片，发给大家看，有谁能认出是谁，从照片中可以看出是个胖胖的女孩子，十八九岁的农村姑娘。

动员报告要求大家注意两种人：一是外科医生；二是屠夫或厨师。从残肢的切面来看是这两种人所为，另外还有条件，一是住单门独户的地方，二是住房为小泥地或灰坦地，方才有作案的条件，既可杀人，又可冲走血迹而不让人知道。

凑巧的是我家隔壁正好有符合条件的一个工厂的厨师，40 多岁，独身，住的是单门独户，水泥地，还有一个独用的小天井，条件完全符合。我母亲那时已经退休，帮居委会抄写墙报什么的，公安部门便常有人来我们家，要我们注意隔壁这个人的动静。这位厨师与我们家的关系特别好，他去食堂买菜时常为我们带点什么菜，让我们来监视他未免尴尬，再加上我们也不认为他会杀人，后来据说类似的对象全市达百多人。查来查去总无结果，至今仍是悬案，在当时的影响极大。

还有一件是 1983 年发生的事，那是农历正月，一个星期天。上午 10 时，我从上海刚回到温州，从轮船码头坐三轮车回家，三轮车夫告诉我，刚刚 9 点钟时，松台派出所和朔门派出所同时被炸，声音很响，死伤情况还不清楚。亏得当天是星期天，派出所里人不多。从码头到我家正路过朔门派出所，我说我们去看看。三轮车夫赶紧往那边踏，但未能看成，那旁边围满人，我又带了不少行李，不敢让三轮车往人丛中挤。

后来我去看过，这两个派出所都紧挨民房，派出所完全炸毁，旁边的民房却丝毫未受损。死 1 人，伤 21 人，社会上传言纷纷，都说作案的人本事大，一点没伤着旁边的民房。有说是美蒋特务来炸的，否则不可能计算得这么准确，这是定向爆破，现代技术，一般的人干不了；有说是"一批双打"（批"四人帮"，打击阶级敌人现行破坏活动、打击资本主义势力）运动的受害者搞的，他们还留有武斗时使用的炸药，所以会选择这两个先进派出所。还有的说是内外勾结，光是温州人也干不了，光是美蒋特务也没办法，只有内外勾结才干得这么利索……根据当时的破案模式，也是打一场人民战争，单位都做动员报告，要注意有人被关、被杀，在"一批双打"中受审查的人，还要有接触炸药武器的可能，郊区的一些采石场被搜了个遍。结果也如石沉大海，成为温州悬案之一。

同年还有一个案件轰动温州，12 月 26 日和 29 日，市区连续两次发生抢枪并杀害民警的案件。凶手带着武器躲在市区十八家一幢宿舍里。1984 年 1 月 11 日凌晨，公安干警数百人包围了这幢宿舍，由于凶手拒捕，击毙一人，击伤二人，活捉一人。当时的媒体都报道了详细情况，记忆犹新。

在黑线阴影下艰难求生

除了偷偷摸摸地走"资本主义黑线"，作为沿海地区，走私也是温州的实际情况。

20 世纪 70 年代的后半截至 80 年代头一二年。乐清的里隆、黄华、慎江，苍南的肥艚、炎亭都曾经是走私货物的集散地。尼龙伞、化纤布、录音机，后来发展到其他日用百货和电视机、轻便摩托车。

当时，在浙江的农村，温州人最先开始在农村挨家挨户收购白洋（银元）、黄金（首饰之类），后来发展到去内地收购黄金白银，在海上跟日本人、台湾同胞换走私货。当时的浙南地区，山区普遍很穷，有一个现象挺有趣，旧式家具、四壁黑乎乎的农家，挂的是色彩雅丽的尼龙蚊帐，就是这种走私货，造型时髦，还有圆顶的，就这顶蚊帐可以说是和国际潮流接轨。做小贩的温州人翻山越岭最早到达的就是毗邻的丽水地区、台州地区。带的货必须是价格较高、轻巧实用又好卖的。来到农村，农民哪里见过这种东西，又结实又好洗，颜色还这么好看。邻居们都围过来，你买我也买，售价十几元，一皮袋子货在几个村一两天就可以卖光。那时的农村刚从包产到户的改革中缓过气来，手里有几块钱，这样的生意就应运而生了。县城抓得较严，那是要加倍小心的，尽管需求量大大增强，所以常常是城里人委托乡下亲友购买。

走私当然是要受打击的，搞不好倾家荡产外还要受牢狱之苦，所以集散地会经常换地方。但走私货品廉物美，对生活不富裕的人吸引力实在太大了，而贩卖走私货的利润对贩卖者的吸引力也实在太大了，所以禁而不绝。一边不断有人受处理，遭关押；一边走私仍旧热热闹闹地进行着，达到风雨不辍的地步。温州走私最猖狂的时候，几乎所有渔民的船只里都有夹层，或者在海水里拖的密封塑料包。

那时候，几乎温州每个家庭都有走私货。你穿尼龙裤，我撑尼龙伞，你

1982年冬天，尚未摆脱贫困的温州沿海一个小渔村小朋友们的合影。开放的活力和对未来的希望同样洋溢在孩子们的脸上（光良摄影）

带东方表，我拎收录机……机关干部、公安干警鲜有例外，这也是一种生活中的黑色幽默。

后来海军东海舰队开始抓走私船，温州的走私活动就压下去了。

于是，当广东、海南等地开始走私汽车时，温州的走私市场已经近乎绝迹，因为那时温州人已经可以公开地在市场经济的大海里弄潮了。走私毕竟是要受打击的，温州人不会笨到一条黑道走到底。但走私活动让温州人嗅到了金钱的刺激气味，做生意的快感，客观上加速了温州人的创业步伐。

对于走私货中的收录机，这里还须写上一笔。走私货进来之前，录音机是广电部门专用的，民间几乎没有，太贵了，最便宜的也要四五百元，相当于一般工人一年的工资，而且是钢丝带录音机，又笨又重。那时我在办企业，经济条件好些，曾经买了一部，但只风光了几个月。很快便宜轻巧音色又好的走私收录机就进来了。价格大体上以喇叭计，一个喇叭 80 到 100 元，也就是单个喇叭的收录机 100 元左右，两个喇叭的 200 元，最时髦的是四喇叭立体声的，也就是三四百元，而且后来的价格更低。当时"康艺"牌 8080 收录机最受欢迎，标明制造地是香港，但我估计可能是日本、中国台湾生产的。标制造地香港就不那么敏感，很受欢迎，音质好，双喇叭。拿现在的话讲就是"性价比高"，买就送"邓丽君歌曲"原声带，音质当然是一流的，5 块钱一盒还不是随时有货可以买到，是两三天工资的价格。

这些走私收录机要用银元换，而银元也可在当地用人民币买。有人做这个生意，开始时银元 10 元钱一个，以后越来越贵，涨到二三十元一个。记得不少外地的名作家也跑到温州来让我带他们去买收录机，除了能搞到一只经济实用的东西以外，主要是去体味一下那集市似的环境和特殊的交易方式。后来国产无线电类产品的更新换代，以及通俗歌曲的流行与走私的录音机有着很大的关系。我们这一代绝大多数人是通过这种走私机而认识邓丽君的。

除了走私之外就是所谓的"假冒伪劣"。"假冒"和"伪劣"是一对孪生兄弟，人家的产品好，有名气，假冒它；因为你是家庭作坊，设备和技术都不如人，产品当然劣质。但是名牌不容易买到，或是很贵买不起，假冒货就乘虚而入。

起初是"价廉物似"，市场需要；赚到钱了，设备更新、技术进步，成了"价廉物像"；后来有的甚至是"价廉物美"，比被仿冒品更好。譬如有家做无线电产品的，冒充上海某无线电厂的牌子，开始时比上海的粗糙，后来以假乱真，再后来走私货一进温州，他们便参照走私货进行改进，虽然还冒上海牌子，产品却比上海的更先进。

假冒是要受打击的，一打击，才下定决心打自己的牌子。我的一位熟人，年纪轻轻的，心灵手巧，做剃须刀，开始仿冒上海的"双箭"牌，生意很好。要造新厂房，找我帮忙买土地，因为我在搞房地产。后来我们各自都买了一块地，换在一起，成为隔壁的邻居。那时他的技术已经很好了，仿冒上海的不过瘾，还要冒日本的一个著名品牌。

日本人也真有本事，调查工作做到温州来，甚至有人找到我家里来，要求我们协助调查，好去控告。当时我不在家，又去找另一户邻居。调查未有结果，加之他们的产品也确实不错，而且生产成本远远低于日本的厂家。日本人便变换了方式，由打变成了拉，拉他们加盟，差不多是现在的做代加工概念。现在他做的产品分两类：一类是打日本这个牌子，经日本的检验程序；一类是打自己的品牌的。其实两类的质量都差不多，只是打日本牌的售价更高。他不止一次送我剃须刀，都很好用。

先模仿后创新超越，这正是温州很多产品在一无资金、二无技术、三无资源的背景下，打出一片属于自己市场的通常步骤。

关于"伪劣"，我有个观点：有一些所谓"伪劣"，是人们认识上的误差。拿皮鞋做例子。20世纪80年代初，一般皮鞋市场售价几十元一双，但温州有卖十几元，甚至是5元一双的。这么低廉的价格，不可能是羊皮或小牛皮的，而是三层皮或是人造革的（当然也不会是市面流传的说是马粪纸做的），样子乍看和牛皮的差不多，问题就出在这儿，来进货的人把它当成牛皮鞋卖，也卖六七十元一双，一穿很快就坏了，这就激怒了外地消费者，就有了抵制和焚烧的行动。如果你的进价是5元，卖到七八元一双，消费者就有思想准备，能穿一段时间，物有所值，不可能用长久，这就是"一分钱一分货"的概念。问题还出在中间商身上，责任不能完全由温州人来承担。

又譬如温州苍南的再生腈纶，瑞安场桥的羊毛衫，色彩艳丽，手感柔软，真叫价廉物美。只要它不冒牌，就不能叫假冒伪劣，因为它本身是再生的或低档的商品，价格仅仅是人家名牌的五分之一甚至更低，你不能要求它穿了5年还如新的一样。当时不能说温州没有伪劣，但绝不是大多数，一粒老鼠屎坏了一锅粥，打击起来也是一锅端。

杭州，1987 年的一个冬日，位于延安路北端的武林广场火光冲天，许多戴大盖帽的人把一箱箱崭新皮鞋倒入大火之中，围观者人山人海……

东北某大城市，消费者委员会在商场门口贴出公告：自本公告公布之日起，凡消费者因购买温州产品而发现存在质量问题，本会恕不接受投诉……

中央某部内部通知：各省厅并转达各地（市）、县、局：……自本日开始，本系统各单位的物资供应部门一律不得以任何方式再从浙江省温州市（含所属各县）采购设备或零部件，违者坚决以政纪严肃处理……

这就是当时的温州——受声讨的温州，遭孤立的温州，该诅咒的温州。连温州人自己也搞不清，何以在国人的眼里，他们的形象会变得如此可怖。一位在中央办公厅工作的温州老乡说，别看我在这个地方工作，也免不了替温州受气！隔三岔五，就有人拿着披露温州劣迹的报纸或者通报对我说：你看你们温州，又出爆炸性新闻了。虽然他们没有恶意，可我心里，总像压着石头……几乎所有温州人的背上都扛着一个黑十字架，这是几乎所有在外或者在本地的温州人都可以感受到的。

后来还有报道说，温州人是河南人"假冒伪劣"的师父，大意是温州这边造假在先。其实这种比较似是而非。温州人当年的仿制基本上是单纯的利益驱动，还是有底线的，低质低价，但被一些商家当作正品销售。河南人其实很有人情味，河南有文化底蕴，只是一部分地方经商风气不好而已。温州过了这个阶段，就做自主品牌，"质量立市"，重新赢得了国人的尊重。

如今"温州制造"已走向世界。无论是发达国家，还是在非洲、东南亚乃至南美洲，中国货一统天下。在经济落后地区，一方面，骂中国货质量差；一方面，又离不开价格低廉的中国货，买不起高质高价的欧美商品。在温州常驻数万外商，其中以印度人和俄罗斯人最多，都有上万人，非洲人也有不少。

我作为大股东的锐思特连锁旅店，在温州桥儿头的一家连锁店，是印度人最喜欢住的地方，因为这类商务旅店价格适中，环境也不错。特别受印度人欢迎的，还因为这家店楼上有一个印度（泰姬）餐厅。这些外商长期与温州企业合作，有时候是国外商家要求降低价格并降低质量。温州也可以生产高质量的产品，多销往经济发达的国家。我这里有一个资料，摘录给大家参考。2017 年温州的外贸出口国家前 10 名是：美国（188 亿元）、俄罗斯（83

亿元）、英国（66亿元）、德国（56亿元）、印尼（40亿元）、印度（38亿元）、意大利（35亿元）、巴西（31亿元）、西班牙（27亿元）、墨西哥（26亿元）。非洲国家中，以南非（17亿元）和埃及（9亿元）出口额最大，另外加纳这个小国家也有近4亿元。非洲国家进口中国商品有许多是通过迪拜转口的，因为非洲客户通常单笔金额小，迪拜离非洲更近更方便。迪拜是中国境外最大的中国商品集散地。所采购的商品品质与所在国经济水平和民众购买力有关，"低质高价"其实是卖家（经销商）的欺诈行为，国外的民众对于这些就不清楚了，往往迁怒于制造商，通通让"中国制造"背锅。

　　如此这般，温州人与温州货走过了风风雨雨的历程。

第五章　也谈温州模式

潘多拉的盒子还是改革的样板

　　"在中国的神话中，第一位女人应当是女娲氏。她用泥土造人，又炼五色石补天，还断鳌足支四极，杀猛兽治洪水，使人民得以安居乐业。女娲是女英雄，中华民族的守护神。可在希腊神话中，第一个女人潘多拉可就不那么美妙了，她是赫弗斯托斯根据众神之神宙斯的意志，用泥土和水制造的。因为普罗米修斯盗取天火给人类，宙斯就想通过她来惩罚人类，他把潘多拉嫁给了普罗米修斯的弟弟厄皮墨斯，并送给她一只盒子，里面装有人类的一切罪恶和灾难。厄皮墨斯不顾哥哥的劝告，接受了潘多拉，潘多拉一到，就把盒子打开，结果一切灾难、罪恶从那盒子里倾泻而出……在七十年代末和整个八十年代，不少国人还认为温州就是那个潘多拉盒子打开并倾泻的地方……"

　　这段话引自我与文友汤一钧、张执任合著的长篇报告文学《遥望温州》，写作的时间是 20 世纪 80 年代末的 1989 年。

　　苏联解体，东欧巨变。温州的一位副市长去外地参加一个研讨会，与会的人一听说温州就摇头，并在会上毫不避讳地宣称，"温州就是中国的东欧"。

　　一位老干部，到温州转了好几天，受到温州的热情接待之后，回到北京发表观感："温州除了市委、市府大门上的国徽是社会主义的，其他都不是社会主义。"

　　如果说以上的例子仅仅是口头上传说的话，那全国政协第七届二次会议交办的一条提案可说明当时高层的一些观点。这个提案说："温州市自开辟为试验区以来……带来的资本主义影响十分严重，物价高涨，走私、偷漏税现象严重，一切向钱看、以钱开路、投机倒把、贪污受贿不正之风，造成人们间贫富悬殊，多数投机倒把致富，而山区贫苦农民……"提案建议"中央和省组织调研组前往温州市总结经验教训"。这种争议公开激烈，国务院不断收到一些人反映温州问题的信函，并为此组织有关部门多次对温州进行实地调查和考察。

姓"社"还是姓"资"，外面议论纷纷，在温州内部则绝少争论。以前温州的几次运动，教训太深刻了，现在吃饭问题、剩余劳动力问题有了解决办法，面对外部压力，地方的领导干部则从马列经典中去寻找依据。

曾先后任苍南县委书记、温州市市长的卢声亮的回忆文章写道：

我在苍南工作时就遇到过这样两件事：一件事是1982年4月开展打击严重经济犯罪活动时，有一个区委书记向我汇报：现在购销员普遍是订合同转卖给家庭工业户去生产，赚的钱也有很多，社会反映他们是暴发户，符合当时国家工商部门规定的投机倒把十种表现之一（买卖合同），要打击。我听后想起了马克思在《资本论》中关于工业资本是由商业资本转化而来的论述，没有流通就没有生产，如果打击了购销员，等于千千万万家庭工业户都要全部停业了，绝对不能打击，避免了造成错案。另一件事是金乡区农行营业所所属信用社实行了浮动利率，在银行之间引起了很大争论，县农业银行一位副行长来向我汇报，问我怎么办。我想起了过去学过的价值规律理论，并回忆起在我国经济困难时期，供销社农副产品收不上来，陈云同志决定供销社农副产品收购实行"高进高出"的价格政策，就收上来了。现在信用社存款吸收不进来，也有同样情况。于是，我就对他说："你们的做法符合价值规律的要求，可以搞。"调到市里工作以后，面对外面对温州到底是姓"资"还是姓"社"的议论，我常常和思想很解放、工作很有魄力的市委书记袁芳烈同志促膝谈心，认为无论别人怎么议论，我们坚信温州的做法是符合马克思主义、毛泽东思想中的实事求是原则，是符合一切从实际出发、按照客观规律办事的基本原理的。就是叫别人来干，要想解决问题，亦得这样做。

当年，陈定模集资建设龙港镇，面对各种议论，也是如此这般应对，从马列经典中寻找依据，在前来调研的中央领导面前大段背诵马列经典。以至于中央领导感慨：看来温州的干部理论素养很高。陈定模曾在新华书店工作过，有时间认真学习马列著作，熟悉马列经典理论。

1984年4月29日至5月2日，中共中央书记处书记、国务委员谷牧（前排右二）视察温州港区、龙湾码头等，右三为时任温州市市长卢声亮，右一为胡显钦（黄瑞庚 供图）

毕竟已经到了春天，虽有时不免乍暖还寒，如温州人称之为倒春寒的天气，却不会长久。有诗曰："忽如一夜春风来，千树万树梨花开。"戴惯了黑帽子的温州人，不知何时开始，也点缀上了小红花。1985年5月12日，上海《解放日报》刊登了一篇文章，标题是《乡镇工业看苏南，家庭工业看浙南——温州三十三万人从事家庭工业》，同时配有评论员文章，题为《温州的启示》。报道开头就说："温州农村家庭工业蓬勃兴起，短短几年，已创造出令人瞩目的经济奇迹，如今'乡镇工业看苏南，家庭工业看浙南'已为人们所公认。温州农村家庭工业的发展道路，被一些经济学家称之为广大农村走富裕之路的又一模式——'温州模式'。"据我所知，这是第一篇公开发表提出"温州模式"这个概念的文章。

温州的政界、文化新闻界为此欢欣鼓舞。

时任温州市委书记袁芳烈在后来的回忆文章《改革是对外开放的前奏》中详细描述了这个关键节点。文章摘录如下：

1984年3月，张劲夫同志到温州考察。他考察了永嘉桥头纽扣市场、温州港和乐清柳市低压电器产销基地。劲夫同志在柳市兴致勃勃地逐一考察了群众沿街开设的前店后厂生产经营的电器产品,向他们详细地询问了生产经营情况后对我说:"老袁,你们这里搞得很好,要好好地总结经验。"我说:"我们工作中还存在很多问题,产品质量还有问题,许多管理问题还没有跟上。"劲夫同志说:"产品质量不好可以提高","谁说街道弄堂工厂生产的产品质量就一定不好,瑞士手表都是些街道弄堂工厂生产的,质量不是很好吗?"又说:"我们国家发展工业的路子不对啊!你们这里不是很好吗?要好好地总结经验。"他对温州农村走发展家庭户办工业的路子给予了充分肯定。

1985年3月,杜润生和吴象同志来温州考察。在考察了桥头、塘下、北白象、柳市等地,了解农村商品生产情况后,杜老风趣地对我说:"我向往了一辈子的东西,为什么在别的地方很少看到,而在你这个温州到处都是啊?我们两个要建立热线联系。"我说:"请杜老多多指导。"杜老说:"万里同志很想到温州看看,这次到上海病了,来不了。"他问我怎么办。我说:"我派人去上海带上《温州农村商品产销基地》录像向万里同志汇报。"杜老同意说:"好主意。"市委派农委副主任李仁续去上海向万里同志汇报。3月23日上午,万里同志在上海兴国宾馆看了《温州农村商品产销基地》录像,向李仁续同志询问了温州经济发展情况,做了很重要的讲话。万里同志说:"请我去,我愿意去啊!但不行了。我今在这里什么人也不见,就是因为你来了,又这么远,而且成绩那么大,你们的录像我看了,我准备送给小平同志看一看。"万里同志问:"市委书记是谁?"仁续说:"是袁芳烈,中央候补委员,浙江省委常委。"万里同志说:"我记得。长治久安之计,需要省里面最强的干部去,温州才能安定。回去问他们好!工作嘛,一个叫继续大胆创新;一个及时总结经验,纠正一些这个那个不可避免的缺点。任何人只要革命,只要前进,总得要走步。画个圈谁给画啊,总得走出来才对呀。"万里同志很关心温州,早在1983年11月全国农村工作会议上高度评价苍南宜山区再生纺织业,指出:"宜山区利用工厂腈纶边角料,发展再生纺织业,使单一的农业生产开始变为农工商综合经营,变为包括科技、流通等多方面经济网络,展现出农村生产力充满生机的发展前景。"

1986年4月,万里同志和郝建秀同志亲临温州考察了桥头纽扣市场,柳市低压电器市场,北白象建筑材料市场和永嘉、乐清、苍南、瑞安、平阳等县家庭工业，以及苍南龙港镇和温州港等。在市委领导干部会议上，万里同志在讲话中充分肯定了温州近几年来大力发展农村商品生产的做法和取得的成绩，同时要求各级干部进一步为繁荣农村经济服务，促进商品生产发展，并提出"总结，完善，发展"的要求。

1985 年 8 月，省委书记王芳同志到温州调查。在 20 世纪 80 年代初，温州市委在党的十一届三中全会实事求是的思想路线指引下，坚持从实际出发，在农村选择了以家庭自营经济为基础、以户办工业和联户工业为支柱、以专业市场为依托、以农民供销员为骨干的发展经济的新路子，在很短的时间内取得了显著成效，但是走这条道路并不像现在人们想象的那么轻松和简单，因为过去长期受根深蒂固"左"的思想影响，来自上下左右的压力是很大的，在省委常委内部认识也不一致。有些领导干部在背后指指点点，说三道四，说我在温州搞的是"资本主义"。最可怕的是当面不说，暗暗地在你背后打上一块"政治方向有问题"的印记。因此，在 1985 年 1 月安徽省委书记黄璜同志（第一位来温州考察的省委书记）来温州考察后对我说："学南容易学北难（学南指学温州，学北指学苏南）。"他决定叫安徽的县委书记分批到温州考察。我说："学南也不容易，搞不好恐怕会有政治代价。"当时省里的口号是"工业学兰溪"，对来自全省到温州参观考察的大批干部群众，我从不出面接待和讲话，我只是对金华地区的义乌、永康两县的县委书记就如何学习温州经验问题提过具体建议。鉴于历史的经验和教训，市委在 1985 年 4 月向省委写了《关于温州农村发展商品经济情况的报告》，但对这个报告省委没有反应。于是，在 1985 年春我回省委参加常委会期间，有一天早晨在机关里遇见王芳书记。我说："我在温州的时间差不多了吧（原来省委定一年）？"王芳同志说："是差不多了。"我接着又说："温州现在到底行不行？省内外和全国各地到温州参观考察的一年有两三万人，省委要不要向中央报告一下？不报告的话万一有一天说温州搞的是'资本主义'，省委不向中央汇报，那省委是要有责任的。"王芳现场深思了一会儿，点点头说："你说得有道理。"在这不久，由省委办公室、政策研究室等先后派了十多位同志到温州进行了较长时间的细致调查。8 月 20 日，王芳同志又亲自到温州，先后在永嘉、瑞安、平阳、苍南等县的乡镇，和基层单位及市级部门进行调查后，以王芳同志的名义向中央写了《关于温州农村经济发展情况的调查报告》。这个调查报告肯定了温州市在发展农村商品经济所走的道路和成绩，在 1986 年《红旗》杂志第三期全文刊登。为温州广大农村干部群众发展商品经济正了名，壮了胆，鼓了气。

"温州模式"为什么是上海最先公开发表的？上海与温州确实有着特殊的关系，上海的理论家对温州的认识领先于全国其他地方。其实，"温州模式"也是温州的学者最先提出的。

对于"温州模式"的提法，浙江省委的意见是，提"温州经济格局"为好。可以想见当时浙江省委领导心态颇为微妙，很谨慎。

温州农村经济的发展，国内理论界对"温州模式"的介绍，也引起了国外新闻界的注意。1986 年 8 月 31 日，西德《明镜日报》刊登了记者乔尼·埃林的专题报道《温州，中国的实验田》，报道中指出，"改革给温州带来了生机。农村人口超过八亿的中国，温州具有特殊的意义"。1987 年 3 月 9 日到 15 日，日本《读卖新闻》连载《温州——蜜桔的故乡》，介绍温州农村家庭工业蓬勃发展和农村由穷变富的情景，指出"在全国，温州大概可以说是最有生气的城市"，"温州在耕地有限，交通不便的恶劣条件下，引进商品经济，依靠农民自己的力量，仅用了八年时间就把产值翻了两番"，"温州被称为改革的样板"，"中国的报纸和经济刊物称其为'温州模式'"。

我记得，写这篇连载文章的日本记者名叫高井洁司，一位高个子、有着一张圆脸、随和的年轻人，我们在我的朋友吴邑先生家中见过面。我们一边拉手寒暄，一边都觉得似曾相识，忽然大家都想起来了，在火车的软卧包厢里！世界虽大，巧合总还是有的，我们都很开心。他采访过作为温州最早的一批企业家之一的吴邑，并且成了好朋友，而我与吴邑是多年的朋友。他当时造了一幢新房子，装潢得很漂亮、很现代，我常带外地的文化界朋友上他家参观，他总是热情接待。《人民日报》的一位女记者还曾报道过他，不久他去了意大利，高井洁司也奉调回国，不再常驻中国，便失去了联系。

几年之后《读卖新闻》又以《温州的成功》为标题，指出"温州的农民以联合投资的方式，兴办起各种家庭工业，生产易于批量生产和运输方便的各种小商品，开展一村一品运动，形成一种专业市场。推销员遍及全国各地，形成独自的销售网""温州市的成功被称为温州模式"。也就是说，国外的新闻界和理论界也注意并认识到"温州模式"对全国农村的发展所具有的巨大意义。

对于"温州模式"的认识与宣传，全国政协副主席、著名的社会学家费孝通先生走在经济学家们的首列。1986年，他就在《瞭望》杂志上著文称："'温州模式'的重要意义不在它发展了家庭工业，而在于提出了一个民间自发的遍及全

1986 年 3 月 8 日费孝通在温州调研后在杭州做报告

国的小商品大市场，直接在生产者和消费者之间建立起一个无孔不入的流通网络。"而后他又说："温州地区所走的道路乃是促进农村经济发展和农民劳动致富的有中国特色的社会主义农村经济发展道路之一。从某种意义上说，温州模式比苏南、珠江农村经济发展模式更具有典型意义。"一位德高望重的耄耋老人，能有此种敏锐的眼光、超前的意识，确实是难能可贵的。

由于费老对温州有这么大的贡献和影响，我们经营的温州国贸大酒店的店名便辗转相托，请费老先生题写的。一方面表达对费老为温州鼓与呼的敬佩之意，另一面是借费老的大名以壮国贸的声威。费老生得魁梧壮硕，却具有儒雅学者的风度，他的字颇具气势，又含而不露，可谓字如其人。

费老对温州很有感情，早在1936年，费孝通留学英国途中在法国逗留期间，认识了第一批华侨，就是温州人。从此对温州人有了初步的感性认识。从这年他发表享誉中外的博士论文《江村经济》开始，费孝通一直都遵循深入调查的原则。他在改革开放之后陆续提出了"苏南模式""温州模式"等概念。改革开放初期到宁夏西海固地区考察时，发现当地的修鞋匠竟然都是从温州一带过去的。他十分感慨：在那么穷的地方，这钱还是让温州人赚走了。

1986年费老第一次访问温州写了《小商品 大市场》（第二次是1994年，发表《家底实 创新业》，第三次是1998年，发表《筑码头 闯天下》），这次温州调查使费老感到大有收获，对写出的文章也颇感满意，写诗一首表达心情：

瓯海驰骋千里还，天台雁荡送我归；

有情应怜书生志，临别花开君子兰。

社会和经济发展到这个阶段，又有这么多的学者名人与媒体的关注，国人的认识也起了很大的变化。1989 年 10 月，国务院研究室的两位专家在浙江省农村政策研究室的干部陪同下，在温州做了为期 8 天的调查，写出了《关于温州问题的调查报告》。报告认为：

虽然温州的经济结构和运行方式比较特殊，个体、私营和市场调节的成分占的比重确实大了一点，需要积极引导和调整，但如果据此就认为"温州模式"是资本主义模式，那也是不成立的。因为：第一，允许个体、私营经济的存在和发展，这是我国社会主义初级阶段的性质和需要所决定的，是我们必须长期实行的方针政策；第二，我国现阶段的个体、私营经济不同于资本主义的个体、私营经济；第三，温州的这种经济结构和运行方式，是当地实际情况的产物。温州也希望国家能多投资办一些国营企业，希望国家多给一些计划物资、资金、能源、商品等，但国家拿不出来，在这种情况下，就只好利用民间的人才、资金、技术来发展本地经济，更好地通过市场调节部分去获得必须的原材料、能源、资金、技术和商品。事实证明，这种方式对温州经济发展起了积极的、巨大的作用；第四，十年来温州的国营和集体经济就相对比重变小了，但本身并没有萎缩，其发展速度与全国是同步的。

这个报告透出了这么几个信息：一是温州不是资本主义，这使温州的压力大大地减轻，毕竟是权威部门的定论。当时有种说法，叫"深圳打雷，温州下雨"，同样的事，如果有领导认为不妥，在深圳吼叫几声就过去了，那毕竟是特区。而在温州便会下大雨，浇得人灰头土脸，一身污水。有了这个报告，温州不再"下雨"了。二是承认确实因为政策问题，不对温州进行投资，温州人只能这么做，总要给出路嘛；三是也注意到了国营和集体经济的比重问题，要在今后的工作中逐步予以调整。在 1989 年，有这样的观点已经是难能可贵了，它对日后"温州模式"的宣传及推广，起了很大的作用。

包产到户：第一个吃螃蟹的是温州人

"解放区的天是明朗的天，解放区的人民好喜欢……"好喜欢的是刚刚分到了田，有了真正属于自己的土地。农民们唱着这首歌，起早摸黑地在自己的土地上劳动着，一边计算着今年收成大约有多少，缴了田粮留足口粮之后

1978 年永嘉县联产承包大会现场（黄瑞庚　供图）

能有多少剩余，几年之中可以将棚屋变成瓦房，或将旧屋翻新。

　　虽说是"七山两水一分田"，当时的人口比现在要少，农民的劳动积极性又高，不存在吃不饱饭的问题，可惜的是让农民休养生息的时间太短了。先是互助组，接着是初级农业生产合作社，到了 1955 年至 1956 年间，社会主义改造运动进入高潮，城市的工厂企业全部公私合营，农村建立高级农业生产合作社。农民失去了自主权，敲钟下田，吹哨收工，干好干坏一个样，你的劳动力评定是 10 分值，干一天就记 10 分，但这 10 分或 8 分有多少价值，全年下来经结算才知道，可能是 1 个工分值 5 分钱，也可能 1 分钱都不到。再加上粮食统购统销，农民的生产积极性就低了，开始吃不饱饭。这会造成恶性循环，工分值越来越低，积极性也越来越低。他们中一些头脑活络的人看到前景不妙，便提出要求"包产到户"。田还是合作社的，但分给各家各户种，定下一年缴多少粮食给合作社，余下的就归各家各户所有。也就是说，

"包产到户"这个概念是温州人首创的。

有了要求不被批准，徒唤奈何。于是李云河站出来了。他是 20 世纪 50 年代中共永嘉县委副书记。他经调查研究，带头支持农民的要求，并派干部到三溪区燎原高级农业生产合作社进行包产到户试验。那是 1956 年 5 月份，农业生产耕作是以季来见效果的，当年秋收，实行包产到户的农业合作社便取得了比别的社好得多的收成。李云河便向全县推广，到第二年，就有 200 多个高级社实行了包产到户，全温州地区有 1000 多个高级社实行包产到户，计有社员万户，约占入社总人数的 15%。

1956 年 11 月 16 日，李云河发表了调查报告《"专管制"和"包产到户"是解决社内主要矛盾的好办法》，并上报温州地委、浙江省委、华东局和中央农村工作部。

1957 年 1 月 27 日，《浙江日报》全文刊登了该报告。大约李云河认为自己找到了一个解决矛盾的好办法，可以大大地提高生产力，浙江省委也认为是个好办法。

但当年的 10 月 31 日，新华社发表题为《巩固合作化事业，抛弃资本主义道路》的批判"包产到户"文章，《人民日报》《解放日报》都全文刊登，其中四次点名批判李云河。其后，永嘉一批干部被打成"右派"，李云河首当其冲，是"极右分子"，开除党籍，开除公职，下放工厂劳动。

前些年，有回忆文章指出，这场试验的领导者和组织者，还有时任中共温州地委委员、永嘉县委书记的李桂茂。念及他在战争年代的革命资历及功绩，由浙江省委主要领导亲自过问，才决定网开一面，改变开除其党籍的原议。处分却还是很严厉的：从地委委员、县委书记一下子贬为瑞安县塘下

左起李云河、李桂茂、戴洁天，摄于 20 世纪 90 年代

公社管委会副主任。李桂茂曾经是抗日战争时期山东老区的一位区委书记。

我认识李云河已经是 20 多年之后的 20 世纪 80 年代初，浙江省作家协会在杭州南空疗养院开笔会，温州作家陈康谨在撰写有关李云河的报告文学，邀请李云河先生到会。二十几年的艰苦生活，虽说使得李云河白发苍苍，却未挫尽他的锐气，谈起农村问题滔滔不绝。二十几年中他仍旧思考这些问题，真是"为伊消得人憔悴"。

有意思的是，批判归批判，温州地区的一些偏远农村或大山里头，仍然在悄悄地实行着"包产到户"，大跃进时期和三年困难时期有更多的地方在实行着。自 1966 年开始，永嘉不少地方的农民自发"包产到户""死灰复燃"，到 1975 年、1976 年，永嘉县农村实行包产到户的生产队竟占 77%，有三分之一的山场也包产到户。还是在 1973 年，上头把坚持吃大锅饭的永嘉县里湾潭大队，树立为处在资本主义势力包围之中坚持走社会主义道路的典型，以此来反证"包产到户"是走资本主义道路。（为此，上海著名作家王安忆的母亲、著名作家茹志鹃在 1973 年为编写这方面题材的电影剧本来到这里体验生活。想到这里，顺便记上一笔。）

这就是大胆的温州人，不怕死的温州人！

当然，温州闭塞地理环境所形成的条件，也是其因素。但"包产到户"毕竟是"两条道路斗争"的表现，1978 年 12 月 22 日党的十一届三中全会通过的《中共中央关于加快农业发展若干问题的决定》还明确规定："不许包产到户，不许分田单干。"毕竟在温州有这么多的生产队在实行，涉及这么多的农户，要想上面都不知道是不可能的。在 1976 年冬的第二次全国农业学大寨会议上，永嘉县被列为浙江省"分田单干，集体经济破坏最严重"的县。

说到这里，一定会有人指出："包产到户"是安徽人首创的，怎么变成温州的永嘉县呢？确实，报纸上都是这么说的，但小岗村的包产到户是 1978 年才实行的，温州农村比之早了好多年。问题是温州人汲取了李云河的教训，只做不说罢了。再说安徽省的农村改革，有万里同志的支持，1978 年时机已经成熟，便一炮打响了。其实，对于温州人来说，首创权并不重要，解决吃饭问题才是最重要的，所以温州人从来没有争过首创权，温州的干部与老百姓一样务实。

类似的默契后来在温州更是形成一种心照不宣"模式"。不争论，不公开表态，本身就是一种策略。应该说是"群众创造创新，领导支持"的结果，为此而敢于担当的干部是需要勇气和牺牲精神的，为什么其他地方做不到的事情，在温州都是新生事物，比如家庭工业、购销户、专业市场、挂户经营、股份合作、浮动利率等。

在人们当时的观念和政治气候中，比如说"挂户经营"，就说是"挂羊头卖狗肉"而受到质疑，有租赁权力的嫌疑，至于"股份合作企业"，则被说成是"单个资本集合体"。所有这些，都需要温州本土的"理论家"做出有力的辨析和论证。温州还真有这样一批人才，温州市农委原副主任李仁续实际上是最早全面系统阐述"温州模式"的理论家，1984年底，他撰写了《"温州模式"的要意与实践》。1985年4月，上海《解放日报》记者前来采访，李仁续对此做了全面介绍。这次采访的报道刊登在5月12日的《解放日报》上。从此"温州模式"名扬全国。

不要忘了那些为温州做出历史性贡献的人。

"温州模式"的前宏期

"包产到户"虽然解决了部分劳动力的问题，但解决不了所有温州人的吃饭问题，田地实在太少了。在金乡，以前连农民种地出工挣工分都要排队，一个人几天才能轮到一次，还出现了公社书记在食堂吃饭，饭碗被人夺走的事情。你包产到户，我便无产可包。即便包了产的户，那几亩田有一个劳动力也就足够了。三兄四弟怎么办？除了部分外出做小生意之外，大多留在家中搞家庭工业。

这时，瓯地瓯民上千年形成的特点便显现出来了：这里素有手工业传统，他们不是你做你的，我做我的，而是一村一乡一个产业百户千人抱成一团，那个壮观的场面实在让人吃惊！

举个例子，苍南宜山的老百姓一向有农闲时织土布的习惯，不仅解决了自己一家人的穿衣问题，织得多了也可拿到集市上换点零花钱。那种布一般是花格子的，苍南那时未从平阳县中析出，这种土布在温州俗称"平阳布"。"平阳布"用的大多是再生纱，从回收的旧布破衣中再生土纺土织的，是穷苦人家织来供穷苦人穿的。许多人去买这种价格低廉的土布穿，将发的布票拿到市区去卖掉。这部分土布是对市场匮乏的补充，有市场，产业就可以做大。

分工是自发的，你收购旧布破衣，我开花纺纱，第三家成绞染色，第四家穿梭织布，第五家集布承运，最后一家是外出兜售——整个一个托拉斯！从 1965 年开

1983 年，宜山纺织品交易市场。每天早晨天蒙蒙亮，就人声鼎沸（萧云集　摄影）

始，到 1978 年止，我在纺织行业搞技术，经常被宜山人请去帮忙，多次去宜山，那场面真是壮观。一进宜山地，便听到了震耳的机器声，开花的、纺纱的、染色的、织布的，每家每户都有机器，大户人家摆放着多台织机，小户人家也有一台织机的。我曾帮忙过的一家丝织商标工场是宜山的纺织大户，有十几台提花织机。"唧唧复唧唧，木兰当户织"，家家户户的女孩子都坐在织机前……

用个数字说明宜山纺织"平阳布"的盛况吧，从 1958 年到 1970 年，宜山供销社经营农户土布的销售额每年都在 1000 万元人民币以上。要知道当时的土布只有几分钱一尺，好的也仅卖一二角钱一尺而已，这上千万元得有多少布！而且许多布不是通过供销社销售的，供销社销售量只是一部分。

大家也许还记得，20 世纪 70 年代末开始，准确讲，自 1977 年恢复高考后，就出现推销员到学校推销铝质校徽，到单位、学校推销塑料饭菜票、塑绸证件，业务遍及全国，这些人多是温州人。那时候，刚刚恢复高考，能戴上制作精美的校徽是让人有神圣感的事情。早在 1979 年，金乡金星大队创办"金星文具厂"，实行"挂户经营"，对外统一厂名、统一银行账号、统一上缴管理费，乃至统一对外电话联系方式。自找订单、自己组织生产和销售，自封经理或业务员。这些农民推销员来到内地，拿着企业介绍信，土里土气，手里却拿着精美的校徽样品来到学校，或拿着精美的塑绸证件样本来到单位办公室，常常让人感到惊愕。

当年宜山人外出推销"平阳布"比金乡人推销校徽饭票还要早好多年。

1978 年底十一届三中全会以后，温州逐渐出现了规模达到"十万大军"购销员队伍，以二三十岁的年轻人居多，本钱不大，肯吃苦，"走遍千山万水，历尽千辛万苦"，省吃俭用，薄利多销；手段灵活，不屈不挠，令人叹服。给国营企业带来一股鲜活的风，给市场带来新潮流，最终成为一支规模庞大的商业大军。

到 1981 年时，宜山镇已经有两万台纺机，还从生产"平阳布"逐渐演变发展到生产再生腈纶，当时出现了民办工厂收购利用国营厂扔掉的废料组织规模生产的。在 1983 年全国农村工作会议上，万里副总理有一个报告，其中专门提到了宜山的再生腈纶业，报告中有一个数据是：1982 年宜山再生腈纶业产值 9315 万元，向国家缴税 238 万元。这个数据也可能是不完全统计。催生"平阳布"这个行业，起初应该就是这些弹棉花的"出门人"，走天下有眼界，会生产还有销路。

而从"平阳布"演变到生产再生腈纶，在当地还有一个故事。

1978 年年底，宜山人赵开良到河北邯郸推销 3 万条编织袋，对方把 80 吨腈纶边角料卖给他，以互相帮忙为条件，这是一家服装厂的废料。权衡之下，这位宜山人把废料运回宜山。但腈纶在开花机上开不了花，容易因发热燃烧。眼看着这批废料只能当作拖布、抹布用，损失几乎就是一定的了……那天，孙阿茶老太太到镇上买了一些棉布边角料，到家一看，里面竟混了好多腈纶边角料。觉得扔了可惜，但也不想拿回去退货，买的不多，又都是乡里乡亲的。就送到村里的开花机上去试试，人家不干，如果烧起来会出危险的。但经不住老太太再三央求，还是让试试。开花机出来的是一团团没有毛头也没有黏性的花絮，但也没有着火。改变方法后，拉长了一半。孙老太把花絮拿回家上纺机，老是断线，怎么也出不了纱。她又搬出尘封多年的土纺车，耐心捻着，第一根再生腈纶纱终于出来，再把腈纶纱合股并线，手感色泽与原品腈纶还真相近。后来把开花机调整转速，改造了纺机，使得腈纶能开花纺线，纺织成料。消息传开后，户带户，村带村，大家都干起来。这就是宜山"平阳布""升级转型"的开始。孙老太也被人尊称为"宜山的黄道婆"。

从平阳布到再生腈纶，历史并不短。为什么出在宜山？在温州地区，宜山是最偏远的地方之一，上头管不大到，为解决吃饭问题，当地中下级干部和农村基层干部对此持支持态度，有一种默契。

乐清柳市的低压电器、永嘉桥头的纽扣饰品、平阳萧江的塑料编织袋、苍南金乡的礼品及包装印刷、永嘉瓯北的水泵阀门、龙湾永强的医械化工……行业的兴起与壮大，都与宜山的模式类似，都有强大的购销员队伍在推动，和当时的计划经济不同，国营企业是"计划下的生产"，甚至"只生产不管销售"；温州这边是推销员"推销后的计划生产"。到了20世纪90年代，有了高层的认可，温州自发形成的产业块被称为"一村一品（品种），一乡一业（行业）""小商品、大市场"。这里没有规模宏大的厂房，也没有成套生产设备，市场却是最大的，销售到全国乃至全世界。

如今有苍南人在非洲埃塞俄比亚创办了地毯厂，有些产品也是如此这般，用再生材料，有成本和价格优势。可能是"平阳布"走出去走到最远的地方，甚至对该国的这一传统产业造成冲击。地毯是家家户户必需品，条件好点的人家，地上都是要铺地毯的。温州人带去的是先进设备和设计，价廉物美更耐用，造福了普通的老百姓。那些生活条件差的，也就是茅草土墙围起来的人家，现在也能用上地毯，并且这种材料的地毯更容易清洗。产品还享受零关税出口到发达的欧美国家，就因为是"非洲制造"。

在磨难中成长的"温州模式"

当初有一个时期，政府一直想遏制这种势头，举一个例子：我在纺织厂的一位同事，有感于宜山的景像，便动了脑筋，购进一批旧渔网，拆解之后纺成渔网纱，卖给宜山人织"平阳布"。本来这是收旧利废的好事，而且搞渔网纱也是非常辛苦的一件事，经过海水浸泡的旧渔网是很脏很重的，要经过收购、浸泡、洗涤、拆解等阶段，亲戚朋友都被动员起来，家家户户在辛苦忙碌，所赚的钱只能略微小补。被发现之后，这位同事被捉到人民广场万人大会上去批斗，一起被斗的数十人都是如他这类的"投机倒把犯"。台下人头攒动，口号声此起彼伏，台上的人瑟瑟发抖，惶惶不可终日。那场面也只能以壮观来形容。这些"投机倒把犯"，有的被判20年、15年或数年徒刑，有的因退赔及时或坦白从宽被当场释放。我那同事即属后者，算是逃过一劫。

20世纪80年代温州人有一说，那就是怕"两风"，春天怕一号文件风，秋天怕刮台风。不知为什么，有好几年一号文件一发就刮风。如1982年的打击严重经济犯罪，标题是反对资产阶级自由化，再接着是清除精神污染，发的都是一号文件。这些文件看似针对文化宣传部门的，在温州都会落实到个体户身上。1982年的一号文件一发，许多温州个体户便倒霉，乐清柳市镇的"八大王"案件最典型，如"五金大王""目录大王""旧货大王"（旧货购销、再加工专业户）和"机电大王""汽配大王""螺丝大王""线圈大王""供销大王"等，"八大王"被以投机倒把的罪名关押、判刑，其中"五金大王"胡金林逃跑被通缉，"旧货大王"王迈仟被判刑7年。其实，在温州、乐清、柳市，这样的"八大王"成千上万，"八大王"只是相关产业的代表人物而已。

《温州日报》资深记者沈绍真曾采访乐清当时的领导，乐清"登山鞋厂"事件就非常典型，知道的人不多，不像"八大王"事件这样广为人知。文章摘录如下：

登山鞋厂前身是乐清县皮革厂，县二轻局企业，生产猪皮皮鞋。因"文化大革命"，产品质次价高没销路，企业濒于破产，于是他们就到全国各地找出路，结果订到了上海一家外贸公司的一次性苎麻底登山鞋业务。因为业务量很大，在当时农村政策已放宽的情况下，他们就大胆地采取外包方式生产，将鞋底鞋帮等工序外包给城区居民和城郊生产队的农户。于是一时间出现了家家户户挑灯夜战搞生产的场景，一位领导说当时他的家属也做过这活，一晚上能赚5毛钱，一个月下来能挣半个职工的工资了……这濒于破产的企业就此又轰轰烈烈红火起来了，年产值一度达到5000万元，这在当时可是惊人的数字！但好景不长，一位"左"得可爱的乐清革命群众，写了封控告信，反映登山鞋厂有方向性问题：一是登山鞋原材料在萧山，出口在上海，生产在乐清，造成人力财力极大浪费，损害了国家利益；二是该厂职工工资比一般工厂的高出3—6倍，破坏了工资制度……

县领导班子主要成员都认为这是改革搞活，要给予肯定、支持；但当时坚持"正确路线"的上级工作组却不这样看，他们甚至认为引进生产登山鞋诱发了资本主义，本身就错了……最后，好端端的登山鞋厂又垮掉了。

前些年央视播放《温州一家人》电视连续剧，大家对"打办"（打击投机倒把办公室）人员在小巷里追捕摆摊的"投机倒把"分子可能印象颇深。电视剧中还几次提到"八大王"之一的胡金林，如今，胡金林在柬埔寨投资

经商。2001 年在金边的毛泽东
大道开了一家电器公司，还办了
汽修厂之类的产业，后来获得 6
万公顷的橡胶园和土地开发权。
胡金林被推选为柬埔寨温州同乡
会首届会长。短短几年，胡金林
成为柬埔寨的电器大王和橡胶大
王，那年借用洪森首相的直升机
巡视他投资的橡胶园，在柬埔寨
华商中轰动一时。

2008 年 9 月袁芳烈在杭州的留影

"八大王"也是在袁芳烈任上宣布平反了。他们比陈瓯江等人幸运得多了，
仅仅吃点苦头而已。乐清的干部说："八大王"事件，至少是使得乐清经济
停滞、倒退了 5 年。

温州人也真奇怪，无论是政治风，还是自然风（热带风暴、台风），都
没有被吹倒，还前仆后继。杀掉几个，抓捕一批，"地下工厂""地下包工队"
"投机倒把分子"等还是如雨后春笋，又长出一批，吃尽苦头，听饱争议。

温州人对袁芳烈评价甚高，袁芳烈任温州市委书记是在 1981 年 8 月至
1985 年底头尾 5 年时间。在他任内，带领温州干部，顶住压力，大力改革，
放手发动群众，坚定发展家庭工商业，成为奠定"温州模式"的关键人物，大
胆支持引导群众发展个体私营经济，推动农村信用社浮动利率改革，瓯越大地
商品经济发展如星火燎原。袁芳烈生病住院期间，好多温州人跑到杭州看他。

有一次，有温州企业家跑到杭州请他向温州时任领导陈言建议，袁芳烈
当时在省高级法院任上离休都有好几年了，他觉得无用而推却，但经不住再
三恳请答应试试。想不到时任领导竟然听进去采纳了。去看他的还有现任温
州房地产行业协会会长的邵武，邵武在袁书记在任时也就是一个二十出头的
小伙子，当时他和袁芳烈接触的机会可能也不多。他年轻时做过很多行业，
做过五金、打包机、化工等行业，白手起家，2000 年跨界进入房地产行业。
温州人重情义，邵武去看他，应该纯粹是出于一片情意。

有关袁芳烈，温州还有一个传说：当时瓯江上还没有大桥，客货车摆渡
排队甚至长达 10 多个小时，争取国家资金建设有困难。1982 年，省长薛驹路

过瓯江，因摆渡拥挤，要求温州派船接。袁芳烈几度让手下等一等，在大约20小时后，薛省长才被接过江。上岸后，薛感慨不已，袁趁机让省府掏腰包。这就是在温州流传甚广的"计赚薛驹"的故事。可见袁芳烈是一个敢担当的干部。

温州的领导敢于担当，群众能创造。温州确实创造出许多的"全国第一"的纪录：

全国第一个提出"包产到户"的地方；

全国第一份（批）个体工商户营业执照出在温州（1980年共有1844户个体工商户领到营业执照），章华妹的个体户执照是全国第一份；

全国第一家实行利率改革的农村信用社——苍南金乡镇农村信用社；

全国第一座集资建设的农民城——龙港镇；

全国第一个股份制城市信用社——鹿城城市信用社和东风城市信用社；

全国第一家私人跨国公司——叶康松办的美国康龙农业开发有限公司；

全国第一条内地和香港合资兴建并运营的地方铁路——金温铁路……

最近这些年，温州人还创造了许多第一，只是不像以前那么显眼引人关注了。比如，温州人在境外投资开办国家级省级工业园就有4家，为全国所有地级市中的第一，其实整个浙江省也就6家。温州人办的印尼青山钢铁企业，是目前中国民营企业当中境外投资规模最大的。

但这许多第一如果没有带动温州的经济迅猛发展的话，它最多只是吹牛的本钱，不具太多实质性的意义。

当年对温州模式发展的总结与回顾，通常是这样的：

一、"温州模式"是以家庭经营为主要生产方式，以小商品生产为主导产业，以专业市场和农民购销员为流通渠道，充分运用市场机制来推进农村工业化和农民富裕的一种农村经济格局。

二、温州经济的基本特色是在社会主义条件下，多渠道、多形式的商品经济新格局，其基础是农民经营的家庭工业，其纽带是以农民购销员为骨干的专业市场，其依托是主要由农民集资兴建或发展起来的小城镇。三者相互依存、相互促进、联为一体、协作配套、自成网络，没有任何统一规划安排，不按任何指令行事，完全作用于价值规律和供求规律。

这种所谓"温州模式"的理论，仅仅在短时期内适用，早已过时了。当时的总结，一方面有当时的需要，另一方面还有一个视角和观察深度的问题，以及实践不足的原因，所谓"历史的局限性"。当时认为家庭工业是"温州模式"的主体，现在这个主体早已起了变化，其管理方式也由家族制走向现代化的管理机制。再用这种过时的概念去阐述"温州模式"已经毫无意义。

我以为，所谓"温州模式"就是"温州人的经济"。而温州人的经济是由特定的历史环境、地理环境和温州人的文化性格所决定的，具有相当大的实用性、灵活性、坚韧性和前瞻性。它随着时代的变化而变化，随着环境的变化而变化，但又遵循着社会发展的规律，艰苦而又坚韧不拔地前进着。

因而温州模式不应是一个固定不变的概念，它应当不断地变化、发展与提高。无需否认时下温州模式遇到了瓶颈，但我相信，与 20 世纪的许多时候一样，温州人一定能在困境中踏出一条生路，突围成功的。

重振温州经济的"闯新"

现在说起"温州模式"这个话题，年轻人也许没有兴趣。其实经历了改革开放前期这个过程的温州人，我相信很多人都还在思考这个问题，因为有切身感受，觉得意犹未尽，觉得温州还有很大的发挥余地，"温州模式"具有很大的潜力，所以还是有兴趣有感情的。我写完上一节文字，后来看到一篇文章，也不知作者名字，在此摘录供大家研究参考：

三十多年前，中国改革开放初露端倪之际，在温州，一群不甘于陈腐守旧的"叛逆者"，一批"敢为天下先"的弄潮儿，不问市长问市场，在固若金汤的意识形态和体制夹缝中，在一统天下的计划经济和走资本主义道路的危险中，活生生杀出一条"血"路，终于让"市场经济"领全国之先在温州扎根、开花、结果。

温州模式曾经当之无愧地引领中国的改革开放，成为中国市场经济的风向标。

如今，当我们重提温州模式的时候，会被毫不留情的嘲之为"炒冷饭"。年长的会说：温州模式的核心是市场经济，现在全国都是市场经济了，没用了。年少的就更直接了：什么温州模式，过时了，会哭的孩子有奶吃，政府投资才是温州的唯一出路。

在今天的中国"市场经济"渐成主流，虽然打着中国特色的印记，却也是早成"江湖"。难道温州模式的核心仅仅只是今天满大街都是的"市场经济"？当年温州在陈腐守旧的风俗中的"叛逆"，在固若金汤的意识形态和体制夹缝中，揭竿而起地穿插和爬行，在"敢为天下先"的舍弃市长选择市场的艰难抉择里，难道这些就不是温州模式的核心？不容置疑的说，恰恰就是这些，才真正是温州模式核心中的核心！

温州模式的核心应该是：叛逆，敢为天下先！韬光养晦地中庸一下，也许叫：闯新！

这种精神才是瑰宝，才是精髓，才是灵魂！

毋庸讳言，温州模式在吹捧推拉中，昏了头脑，渐行渐远，终于迷失了自己。其中既有温州人的局限性，也有体制的好大喜功所致。

当"温州模式"被越来越多人在不厌其烦、反复强调时，当"温州模式"变成标签，贴在每个领导和企业家脑门之上时，"温州模式"便为自己拉上了门闩。

所以，温州需要新的叛逆，重拾三十多年前的叛逆，敢为人先的精神！该鼓足勇气，连滚带爬地突围！社会总是在平衡中束缚着市场，打破平衡才是我们回归市场的本源。

说三道四，重要的并不是温州模式，重要的是今天我们面对困境所需要的叛逆，敢为天下先的精神！

这位学者所说的，我相信我们这些亲身经历了温州改革开放历程的人都会引起共鸣。温州和全国其他地方一样，存在着"体制难题"，温州面临的政策环境和全国其他地方是相同的，这是温州最需正视的。

温州之所以在各种生产要素匮乏的条件下成为先发地区，凭的是强烈的企业家精神。多年来温州这种被媒体美化的"敢为天下先"精神，实际上包含着几个层次或档次：穷则思变、无知者无畏、勇者无畏、先知先觉。前两者差不多是本能的反应，后两者则是顺应形势。而我们实际上可能对"温州模式"的根本、精髓缺乏感悟。

这些年很多企业都迁出温州了。温州这边强调"总部经济"建设，希望"温商回归"。虽然这些措施难以解决根本问题，但眼下也是需要的。"温州经济"尽管不那么景气，但分散在全国各地的"温州人经济"一定还是很不错的，温州资源匮乏，很多企业为内地优惠的招商条件所吸引，也为温州本地的发展瓶颈所约束。企业反馈给政府的外迁原因有：本地招工难、原厂房发展受限、原厂产能饱和；外迁地地理位置更为便利、人工成本更低、外地人才优势、产业更为配套等。近十年来，本地工业企业和外迁企业对外累计投资额已超过 1000 亿元。

温州地方政府对引进外资愿望迫切，不仅仅是"钱"的问题，主要的还是因此可以引进技术、管理等，提升温州的产业。十年前就曾举办了两次"民营企业对话世界 500 强"活动，尝试推动温州的升级转型。各届班子把招商引资当作"一号工程"看待，但困难不小，跟杭州差得远，跟宁波也比不上。

有温州学者这样总结分析："成也机制败也机制"，当初温州在改革开放之初，先人一步，依靠灵活的市场机制，实现了市场突围，生产适销对路的轻工产品阶段；再后来实现资本突围，包括炒作投机；再后来进入模式突围，由块状经济主导的边陲小城时代迈向滨海都市区时代。前两个阶段政府无为而治、民间力量主导，后一个阶段政府主导、民间力量阻碍。三重突围之后，温州模式的印记已日趋无差异化。向上实现技术突围缺人，向下重拾成本创新优势缺新企业家。温州模式作为新的标杆需要看到新的样本。要真正焕发生命力，温州需要第四次突围——"人"的突围。

习近平总书记曾动情地说："我对温州有一个很大的希望，就是希望温州把这部创新史继续写下去，探索新的规律，创造新的业绩，写出新的经验，为全省带好头，也为全国做示范。"

第六章　温州人是"中国的犹太人"吗

犹太人是苦难的代名词

温州人被称为"中国的犹太人"不知自何时始，也不知谁"发明"或首先叫开的。我觉得这种说法比较贴切和形象。我们三人合著的《遥望温州》这本书中，一篇"中国的犹太人"便是我执笔的。汤一钧曾声称"发明"权应属于我们三人，但我知道不是我们先叫开的，我们仅仅是付诸文字比较早而已。

犹太人，古称希伯来人，是历史悠久的一个民族，公元前十二三世纪就在巴勒斯坦一带居住，公元前 11 世纪建立以色列王国，创犹太教。至公元 1 世纪时，古罗马进入帝国时代，版图迅速扩大，也占领了以色列王国，将犹太人赶出巴勒斯坦，散居到欧洲等地，由于民族与宗教信仰的不同，散居欧洲的犹太人经常受到迫害，就向世界更多的地方迁移，12 世纪初，中国宋朝的时候，有部分居住在古印度的犹太人流徙到中国的河南开封等地，在那里定居下来，当地人称他们为"蓝帽回回"。鉴于犹太人在世界各地常有受到迫害的现象，19 世纪末欧洲各地的犹太资产阶级在英国的支持下发起了"犹太复国运动"，并于 1897 年在瑞士召开首届犹太复国运动大会，建立了"世界犹太复国组织"，号召并资助各国犹太人回原居住地巴勒斯坦。第二次世界大战时，希特勒德国残酷地杀害犹太人，被杀的竟达 600 万人之多，更促使犹太人决心建立自己的国家。1947 年联合国通过巴勒斯坦分治的决议，规定在巴勒斯坦建立阿拉伯国和犹太国。这一决议遭到阿拉伯国家和人民的强烈反对，1948 年以色列国成立。成立的第二天即爆发了与阿拉伯国家的大规模战争，尔后打打停停，持续到现在仍未结束。

据统计，全世界有犹太人 1500 万—1800 万人，其中在美国 600 多万，占美国总人口的 2.3%，以色列全国人口 810 多万，其中犹太人 600 多万，其余的散居世界各地。

综上所述，犹太人似乎与温州风马牛不相及，为什么会有温州人是中国的犹太人一说呢？其实，在我写《遥望温州》时对这点还不甚了了。那天我看《闲说中国人》，读到河南作家张宇写的他去以色列访问，参观犹太历史博物馆的经历时深有触动。张宇先生很有才情，写得非常生动：

当官员知道我是中国人时就已经很友好了，他们认为中国人和犹太人同是苦难的民族，就像亲兄弟一样。但是，当他明白我来自中国的河南时，还是向我表示出意外的惊喜，看那表情甚至是一种激动，马上向我伸出了大拇指，并连连说感激我。说我们河南人是犹太人永远的恩人。接着就一直把我们引到一个展区，我一眼就看热了心，那是我们开封的房子模型，我在国外看到了我们开封老乡的房子……

我突然明白，为什么会说温州人是中国的犹太人了。犹太人是一个苦难的民族，但也正是这种苦难的锻炼，使他们成为一个很了不得的民族。犹太人团结进取，自强不息；犹太人聪明好学、努力执著，因而犹太人中的文学家、科学家、政治家的比例很高。马克思是犹太人，弗洛伊德是犹太人，基辛格是犹太人，卓别林是犹太人，卡夫卡是犹太人，爱因斯坦也是犹太人……这个名单可以排列得非常长；犹太人吃苦耐劳而头脑灵活，长于经营，精于算计，犹太籍的银行家、工业家遍布西方世界。有人说，当前控制世界的是美国，而控制美国的则是犹太人。犹太人与"富有"联系在一起。美国百万富翁中犹太人三居其一。有一年福布斯美国富豪榜前 40 名中有 18 名是犹太人。最富有的美国犹太人要算微软公司的总裁兼首席执行官巴尔默，当年其资产达 250 亿美元。据说历届美国总统都讨好犹太人，除了为争取居住在美国的 600 多万人的选票之外，主要还是为了犹太资产阶级手中鼓鼓的钱袋。

温州人虽说是中华民族的一小部分，但因历史与地理的因素所受苦难似乎更多，造就了温州人强悍的性格，同样团结进取、自强不息，面对相对恶劣的生存环境，温州人以其聪明好学、努力执著取得自己应有的地位；同样由于相对恶劣的生存环境，温州人不怕远渡重洋或长途跋涉，凭自己的吃苦耐劳精神、头脑灵活长于经营的条件在别处落地生根，开花结果。这一点，可能是温州人与犹太人的共性所在。

更有意思的是，温州人的经商思维与犹太人的经商法则非常相近。美国的经济学家托马斯将犹太人的经商法则归纳为 15 条：

1. 为钱走四方；2. 金钱是犹太人的世俗上帝；3. 能赚钱的智慧才是真智慧；4. 瞄准嘴巴；5. 瞄准女人；6.78:22 法则；7. 要赚钱而不是攒钱；8. 堂堂正正的精明；9. 在逆境中发财；10. 一次机会两头赢利；11. 惜时如金；12. 靠信息抢占商机；13. 契约是与上帝的约定；14. 交易要讲道理；15. 生意就是生意。

这 15 条中大多不喻自明，其中第 6 条 78:22 法则费解一点，意思是万事有度，经商也有一定的规律，心不能太狠。这 15 条法则与温州人的经商思维非常贴切。

文友余璞向我推荐一篇题为《温州人，请慎言自己是"东方的犹太人"》的文章。文章跟《遥望温州》一书中的这一章结构有点相似，观点却截然相反。文章在介绍了犹太民族的特点之后即称：

相形之下，温州人是一个由地域性引申出的概念，而且其"历史"不过几十年，除了在商业方面取得的一点成就……且不谈这成就由哪些因素促成，其他方面几乎没什么特别需要提起的，甚至在某些方面比其他地区远远落后；如果认为温州人在商业方面体现出来的一点精明能干就可以和犹太人比肩的话，那不是无知就是无耻！总之，温州人和犹太人的可比性不到百分之一。

该文还称："今天这种称号被欣然接受，凸显的心理背景是一个城市在商业主导氛围下的浅薄，以挣钱衡量一切，将文化忽略不计，急功近利，盲目虚荣。"

余璞给我发来的电子文件只有文章，没有作者的姓名及介绍，不知他对温州的了解程度。但我觉得，这位作者是不了解温州的，并且有很大的想当然成分，也许是他看到一些行为粗鄙的暴发户（当地的和包括温州的），是在对温州地域历史文化缺乏了解的情况下的一种激愤。这个"百分之一"自然是修辞的夸张。当然，并不了解温州历史文化的温州人也是大有人在的，为这个"中国的犹太人"而虚荣的也是大有人在。

温州人不仅仅有一个长期苦难的历史，以及因此造就他们吃苦耐劳、坚韧的性格；温州人不仅仅是会做生意，与犹太人一样，温州人中的科学家、学者教授的比例也相当高，温州人也是刻苦用功很会读书的，温州学生高考成绩在浙江省居于上游，2018年高考浙江省第一名是温州瑞安的一个女孩子，物理、化学、生物得满分，数学也接近满分。中国科学院学部委员（中科院院士）中就有郑振铎、张肇骞、伍献文、苏步青、夏鼐、谷超豪、伍荣生、张淑仪、戴金星、孙义燧、姜伯驹、李启虎、施立明等13位。在国外的温州学人、教授也不少，如美国宾夕法尼亚大学数学系主任杨忠道，堪萨斯州立大学教授、生物学博士温丽莎，俄克拉荷马大学校长潘廷滉博士，加拿大皇家科学院海洋微生物专家陈钦明博士等都是世界知名的科学家。相对于13亿人口的大国，800多万温州人中的专家、学者的比例是要远远高出大多数的城市和地区的。

近年，在美国还成立了"全美温州博士协会"，由黄乐建、黄忠强、曹光植和徐建武4位旅美温籍博士在芝加哥市注册成立，现有登记在册会员170多名。汇聚了一批金融、经济、计算机、医学、法律、航空等各行各业的尖端人才，如世界货币基金组织秘书长林建海博士、古根海姆奖得主黄运特博士。他们大多毕业于美国有影响力的大学，有80多人在大学院校任职，其中不乏一些世界著名院校，比如哈佛大学、耶鲁大学等；40多人在苹果、谷歌、亚马逊等世界著名公司。近年来，会员中还增加了多位在美国的执业律师。

2017年11月中国科学院院士增选结果揭晓，共有61人新当选为中科院院士，谢作伟、吴朝晖、滕锦光3名温籍教授当选，温籍科学家沈志勋当选外籍院士。

确实，温州是改革开放30多年间凸显的，温州人的成就无法与犹太人等量比肩，称之为"中国的犹太人"，是一种类比，在世界上的影响，其历史和规模以及成就，温州人也比不上。在这短短的30多年，温州商人书写了太多让人称叹的商业神话，与犹太人相提并论并非为拔高温州人。温州人有今天的成就，其历史文化确实是值得国人研究，温州人的为人处世之道也值得其他地方的人借鉴。温州人与犹太人有很多的相似之处。但如果说，拿上一代温州商人大多出身草根、文化程度低、缺乏良好的教育，与当今世界犹太精英相比，那显然是不妥当的。

温州相对于文化繁荣的大城市，文化氛围不够浓厚，也比较闭塞。正是因为温州商业经济方面非常炫目，遮蔽了一个真相，造成了温州是"文化沙漠"的假象。温州以外的地区，对温州的历史文化了解太少，认为温州人"只会赚钱"，对"温州人"充满误解。岂不知温州的历史文化源远流长，颇具个性——如何宣传温州，其实是一个摆在所有温州人面前的重要课题。

温州人会做人、会读书，有修养、有信仰，对世界对人生都有自己独特的看法（区别于国内其他地区）——从温州历史上和当代有着繁盛的信仰现象也可以看出来；"陈十四娘娘"的《灵经大传》，被学者称为温州民间信仰的《圣经》，传唱几百年，体现出温州民间对社会人生的看法和为人处世之道、行为范式。

我曾看到署名"饱醉豚"的文章，这位作者应该是一位学养深厚的温州人。我把它找出来，这里引用他的文字做补充说明：

温州曾经有一段时间文化兴盛。尤其是南宋，温州的进士数量从北宋的几十名增加到南宋的一千多名，是中国进士最多的地方，遥遥领先于其他地区。南宋又是中国文化最繁荣的年代，所以如果从文化传承上讲，温州更应该是一个以文化发达而闻名的地区。

在清末到民国年间，浙江省流行这样一句话："做生意靠宁波人，打官司靠绍兴人，读书靠温州人。"当时的宁波人生意遍天下，海内外到处是宁波会馆。打官司靠绍兴人是因为绍兴师爷在中国幕僚界的压倒优势。那时候，温州人或许是在浙江人里很不会做生意的。当年的京师大学堂到北大早期，教员就有十几人是温州人，陈介石、陈怀、林损、章献猷、孙诒椳、许璇、林辛、章味三、伦明、周继善、龚寿康、高谊、林公任、黄公起、林涛等，温州人的数量远远超过其他地区的教员。

温州人喜欢说"挣钱是因为以前穷怕了"。历史上温州的天然环境远远不如宁波、杭嘉湖、上海、苏南、山东这些大平原，也不如大多数地区。属于中等，不算富，也不是很穷。

这几代温州人相比于拥有的金钱财富，受教育的不足就显得很碍眼了。温州地域文化浸染着每一个温州人的性格。一个温州人可能书读得不多，但其修养相对好得多。我这本书，有许多篇幅讲述文化方面。温州人能在短短的几十年时间内，显示出商业才华，不会是偶然的。

温州商人在历史上缺乏"大手笔"，这与温州的地理环境有关，难以成为一个大区域的商业中心。百多年来，上海成为商业大都会，吸引了周边地区的精英和资源。上海开埠之初，宁波人凭借就近位置把握了上海商业金融，温州人只能走出去。

东西南北温州人

由于历史上的原因，让温州人不得不走四方、讨生活。在国内30多个省市自治区，散布着200多万温州人。在北京、上海、广州、武汉等大城市，温州人几乎都在10万人左右，有的还超过10万人。

石家庄温州商会副会长张三喜先生曾经邀请我去石家庄考察一个房地产项目，商会的正副会长七八人陪我吃饭，据他们说在石家庄做生意的温州人接近10万人。南三条小商品城、新华商城、华北鞋城等商贸中心，少了温州人即刻会成为荒城。银川的温州商会会长丁望先生请我去为他的一个项目把脉，看看能不能做。他们说，银川的大商场如果温州人一撤走，立即会冷冷清清。成都、广元、兰州、西宁这些对温州来说都是非常遥远的地方，但温州商人都不少。

我与洪波先生去西藏不止一次。接待我们的都是时任西藏自治区人大主任、后任全国人大常委会副委员长的热地同志的女儿红梅。她请我们吃饭时拉来了一位在拉萨做生意的温州乐清人作陪。吃的是青稞糌粑，喝的是酥油奶茶。饭后他们陪我们去逛大昭寺边的八廓街。由于那位乐清人是"老西藏"，在拉萨做了十多年的生意，整条八廓街走过不知打了多少招呼，弄得我们也应接不暇。要知道西藏不是好去的地方，我太太一到拉萨就有高原反应，头疼得按她自己的话说是"只想钻到地缝里去"。但因为那里有商机，不少温州人还是拉家带口进西藏。

我们那次进拉萨是为了考察一个项目，还有一件戏剧性的事。既然是"闲说"，也就供给大家做谈资：我喜欢东跑西跑，按时髦的说法是考察。考察之余跑遍了诸如布达拉宫、罗布林卡等拉萨有名的去处。虽说没什么显著的反应，回到住所时也已筋疲力尽，那晚睡得死死的。第二天早上一起来，发现自己的外衣外裤、手表手机以及从拉萨带回来的手拎包不见了，我觉得很奇怪，当时还未意识到是遭窃，因为住的是独户的房子。后来在窗外寻到手机和手表，这才意识到昨夜有小偷，这些东西才会一路洒出来。但心疼的是拎包不见了，那里有拉萨市市长献的哈达、大昭市请的宗喀巴铜佛像（西藏

　　1996年，温州人韩传旺在杭州建设"温州村"。一个温州村的建设，意味着新兴一个市场。不仅吸引温州人去创业，还吸引外籍客商来经商，温州人做生意习惯于依靠宗族关系，这个位于杭州三墩的温州村就是典型。里面的房屋不是单元楼小区，而是温州常见的独栋建筑（萧云集　摄影）

喇嘛黄教的创始人）、西藏石油公司丁总送的一整套藏民用的银器，以及我自己买的不少旅游纪念品。这个拎包被偷有点心疼，便向我认识的公安局刑警大队陈副大队长报了警（这位大队长后来成了我开温州国贸大酒店的合伙人）。他马上派人来勘查。据他们的经验判断这是流窜作案，破案可能有一定困难，我便死了心。没料到那天下午就找到了拎包，而且里边的东西除了不多的现金之外都还在。是邻居的小孩来我住的院子里小泳池游泳，在池边的一株树下找到的。事后我分析：小偷从河边翻越栏杆爬进来，偷了东西从大门出去，因为院子里养有狗，狗的吠声使他慌张，一路跑一路扔东西，仓皇逃走了。但邻居老太婆不是这样分析。她说我去了西藏，又请了佛像，是佛保佑我不受损失。不过话又说回来，如果在贼偷衣服时我醒了过来，后果不堪设想。

　　后来将此事讲给洪波听，他开玩笑说在拉萨投资没错，有佛菩萨保佑。就在那边开了个包括餐饮娱乐在内的公司，初始时生意确实不错，但我们派

吴明华夫妇在拉萨布达拉宫前的留影

去的人在那里都待不长，他和我又不可能自己去运作，经营了一段时间不了了之。可见这么多温州人在那边扎根做生意确实不容易，还有在新疆、青海、黑龙江的漠河、海南的三亚的。漠河是我国最北的边陲城市，三亚又被称为天涯海角，我简直找不到没有温州人做生意的地方。

听温州市外侨办的领导讲，整个亚洲48个国家和地区除了不丹以外都有温州商人，大多还有温商组织，包括处于战争状态的国家。温商分布在全球130多个国家和地区。不丹这个国家约80万人口，目前和我国还没有建交，不丹虽是近邻，但去这个国家的陆路交通却是不方便的。2017年夏天，不丹曾一度成为媒体焦点。

温州人的海洋性

温州地处东海之滨，温州人不怕海，飘洋过海谋生于温州人是一件很平常的事。海上有风浪有海盗，出门就得冒险，所以温州人不怕冒风险。利用海洋可以走得更远，拓宽自己的生存空间，因而温州除制瓯之外，最早发展的是造船业。

汉代，温州已经能造扁舟、轻舟和楼船。三国吴赤乌二年（239年）温州为江南主要造船基地之一。唐贞观二十一年（647年），诏令江南十二州造战船数百艘以征高丽，温州为其中之一。宋代时郭公山边的一个造船厂一年造船便有六百艘。元世祖忽必烈下令渡海征讨爪哇的远洋战船就有部分是温州建造的。明洪武五年（1372年）明太祖朱元璋对高丽使臣的宣谕中还特地提到温州和明州（宁波），可以各建造战船五百艘供征战用。……造船业的发达，温州人可以飘洋过海，去台湾、下南洋、去高丽，世界上温州人的足迹渐渐多了起来。

宋真宗咸平元年（998年），温州人周伫（音驻）随商船至高丽（朝鲜）。高丽王穆宗授以官，久掌制诰，官至礼部尚书。诰就是文书，看来周伫的文才不错，胆子又大，正部级的官呢；南宋淳祐年间（1241—1251年）永嘉人王德用，因科举屡试不中，遂与其兄王德明，变卖房屋田地，编造国书，携带违禁品，赴交趾（今越南）经商，拜见交趾国王。国王大喜，亲与宴会。之后，交趾国王"以德用才艺而敏，给厚礼留之，遣乃兄回"，德用遂侨居交趾；元贞元年（1295年）温州人周达观乘船出使真腊（今柬埔寨），著有《真腊风土记》；清康熙二十七年（1688年），温州商船装载蚕丝、茶叶、瓷器、药材、纸张等运往日本长崎销售……翻翻相关史书，可以找出不少温州人飘洋过海的经历。

第二次"鸦片战争"之后，温州辟为通商口岸。最早是英国，接着是德国、瑞典、西班牙、美国等相继在温州设立了领事馆。洋商品输入温州广大农村，加速了自给自足的自然经济的解体。温州人远离家乡，有的应洋人招募华工而奔赴海外谋生；有的则通过在海外的亲戚朋友，到海外做苦力为生；有的到海外从事小商。常有温州人随商船到欧洲及南洋英、荷两属殖民地国家和地区从商或做苦力。清光绪二十二年（1896年），永嘉人田合通及其父在德国经商，并加入了德国国籍。据田合通自述，他在德国经商每年经营额多者十万（两），利息约五六千金左右。

温州人或留学或经商或劳工，纷纷出国，形成温州近现代的第一次出国高潮。

近年出版的《温州教育志》中附有清代及民国时期的温州留学生名录，清代有留学生136人，大部分留学日本；民国时期更多，有250人。但我认

世界温州人大会的专题论坛（海 云 摄影）

为这个表遗漏甚多，譬如金荣轩先生（曾任温州中学校长、温州市副市长，为著名教育家）之子金志庄、金志纯均为在日本留学，表中仅列金志庄一人，我的姑公伍献文在表中又两次出现。《温州市志》中也有一张表，为 1923 年温州劳工在日本被杀者的名单，有名有姓有原籍的共有 661 人之多（《东瀛沉冤——日本关东大地震时惨杀华工案》有录）。第一次世界大战期间（1914—1918 年），日本工业大发展。工厂企业普遍缺乏劳力，温州包括附近的处州（丽水）掀起了一股赴日的热潮，水路去日本比较近。1920 年至 1922 年春，温州、处州两地赴日本做工、行商的达 3500 人以上。温州人在这个时期出国的人数规模大致可以想象。

抗日战争结束到 1949 年前是温州人第二次出国高潮。有为避战乱的，有听信谣言"共产党共产共妻"而带家携口移往国外的，有经商滞留国外的，还有随国民党残部溃退台湾之后又移居他国的。当然更多的还是因为生活所迫外出当劳工的，如永嘉县的瓯北，不少人就是去新加坡、马来西亚及印度尼西亚做木工的。瓯北的礁头到礁堡一带，大部分的青壮年都去了国外，以前在那里还流传着这样的俚语："礁头到礁堡,有七十二个扒灰佬""礁堡到礁头,全是老老头"。

第三次高潮是在改革开放之后。改革开放前,国内限制,国外也限制,出国人员非常少。改革开放后,也由于老一辈华侨在海外长期奋斗而开创起来的事业,急需人接班或助理,因而在 20 世纪 80 年代,有一股出国热潮。据 1987 年 7 月底统计,温州(除龙湾区未统计外)10 个县(市、区)出国人数累计为 91301 人。这是官方统计通过正式途径出去的。

温州人外出主要是经商,也有少数是留学的。有大量非法出境的,中国福建和浙江温州的偷渡客在欧洲曾经很出名。这个时期出国人数多,分布面也广,几乎散见世界各地。这批人目前有实力有活力,回到国内投资的也很多。

近十几年来形成第四次出国高潮,那就是比较富裕的温州人纷纷送子出去留学,我从亲友圈中感觉到了这一点。欧美地区的居多,如美国、英国、德国;以前许多人或去澳大利亚,有个原因是欧美国家不大好去,澳大利亚放开可以去。从中学、大学到念博士的都有。这方面温州起步比广州、北京、上海等大城市晚,但只要起步了,就会雷厉风行。温州人做事不会"温吞汤里煨牛肉"(温州话),而是一上锅就爆炒。

温州人这种抢先意识,有专家研究,认为与温州濒海,与海鲜有关,海鲜的鲜度与价格关系极大,以前没有保鲜设备,渔船上岸赶紧送进城。——这是题外的话。为教育子女,温州人肯花钱。

据统计,温州人目前在海外有 68.8 万人,温州人在全国各地有更多,有 200 多万。温州本地户籍总人口 800 多万,减掉小孩和老人,青壮年中的 50% 以上在外经商或者办企业。当然打工的也有,但比例极少,可以忽略不计。当然,温州常驻人口接近 900 万,几百万温州人常年居住在外地或国外,而外地人常驻温州的也有几百万,打工的居多。这几年,外地人在温州少了很多,一方面他们本地发展了,就不出来了;另一方面,温州企业外迁的很多。

中移动的大数据调查表明:截至 2018 年 4 月,中移动共有温籍用户 683 万,其中 214.7 万在外地发展,内外温州人比重为 7:3,每 10 个温州人有 3 人在外地发展,不包括老人和小孩,半数温州人外出打天下此言不虚。浙江省外温州人人数最多的省份由 2017 年前的广东,变成了江苏,达到 15.9 万,广东第二,达到 14.9 万;上海、福建、北京分列第三、第四、第五。

参加世界温州人大会的温商代表在会场外留影（原载《温州商报》）

此调查不包含联通、电信等手机用户。同时还需要说明的是，有很多温州人户籍已经加入当地，也不在这个统计之内。来自上海市浙江温州商会的数据，在上海的温州人所办企业有 9 万多家，其中上规模有实力的企业 5000 多家，可见在上海的温州人不止 10 万人。

这个信息还表明这些地方经济的活跃程度，以及温商流徙的方向。

以前国人移民，凡是能出去就去，想去的国家去不了，其他的国家能去就去了，总觉得哪一个国家的月亮都比中国圆。现在我们自己国家也发展得不错了，出国也就理性了很多，欧洲一些国家，如葡萄牙、西班牙，丽水青田、缙云、温州永嘉、文成有许多人在那边开超市，亲戚带亲戚，朋友带朋友，这个群体数量庞大。这些年欧洲经济衰退，就有许多人转战南美洲，去巴西的人最多，也有一些去土耳其，土耳其人则去德国的也特别多。现在想去西班牙、葡萄牙的人就不多了，很多去了那边的温州人回来了。这些国家来华招商，投资移民门槛放低很多了，去的人还是不多。欧洲一些国家，对中国的发展变化显然认识不足，也没有抓住机会，与澳大利亚相对放开大赚中国人的钱财形成了对比。

全国各地的温州商会就有 200 多个，大多是地市级以上的地区组织。在国外，由温州人负责组织的商会、协会、联谊会、同乡会就更多了，国外的

一些 "中国商会" 或者 "中国浙江商会" "华商联谊会" 等实际上也是温商占主体。

国内的温州商会力量很强大,北京温州商会、上海市浙江温州商会都很强大。广东省浙江商会可能是所有商会当中最强大的,但这是大家的评说,不是什么福布斯排行榜,也不会有这个排行榜。凭的是感觉,更没有权威机构的认证。这个自主的民间组织,是企业之间的沟通和合作平台,也是政府与市场之间的第三方力量。这方面的故事很多很精彩,但都在小圈子里流传。在许多地方,政府对它的承认程度令人惊奇,每逢重要活动,当地政府的主要领导人都要出席。

面对记者采访,一位温州商会会长这样说:"你知道我们以前是什么样子吗?以前我们是害怕说自己是温州人,别人都怕和温州人打交道;可是现在我们说自己是温州人、是温州商会的人,从商人到政府官员都会多看几眼。"

云南昆明温州总商会是第一个成立的异地温州商会,成立于 1995 年,首任会长是金锦胜。做会长意味着奉献,但温州人乐此不疲,为家乡人奉献,虽然累一点也觉得很愉快,在家乡也很有面子和荣光。金锦胜是这样说的:

我的体会是当会长还真是个又忙又累又难的活,有时甚至是苦不堪言。商会工作需要投入大量时间和精力,为此常耽误个人生意。商会经费也是很伤脑筋的事,商会的办公费用、水电租金、接待费用等天天都要开支,天长日久维持费用浩大。为减少支出,后来商会的许多接待、会务活动都由我个人或商会领导班子的几位自掏腰包了,这类当会长赔钱的事,是举不胜举的。但我觉得这值得!作为会长,我得到了一个商人从未有过的礼遇和尊重。商会成立后做了一系列实事,为云南创造了大量就业岗位,推动了滇、浙两地经济合作,有力地促进了昆明经济发展,商会的地位、影响力与美誉度不断提高。在每年一度的云南省春节茶话会上,与会的都是直辖市的官方代表或各省驻滇办事处主任,社会团体只邀请昆明温州总商会一家。当时第一个被邀请发言的是上海市政府驻昆明办主任,之后就是昆明温州总商会的我了。商会成立后我们曾组织会员到昆明各县、区考察,当地县长、各部门负责人如同迎候省领导似的亲自前来迎接,使我深感温州人的荣耀。次年我率团回乡做商贸投资考察,在温州、乐清两地的三四天中,也受到了家乡领导的高规格接待。卸任成为名誉会长后,我还被选为昆明市企业家协会副会长(著名的云南红塔集团、昆钢集团、铜业集团均是该协会的会员）。

温州市每5年都要开一次"世界温州人大会"，小会年年开。在温州有"三个温州"的说法，分别指的是温州本地、在全国各地的200多万温州人和68.8万海外温州人。

还有一种说法，温州是一个精英多数在外地的特殊城市，或者说温州只是一个留守家园。在外地的温州人都要在家乡买房子留下根，温州房价达到7000元一平方时，上海内环、杭州才三四千元。

温州人抱团，互相之间联系多，政府搭这个平台，也为温商互相来往创造了机会，也为在外温商与家乡和地方政府之间互动创造了机会。

在海外落地生根的温州人

我的朋友洪波先生原先是上海《萌芽》杂志的编辑部主任，后来赴香港定居。《萌芽》杂志对于现在50多岁的人来说，特别是当年爱好文学的人，印象应该很深，当年多少人做着"文学梦"，"萌芽"大概也是这个意思吧，确实有不少知名作家的处女作就是在《萌芽》发表的。当年如能在《萌芽》发表文章，那是了不得的，千军万马过独木桥过来的。这个杂志如今还在办，已有62年历史，年轻人所熟悉的作家韩寒、郭敬明、张悦然也是从《萌芽》走出来的。

洪波是我下海之后开的第一家公司的董事长。他常跟我说："真搞不懂你们温州人，文化不好，语言也不懂，到了国外个个都当老板。我们上海人出国的大部分受过高等教育，外语水平也不错，做了几年还是个打工的，最好的也就在洋人的大公司做个高级职员。"

他不懂是因为他是上海人，作为土生土长的温州人，我很明白这是怎么一回事：除了温州人胆子大、敢闯之外，最主要的原因还是一个"朋"字，即朋友的朋。别看这个笔画重复又简单的汉字，却成就了不少温州人的老板梦呢！

温州人到了国外，哪怕他口袋里只有几万人民币，只要有了落脚点，就会去寻找目标，有欲盘出去（出让）的小餐馆、小工场或者小店铺，只要适合自己的都可以，看中了就找在国外的亲戚朋友商量，让他们出钱"朋一朋"，于是这些亲戚朋友都会以自己的能力慷慨解囊，你出 5 万，我出 10 万，很快便能凑个百十万的。盘下那个餐馆或店铺之后艰苦努力，赚了钱先还债，三五年之后还清了债，再去找更大的铺面或工场。这种凑份子的办法温州话就叫"朋"，只要大家"朋一朋"，你就圆了老板梦。当然也有单枪匹马从打工开始的，但这打工的温州人目标也很明确，将来是要做老板的。他先从努力并节俭开始，积了钱以后再去盘人家的店铺或工场，以后再慢慢做大。早年出国的老华侨很多是以这种方式起家的，后来出国的年轻人便是用"朋"的办法居多了。你想想，他的文化不高，外语不通，最多只能做苦力，不想做苦力那就只能当老板啦！你有文化、懂外语，可以找到一份好工作，就不用去冒风险，就不能当老板。这也是一种悖论。

68.8 万人散居在世界各地，应当说不是一个很大的数字，但温州人的影响力要远远超过这个数字所能赋予的概念。前面提到过，在法国巴黎的第三区有条"温州街"，巴黎的第十六区也是温州人比较集中的地方，你在巴黎旅游，经常可以听到奇怪又独特的温州话；在意大利的罗马，市中心火车站旁边的一条大街也能称温州街，不长的一条街温州人开的公司有 200 家左右。我在那条街上的"温州酒家"吃饭，从 3 个人的小桌吃成 11 个人的大桌子；在奥地利的维也纳，我去我的学生在当管理人员的卡西诺（赌场），喝咖啡也喝成一张大台子；在美国纽约，第二十五大道原先是所谓的红灯区，后来美国人对性的态度也趋于严肃，第二十五大道便有些冷落，温州人乘虚而入，逐步吞食那里的商铺，也该称之为"温州街"了。我的一位同学就在那里开餐馆，那年我随建设部和科技部联合组织的房地产考察团去美、加两国考察，同学请我们全团吃饭。同学的儿女在美国长大，不大会讲普通话（温州话还是会讲的），请大家吃菜时将公鸡母鸡讲成"男的鸡""女的鸡"，引起哄堂大笑；在巴西的圣保罗，中国商城是温州人开的，那是个大市场；在西班牙马德里，在中东的迪拜，在匈牙利的布达佩斯等地方，都有温州人开的商城……

2000 年 9 月份，我随房地产考察团去欧洲，一下子跑了 15 个国家。全团十几人，除我之外几乎个个都是财大气粗的大老板。住的全部是"五星"，接待的规格也很高，巴黎市长夫妇在金碧辉煌的市政大厅举行冷餐会欢迎。这些老板花钱如流水，在巴黎买香烟，在瑞士买劳力士，在意大利买皮鞋，在戛纳玩电影宫，在蒙地卡罗进卡西诺。但我也没有自惭形秽，最自豪的是几乎每个国家都有人接待，都有人请吃饭，都有人开车接我去兜风。做温州人真是风光极了。那天在安道尔玩，这是一个夹在法国与西班牙之间的小国家，仅有3万人，全国不过是一个狭长的山谷，一条长长的商业街，几千家店铺而已。团友们跟我开玩笑：你今天没辙了，乖乖地跟我们逛街吧。确实，那里没有我的熟人，我只能跟他们一起慢慢逛。到了一家卖旅游工艺品的店铺里，我很喜欢橱窗里陈列的小缝纫机，做得精致极了，而且穿上线还真可以缝纫。我一下子买了两架，营业员是洋妞，但不知为什么我总觉得有点像中国做的高档工艺品，风格似乎有点像我们温州苍南礼品城里的东西，在国外买到 Made in China 的东西不足为怪。就普通话夹着一两个英语单词外加手势与洋妞"哑巴划拳"，洋妞笑嘻嘻地进内拉着华人女老板出来，我们一见都愣住了；我的第一印象是好面熟，她却能喊出来："这位不是吴先生吗？""你是……""我就住在仓桥的呀！"我想起来了，她就住在我曾经住过的那条街，但那时她还很年轻，嘻嘻哈哈的女孩子，怕有十几年未见了，我知道她后来去了西班牙。她解释，这边生意比马德里好做，不像马德里温州人多，竞争厉害。她告诉我，安道尔只有三家温州人，彼此都很熟，晚上约起来大家见一见。与我一起逛街的几个团友不禁拍拍我的肩膀："真有你的，温州人！"

我们的回程是从巴黎坐飞机，好让大家带些洋货回去，重点是"老佛爷""春天"百货公司，那可以说是世界上最豪华高档的百货公司，团友们的主要目标是服装。因为时间长了，有点累，我不再约温州老乡。中午在"春天"旁边的一个餐厅吃中饭，一进餐馆门，那风格我直觉准又是温州人开的。就跟团友说，团友们不相信：中餐馆都差不多，别这么神了，哪会是温州人！我找个位置坐下来，帮他们看着采购来的大包小包，让他们去打听。老板是中年女士，反问我的团友："敢在巴黎'春天'和'老佛爷'旁边开餐馆的还能有什么地方人？"弄得团友们鼓起掌来。那女老板的老家在温州市中心纱帽河街，离温州百货公司很近。

一位外地朋友随团去了欧洲，就在法国巴黎埃菲尔铁塔下买了个小巧玲珑的铁塔模型。谁知拿到车上，导游说那是温州产的，而且也是温州人卖的。

苍南县金乡徽章厂老板陈加枢做徽章工艺品最有名，当年因承接了美军全军各个军种徽章制作业务而轰动全国，美国军方还向联合国秘书处介绍，联合国维和部队的军徽也是他们制作的。胆大包天的王均瑶是靠推销徽章、旗帜赚到第一桶金。

温州人在欧洲名气很大，当年在意大利，许多人只知道有中国温州，而不知道有中国浙江。在意大利普拉托，有数万温州人，看过《温州一家人》的读者也许还有印象，电视剧中很多故事就是发生在普拉托，也是在普拉托拍摄的。电视剧中还有警察追赶华人的场面，是因为这些华人要么非法滞留，要么干脆是偷渡过去的，非法打工。有个意大利记者，觉得中国人太不可思议了，早上看到在工场里工作，夜里看到还在工作，他们好像不需要休息，写了一本书《不死的中国人》，其中所讲的故事主角还是温州人。

旅游团在华人餐厅吃饭，经济实惠又合胃口，开饭馆的是温州人，在餐厅打工的许多也是华人留学生，特别是前台服务生一般用华人。

最早到欧洲开饭馆的是青田人，青田现属于丽水市，但有一个时期曾属于温州，历史上经济文化与温州联系更紧密。青田人习惯上认为自己是温州人。美特斯·邦威老板周成建出生于青田，但他是在温州创业发展起来的。现在荷兰的中餐馆，三分之二是青田人开的。当初出国来到欧洲的温州人投亲靠友，就复制了大批中餐厅。

温州人四处流浪的特点、低下的社会地位，形成温州人抱团互助、勤奋和内敛的秉性，海洋文化的熏陶造就温州人敢于冒险、敢为天下先之精神特质。

这些年我去国外机会多，此类戏剧性的事还有一些。我们夫妇去加拿大，就遇见过好几位熟人，特别是在多伦多，如果我们答应住下来，每个熟人家里住一夜，得住上很长的时间。

第七章　艰难困苦玉汝于成

——"无温不成商"

宁波与温州，谁更厉害

2003 年 4 月，山东一个地级市的市长率领几十人的代表团来温招商，市长在会上致词，热情洋溢地欢迎温州的企业家去他们那里投资，并且讲了"无温不成商"这么一句话。他说一个市场、甚或一个城市，没有温州人就成不了商业气候，并且说这不是客气话。他们市曾经建了一个市场，搞得冷冷清清，后来到温州来招商，温州人过去之后市场搞活了，现在红红火火，温州人也赚到了钱，这是双赢。所以这次带了大批人马来招商。招商会开得比较成功，当场签协议的有七八个项目，涉及工业、农业、专业市场和房产等方面。这些年外省市到温州开招商会的一拨又一拨，并且很少空手回去的。关于"无温不成商"，这位市长说的是客气话，有点夸大了。"死了张屠户，不吃混毛猪"，没有温州人，市场还是开的，生意也在做的。

其实过去只有"无徽不成商""无晋不成商""无广不成商"等说法，唯独没有"无温不成商"。而我们温州人从前说的是"无宁不成商"，这里的"宁"不是南京的简称，而是指宁波，宁波人彼时往往在生意场上唱主角，特别是在"长三角"一带，被称为"宁帮"。

从清朝末年到中华人民共和国成立前，温州的生意场上确实是宁波人唱主角，譬如道光年间，宁波高麟如等三人合伙在温州花柳塘开设裕大南北货行，就是温州最早和最大的南北货行之一；清同治年间，宁波商人包广明、包绍舫在温州开设的广和酱园，几乎是人人皆知；清光绪三十二年（1906 年），宁波商人杨直钦在温州五马街开设"五味和"食品店，直至现在还是温州最大的食品店，门口钉着"中华老字号"的牌匾。

来温州做生意的宁波人还是二三流的，在长三角一带，后又到香港，"宁帮"做的都是大生意：航运业、银行业、制造业、娱乐业……宁波人得地利，识天时，并且能做到"诚招天下客"，从而造就了一大批企业家、大老板。当代企业家如船王包玉刚、董浩云（董建华之父），娱乐业巨头邵逸夫，"台湾半导体教父"张忠谋等都是宁波人。

宁波与上海一江之隔，民国时期宁波帮云集上海，宁波帮掌握着上海总商会的实权，上海总商会控制上海金融、贸易，是影响全国商业的商人团体，产生了一大批称雄商界的宁波帮企业家。

宁波籍著名企业家也深受国家领导人的看重，1981年邓小平在北京首次会见香港环球航运集团名誉主席包兆龙及包玉刚一行，邓小平握着他们的手说："我们早就应该见面了。"一直到1990年，10年间他们会见了15次。在北京东三环，如今还有一个著名的地标性建筑"兆龙饭店"，是包玉刚先生捐建的，店名也是由邓小平题写的。

浙江省的城市排名总是杭、宁、温，车牌分别是A、B、C。杭州是省会，当然是老大。温州与宁波应当是伯仲之间，同属港口城市，同是我国第一批开放的十四个沿海城市之一。但宁波一直稳坐第二把交椅，并且是计划单列市。

有关温商的论坛活动，一方面提高了温州人的声望；另一方面也增加了温州人之间以及与社会各界的互动交流（海云摄影）

但什么时候会由"无宁不成商"变成"无温不成商"呢？这或许应了"生于忧患，死于安乐"这句话。

宁波地理位置优越，离杭州近；宁波的基础好，工商业一向发达；宁波的交通方便，有铁路有机场，宁波的干部在省城工作的也多，不少还是担任领导职务的。以前，温州太偏远了，去一次十几个钟头的车，那路实在不敢恭维，"汽车跳，温州到"。温州的基础设施差，投资成本高。温州又是前线，国家不能在温州有大投资项目。于是，有项目放宁波，有资金投宁波，有干部调宁波。国家对宁波一年的投资额超过对温州三十几年的投资额。投资多，办的学校与企业就多，学习与就业的机会就多。就连干部的升迁机会也多（当然这些都是相对温州而言）。

相比温州，宁波成了计划经济的娇子。宁波人既然能升学，有工作，抱着"铁饭碗"，还要外出找活做、找生意干什么？在计划经济时期，安乐的宁波等于是自动放弃了"无宁不成商"的传统精神。

浙商研究会秘书长婴子（徐王婴）早在 2004 年就写过一篇文章比较宁波人和温州人，写得很出彩，才女婴子祖籍丽水，丽水挨着温州，两地风气相通，一眼就能看懂温州人；又长期在杭州工作，熟悉宁波。对于两地的特点比较，文章似乎是一气呵成，不难看出有长期的观察感受和学术功底……

宁波人 VS 温州人：谁比谁更厉害

显然，这样的设问并不科学。没有人会给出他们定量的分析，也就无从下结论孰优孰劣。只是历史记住了他们，宁波人与温州人，作为中国商人的杰出代表，他们都创造了辉煌，都有力地推动了中国经济的发展。

有相同必有不同。那么宁波人与温州人的"同"与"不同"各自产生了怎样的结果？

"世界宁波帮大会"与"世界温州人大会"——贵族化与平民化的不同

先说最近召开的世界宁波帮大会，宁波人也称之为"双纪念"活动，即：纪念邓小平同志 100 周年诞辰暨邓小平同志关于"把全世界的'宁波帮'都动员起来建设宁波"指示发表 20 周年活动。单从名称上看，宁波的"世界宁波帮大会"比去年温州的"世界温州人大会"，就多了一些政治的色彩。

参加宁波的"双纪念"活动，内心徜徉着无比崇敬的心情。在大会正式举行的前一天，组委会先安排了"宁波帮"建设宁波事迹成果展览开幕式。走进展厅，当你阅览着宁波帮悠久的历史、灿烂的文化、杰出的人才（宁波帮的工商巨子、科技精英等）、辉煌成果时，你的内心是何等的尊敬、肃严！宁波帮，或者是每一个宁波人心中的图腾！

但感觉宁波的这次活动多少有些沉闷。无论是新闻发布会，还是成果展览开幕式，进而到"双纪念"活动大会以及大大小小的论坛，全都是依领导级别或者影响力的高低，按次序发言，而没有自由的讨论与对话。活动举办者还给记者们发了通知，不得靠近主席台采访。而当记者们要求主办方帮助联系采访对象的时候，对方总是表现出极其为难的神情——因为所邀请的都是工商巨子或政要人物，实在不方便打搅。

笔者有幸也参加了去年10月在温州召开的世界温州人大会。尽管出席那次大会的领导在级别上不及宁波的大会，但会议气氛十分活跃，60多个国家和地区的1500多名世界温州人的代表相聚一堂，在论坛上自由对话，台上、台下的发言互相呼应、诙谐幽默、谈笑风生。记者们也受到了会务组的热情接待与积极配合，这让记者体会到了温州人的热情与豪爽。

简略比较两个世界性大会，大致可以得出这样的结论：宁波人更注重政治、历史与文化，更显贵族气；温州人更平民、更商业化。向城市集聚与向农村渗透——城市情结与"骆驼精神"的区别。

宁波人很自豪。因为宁波人早在一个世纪以前就占据了大上海的码头，成为当时中国的第一商帮。此后，宁波帮大多往香港和台湾发展，或者是移资海外；等到20世纪80年代以后，新生代的宁波帮也大抵是国内的佼佼者，通过留学等途径去往发达国家。宁波帮的走向正好应了"水往低处流，人往高处走"的原理。总之，宁波人都有一种城市情结（而且还是港口城市为主）。

而温州人则更多地体现了游牧民族的性格。温州人爱家但不恋家，热爱城市但不贪恋城市。160万温州商人遍布全国，创办3万多家企业，40万温州商人闯荡海外。大西北开发，温州人率先响应。不但有德力西这种大集团在新疆介入客运与葡萄种植业，近日还有多位在新疆的温州人投入2亿元兴建五星级的新疆温州大厦。温州人不怕山高水远，不畏戈壁沙漠，就像耐渴的骆驼，总是穿行在环境恶劣的地方，而当他们经过的地方总会留下财富的种子。温州人身上有一种精神，一种坚忍不拔的拓荒牛精神或者叫"骆驼精神"。

比较宁波人与温州人的城市情结与"骆驼精神"，不难看出：宁波人得益于历史，得益于地利，使得他们一开始就能站在一个制高点上，从航运、金融、制造等产业介入，融东西方文化于一体。这使得他们更方便进入经济全球化的轨道。但如果不是改革开放，宁波人的城市情结将使他们裹足不前；而温州人的"骆驼精神"，正是他们早在改革开放之前就已经像"地下游击队"似的向中国许多被人遗忘的地方渗透的原因。

"孤军深入"与"全民炒房"——个人英雄与抱团打天下的特征

温州人的炒房团前段时间几乎到处遭狙击，然而这并不能拆散温州人抱团的行为。温州人不但是老百姓一起炒房，产业的外迁也往往是"集体行动"。奥康去重庆璧山建立西部鞋都，众多配套企业跟着走；打火机，整个产业链往慈溪市迁移；合成革产业则整体迁往丽水；应对宏观调控，9家民企一联合就搞出个中国第一民间财团来。温州人最喜欢说的一句话是"有钱大家赚"。追究起来，温州经济的原动力，很大程度上是民间借贷立了汗马功劳，而这，也是与温州人的抱团精神分不开的。

宁波人也很团结，遍布各地的宁波同乡会组织就是一个象征。但是，有人说宁波人往往是在成功之后才会发起或加入同乡会等组织。宁波的企业，尤其是现在的本土企业，还是单打独斗的多。比如雅戈尔到上海，只是自己一家"孤军深入"，据说同是做服装的杉杉也到了上海，两家的联系是少之又少。

推究起来，宁波是诞生世界级工商巨子的地方。世界船王董浩云（香港特首董建华之父）、包玉刚，拥有"东方好莱坞"的邵逸夫、"台湾半导体教父"张忠谋、毛纺大王曹光彪、幸福企业集团董事长王宽诚等，这些成功"宁波帮"老板的成功几乎从来不依靠"群众运动"，而是靠超前的预见能力，靠的是企业家的远见卓识。

而温州的大企业是靠许许多多的小企业"烘托"出来的。正泰集团新闻发言人曾经对笔者说，上海市给出很优惠的政策，希望正泰集团"迁都"上海。正泰对此说"不"，原因是正泰离不开上百家为他配套的小企业。

温州人的抱团精神还体现在他们的行业协会和商会组织上。有一个例子说明温州的商会和行业协会有着很高的威望。庄吉集团的创始人陈敏原本是企业的董事长，为了全心全意当好温州市工商联副会长、温州市服装商会会长的职务，陈敏将董事长一职移交给他的合伙人郑元忠，而他自己在公司里只担任监事一职。待到几起反倾销事件浮出水面，温州商会的作用就更加彰显了（温州打火机打赢反倾销官司就是在温州商会组织下获得的胜利）。

当然，如果温州人过于沉醉于自己的乡音乡情圈子，其抱团行为的负面作用也是显而易见的。

"头发空心"与"义庄"、"宗祠"——灵活狡黠与诚信低调的性格分野

认识温州人以前就听说过一句话，叫作"温州人头发都是空心的"，说的是温州人很聪明，很灵巧，聪明通透得连头发都是空心的。当然，这句话还有另一层意思：就是说温州人逐利性太强，为了追求利润不惜搞假冒伪劣，说的是狡黠的一面。

当年杭州武林门一把大火掀开了打击温州假冒伪劣产品的序幕，也带来了温州的质量革命。时至今日，随着"质量立市"成为一个城市的口号，大部分温州人已经视质量为生命，积极主动举起品牌的旗帜。但偶尔还会传来一些不和谐音：劣质奶等事件损坏了温州商人的形象，时有发生的安全事件也暴露了部分温州人追求眼前利益而牺牲长远的功利性与目光短浅。

过去的宁波人赚了钱之后有两件事情是最乐意做的：一是修祠堂，二是建"义庄"。其背景是，清代以来，宁波帮商人在伦理精神方面，就已经表现出对"信""义"等中国传统道德伦理的执著追求。不但老一辈宁波帮强调"货真价实，童叟无欺"，海外宁波人也深谙"诚招天下客"的经营之道。宁波商谚有"宁可做蚀，弗可做绝"的说法。这里不举包玉刚当年如何信守诺言，在市场最糟糕的时候还向日本订造轮船的故事，就是现代宁波企业也把诚信放在第一位。与此同时，宁波商人刻意低调，比如奥克斯的董事长郑坚江几乎从不接受记者专访、不参加各种论坛活动，雅戈尔的董事长李如成也是如此。然而，私下里他们都潜心于产业与企业的发展。宁波人诚信、低调、务实的性格特点与宁波帮的历史一脉相承。

识天时得地利与积人和——借政治时势与利用人际关系的路径差异

宁波帮从萌芽到改革开放后现代本土宁波帮的重新崛起，期间经历了五个历史阶段。纵观宁波帮发展的历史，宁波商人似乎天生就有一种审时度势的能力，并与国际、国内的政治时势息息相关。如19世纪80年代至20世纪上叶，随着近代民族工业的兴起，宁波帮商人将商业利润投资于轮船航运业、银行业、工业等领域，形成实力雄厚的金融资本和工业资本，同时许多宁波帮商人积极支持辛亥革命，成为当时及之后可以影响政治的重要经济力量。

与此相比，起初温州人的发展恰好是因为他们远离政治。温州人非但不是朝着政治力量强的地方奔跑，开始的时候，10 万供销大军往往是选择那些远离政治中心的边远地带跑。温州的资本流向，往往不是朝着发达国家和地区这样的"高地"走，而是往往流向比温州经济更落后的地区，寻找的不是"天时"与"地利"，而是落后地区的"人和"因素。

即使在今天，当一部分成功的温州商人开始涉足政治时，他们所表现出来的官商关系，远非其他地方一些商人所达到的"如胶如漆"的地步。

亲善海外关系与出国"群居"——开放与"排外"的性格差异

宁波是港口城市，宁波人似乎天生就对海外以及西方文明有一种亲近感。近代宁波帮的洋买办，周游世界、遍布各地的航运商、水手，无不使这个群体深深浸染了西方文化，受到西方文化的熏陶。这种影响使得宁波人在改革开放后，首先想到的是和外国人做生意。所以，为外国人做代加工，就成了许许多多宁波民营企业的一条捷径。如今宁波经济的外向度高达 80%，出口依存度高达 56%。

虽然海外 40 万温州人的数字大大高于海外宁波人的数字，但温州人对西方文化并不崇拜，一个鲜明的例子就是温州人即使在海外也是以"温州村"、"浙江村"这种形式而"群居"，而不是把自己"打散"了分布于海外同胞之中。而一个海外"宁波帮"朋友则告诉记者，他在美国买房子的时候特意挑选在中国人生活区与美国人生活区的边缘地带，为的是更好地融入美国的社会与文化。

都说温州人"排外"，温州的外资不多。其实，说温州人主动性不够是恰当的，但说"排外"并不贴切。温州地少人多，温州的民营企业自身发展的活力尚没有完全释放出来。所以，温州以内原性的发展模式为主也是不足为怪的。但温州毕竟不是世外桃源，温州经济的发展要接受全球化的挑战，温州的民营企业家必须走出去，这是大势所趋。一批土生土长的温州人已经开始与国际公司握手，并进而向美国纳斯达克冲刺了。而海外更多的温州人，开始走出"温州村"，融入当地的主流社会。

宁波人与温州人，许多的"相同"与"不同"创造了同样令人尊敬的社会财富：仅以 2003 年为例，宁波市 2003 年的国内生产总值达到了 1769.9 亿元，财政收入 330 亿元，人均城镇居民可支配收入 14277 元；温州市的国内生产总值是 1220 亿元（不包括在浙江省外创业，创造了 600 多亿元的国内生产总值的成绩），财政收入 152 亿元，人均城镇居民可支配收入 16035 元。

一幕幕风格迥异的财富制造剧，创造了同样令人骄傲的成绩。宁波人与温州人，将在更加激烈的商战中竞风流！（注：文中数据为当年数据）

如今的宁波（商人）在全国的影响力似乎不如温州，似乎也不如义乌，义乌有一个闻名世界的小商品市场，市场起步之初是温州人唱主角，宁波商人的表现甚至也不如附近的台州，这些年"台州崛起"，可圈可点的事很多，附近的绍兴人也很出色，慈溪人被称为"宁波的犹太人"，但只是在本地这么叫。宁波商人整体上"低调"，但宁波人毕竟有从商的传统和底蕴，并且能审时度势，可以重新找回过去的感觉；散布在世界各地的宁波籍工商业巨子重乡情，鼎力支持，"宁波帮"将重新崛起。

新一代宁波商人与前辈辉煌业绩相比为什么显得逊色，《浙商》杂志记述一位宁波籍资深人士是这样分析的："首先是客观条件变了，当年的上海和香港，都是刚刚起步，急欲发展，可以纵横恣肆、商机满地的城市；但目前，这样的城市，这样的机会已经不太有了。其次，新一代宁波帮与前几代相比，在人员素质、价值追求、地域分布等各方面，都发生了很大的变化，更加多元化，不再只在工商界追求自身价值的实现。第三，当年的上海和香港，宁波帮之所以能业绩辉煌，其背后都是大规模的移民潮，但是现在，这样的大规模移民已经不太有其可能。"

温州人是逼出来的

杭州作家张晓明（大型文学杂志《江南》主编）问过我：杭州过去有胡雪岩，现在怎么会干不过温州人？我说你们杭州人捧着铁饭碗，无事在风景优美的西湖边溜一圈，还能有什么斗志？温州人是逼出来的。

正泰集团的南存辉、德力西集团的胡成中、均瑶集团的王均瑶，还有神力集团的郑胜涛、人民电器集团的郑元豹现在都是全国知名的企业家。南存辉与我有一面之交，胡成中、郑胜涛算熟识，与不幸英年早逝的王均瑶还堪称朋友，他开的均瑶宾馆与我开的国贸大酒店是邻居。他的年纪比我轻得多，做生意是我的学习榜样。

这几位企业家我都有幸认识，特别是王均瑶，可称得上是忘年交。"英雄不问出处"，但这个出处却是造就英雄的条件之一，正所谓"天将降大任于斯人也，必先苦其心志，劳其筋骨，饿其体肤"。说起来很有些意思，南存辉是补鞋匠出身的，初中未毕业就开始补鞋；胡成中是裁缝，也是十几岁就拿起了剪刀针线；郑胜涛当搬运工拉板车，拉出了一身力气，成了举重运动员；郑元豹先是打铁匠，后来做武术教练，一身力气没地方用；王均瑶是出道最早的了，十几岁开始跑码头做供销。他们能走到现在这一步都是因为穷，穷则思变这话没错。如果他们都能读上书，毕业以后到国有的企事业单位工作，有固定的工资，有宽敞的办公室，过上"一杯茶、一支烟、一张报纸看一天，过些日子开开会，上海北京跑一遍"的惬意日子，去奋斗什么？

我选择从事房地产也有小秘密：小时候我家 6 口都住在我母亲任教的学校的一个阁楼里，连卧室带厨房总共 6 个平方米。那屋放了一张小床、一张小桌子，我们家 6 口人连站都站不下，别说睡觉。这房间其实就是放棉被铺盖、书本备课纸以及一只煤油炉。我们睡觉就睡在学生下课之后空出来的教室。夏天蚊子咬不说，冬天冷得直哆嗦，偌大个教室有窗没玻璃，不冷才怪。我们兄妹几个人冻醒了就幻想，将来长大有钱了去买个大房子供我们一家人住。

那时我的母亲是先进教育工作者，我父亲是陶瓷技师、市级先进生产者。他们都是一辈子听党的话、兢兢业业工作的知识分子，教育我们子女也要听党的话，老老实实做人，勤勤恳恳工作。我们也都听他们的话。我们的家庭所取得的最高荣誉是"全国五好家庭"。作为生活在温州这个偏僻的小城市里的小市民，得到这个荣誉是非常非常困难的，我父母很珍惜这个荣誉，我家至今还珍藏着当时发的这个荣誉的小牌子（搬家时拆来的）。

但是，他们到退休除了这个 6 平方之外也没能分到哪怕是一个平方的房子。他们就一直住着我的房子，都活到了 90 多岁。事实就是这么残酷。国家在温州的投资少，地方政府这一点可怜的房源只能供给极少数的人，譬如有权的、有门路的、会积极去争取的，才有可能分到房子。

我们家住的 6 平方米房子的隔壁邻居，便是如今旅居法国的前辈作家何琼玮先生一家。当时他们一家 5 口人也才 6 个平方米。他本人戴着右派的帽

本世纪初，我们几个兄妹夫妇与父母在温州的合影。我们家曾经获得"全国五好家庭"称号

子去了福建，他太太带着三个孩子，生活比我们过得更艰苦。后来他儿子赚到钱之后买了块地造了幢大房子，这也许是小时候就形成的"房子情结"吧。

这些例子并非特例。在 20 世纪下半叶的温州，是普遍现象。既然爹不疼娘不亲，那就只有自救了。温州人为了摆脱困境，靠补皮鞋、弹棉花、理发、做衣服起家，慢慢赢得了这个原本属于宁波人的美誉。

有句古话：艰难困苦，玉汝于成。玉是琢磨璞玉的意思，意思是人要成大器，必须经过艰难困苦的磨练。

于是，"无宁不成商"渐渐地便成了"无温不成商"。

"无温不成商"

说到"无温不成商"，那么，温州人到底在外地或外省市的商业活动中做出了什么样的贡献呢？

义乌现在是中国最大也是全球最大的小商品城。规模之大，种类之丰富，价格之低廉，是全球小商品营销中心。

但义乌小商品城形成的初期，确实是离不开温州人的。那时温州不通铁路，公路大部分是砂石路，来一趟温州很不容易。温州家庭工厂生产的产品以小商品居多，而义乌有铁路，当时铁路运输价格是最低廉的，离温州也不太远，还有一个最重要的条件，温州那时被视为资本主义泛滥，管得非常严。1982年抓捕"八大王"就是为严厉打击经济领域犯罪。短短两个月，把乐清柳市搞得鸡飞狗跳，1000多人被抓，2000多人外逃，店门大量关闭，100多人判刑。但风声过后，政治大气候发生微妙变化，"春江水暖鸭先知"，就有人来到义乌，搭棚摆摊，一开始是自发交易。

义乌是个小县城，不起眼，是不大被注意到的地方。虽然"既不沿边，也不靠海"，好在浙赣铁路从义乌经过，公路交通也比温州好，温州人的货品就通过义乌往外运。不像温州无铁路、无机场，出外的砂石公路又小又窄，要越过崇山峻岭，险象环生。义乌的领导也有眼光，管理变成服务，为了吸引温州人，税收政策优惠。先让你做起来，赚到钱做大，不眼红。后来有部分温州人干脆就在义乌设厂，渐渐地那里就形成了小商品城。接着，义乌的老百姓见有利可图，也紧跟上来，小商品的生意越做越大，形成后来轰轰烈烈的局面。温州许多人认为，义乌小商品市场的形成，根源是温州1982年的"严厉打击经济领域的犯罪活动"。

绍兴市的柯桥轻纺城，目前也是全国最大的轻纺商品集散地，它的起家类似于义乌，温州人在那里占的份额很大，特别是初始阶段。加之杭、嘉、湖一带是历史上的轻纺（特别是丝织品）基地，发展起来就很快。

河北石家庄的南三条小商品城，是温州人在北方的小商品营销基地。温州人选择石家庄，所处的地理位置很微妙，离政治文化中心、北方经济中心北京有点距离但也不远，与当年义乌的情况挺像，石家庄当地政府的眼光很关键，魄力很重要，南三条最早是自发形成的路边集市，称天桥市场，后来政府介入管理，才称为南三条市场，1989年，新建1万多平方米的"南三条小商品批发市场"，有2000多个摊位，初具规模。

后来温州人在上海、北京、武汉、郑州等地都建了市场，这些城市无论从地理位置、商业规模、人气指数、交通条件都比石家庄好，但没有形成石家庄南三条市场那样的规模和地位，但不能认为仅仅是石家庄抢了先机，有好多同时起步，或者更早或稍晚起步，地理位置也不差，但到底没有发展起来的，人的因素肯定是最为关键的。南三条市场的经营额仅次于义乌小商品市场，居全国第二。"你有钱挣，我才有钱挣"，那些民风习俗成全他人的地方，

吴明华先生近照，参观浙江一名人故居留影

往往企业也办得好，市场也办得好，当地经济就好，老百姓就富裕，财政收入就好。

在义乌小商品市场，客户和商家如有争议，市场管理人员不偏袒商家或本地人，反而更多的是照顾客户或外地人，大家就愿意到义乌去——这可以说是浙江人的传统。当时内地很多地方观念滞后，管理变成"管卡要"。在20世纪90年代后，来到沿海地区招商，许诺很多——"偷鸡要撒一把米"，待企业落地后，花样百出，还自鸣得意，企业往往就办不下去，这些地方到现在经济都不好。

石家庄的华北鞋城曾经兴旺一时，几万平方米的营业面积，全部经营鞋革制品，是个非常大的专业市场，就是曾任河北温州商会的会长黄先生办的，规模仅次于南三条市场。这类专业市场我见过不少，哈尔滨、沈阳、乌鲁木齐、西安、昆明、贵阳、武汉、长沙，东西南北中，无所不在、无城不有，温州人办市场办疯了。

我还去了一趟新疆的阿克苏，那是一个边陲小城，地区政府所在地。从温州出发经成都转乌鲁木齐再飞阿克苏，早上8点出发到晚上5点才到，乘飞机都花了这么多时间，可见地方之边远。我朋友胡晓武和阿克苏地区团委书记阿依诺尔接待我，阿依诺尔是个很能干的维族姑娘。他们带我在市区兜了个圈，看看阿克苏的风情，然后领到一条步行街。那是一条有别于阿克苏其他街道的现代化商业街，一看那些招牌和店铺的摆饰我就知道，这是温州

人搞的商贸城。一打听果然是温州人开发的，同时又是温州人经营的。内蒙古的包头、青海的西宁等边远城市，都有这种温州商贸街或温州商贸城，更不论北京、上海等大城市了。

还有些城市的商业街或市场虽不是温州人开发的，但经营者尤其是初期以温州人为主或温州人占有很大的比例，如西藏拉萨的八廓街、武汉的汉正街、成都的荷花池市场等。

温州人办市场的模式大多是把温州本市的桥头纽扣市场、柳市低压电器市场、场桥羊毛衫市场等复制过去的。先是温州人在这个城市的分散经营者越来越多，其中有实力者便找该地的主管部门商量找地建市场，一边将分散的经营者集中到市场中来，一边回温州登广告开招商会。某某市的某某市场地处闹市，发展前景很好商机无限等等，欢迎购租铺面或摊位，还有诸如代办营业执照，管理费、税收优惠等条件。有的人便心动，跟了过去购店面或租柜台。有的厂家想扩大生产规模，就跟过去设专卖店。一旦市场成形，当地的商家也就跟进来，生意越做越大，市场也就越来越红火，形成了良性循环。先期进入的，首先摊位店面就增值不少，所以温州人办市场鲜有不成功的。一是因为轻车熟路；二是背靠大批愿意外出经营的温州人和大批质优价廉的温州商品。

还有的干脆将温州的街名直接搬到外地去。譬如五马街是温州最为著名的一条步行街，温州人便在南京建造一条同类的集观光、休闲、购物、美食为一体的商业街，也命名为五马街。

国内办了再去国外办，我在上节提到过的巴西中国商城、西班牙中国商城、中东迪拜的中国轻工城、葡萄牙的中国商城、智利中国商城等都是。其中陈志远在迪拜办了4家商城，他创办这些商城用少量的资金激活整合各方资源，思路创意是关键，"思路决定出路"，那就是对市场本身的细微观察和判断，成功一家后不断复制。

我熟悉陈志远，他出山比较早，年轻时就赚了不少钱，用他自己的话说是，当时钱好赚，赶上了开放之初的好机会，不需要什么本事。年少得志，有点轻狂也是难免的，他后来打牌输了钱，日子过得很艰难，但朋友还有，他有一个特点，生活困难绝不开口借钱。1999年来到阿联酋迪拜，属最早闯迪拜者，自身带了1000美金，这点钱就是向朋友借的。开始时在迪拜酒吧里打工，煮咖啡伺客，夜间借住在朋友家沙发上，也帮朋友做饭，其实他自己在温州几乎从来不做饭。后来住自己的小仓库。这样子就熟悉了迪拜，对这个地方的人有所了解。他很有头脑，不久就在街上摆摊，摊位只有 6 平方米，也能挣一些钱，生意虽小，重要的是获得一手商机的细微感受及信息。不久发现街上一栋大楼空着，只有底层有一两家店面，就找到业主，打算搞成商城，但风险就在于，要交房租，是一个不小的数字，他也拿不出来。而对于业主来说，闲置也就闲置，几番交涉后，同意可以先经营，以后再付款。但更难的是这个刚办起来的商城，招商很困难。陈志远终于想出一个办法，通过与温州市劳动和社会保障局合作的方式，组织大批温州人到迪拜经营开店。这批人中许多人本来是在国内做生意的，带去的经营方式也是国内的习惯，鞋服品种单一雷同，不适合中东市场，习惯互相压价，和当地阿拉伯人、印巴人不一样，他们轻易不放价，形成"价格联盟"，到了下半年就发展到不可收拾的地步，很多租户就退出不敢租了。没有规矩不成市场。许多商户退出来后，商城面临夭折的危险。志远做出决定，干脆贴出告示免收租金，他对租户说，你们现在不用交租金，但必须听我指挥。到了第二期 200 万元人民币租金上交的时候，他回到温州，把家里房子卖掉，又向父母和兄弟姐妹借钱。没半年时间，市场的经营状况又好起来了，好多人就赚到了钱，看到了希望，也就自动交了租金。不少商户为之震动，纷纷回来经营。都说做一个新事业，有一个探索过程，现在的说法是"试错阶段"、磨合阶段、一个等待时机的阶段。对于陈志远来讲，这个阶段很难，好在志远也争气，对生意商机有自己的观察判断。其实，商户的组成是很重要的，经营方式很重要，来到国外，客户特点不一样。再说，卖家货好，买家人好，良性循环的形成是需要时间的，商城走上正轨少有一帆风顺的。

2003 年伊拉克战争后，中东地区的格局发生了巨大的变化，商业中心转移到了迪拜，迪拜迎来了大发展的机会。陈志远就成了"第一个吃螃蟹者"，迪拜逐渐成为商品集散中心，中东地区、非洲地区和南亚南欧有大量客户到迪拜采购。这个阶段陈志远共在迪拜办了 4 个商城，比如"中国轻工城""志远鞋城"。如今，迪拜已经成为中国商品海外最大的集散中心。

陈志远等人后来在智利创办了中国商城，开业时温州市政府派出代表团前往考察。时任温州市外经贸局局长刘周晰记述了当时的情况：

……此后，我们巡察已开业的二、三楼店铺，发现多家店铺人流如鲫。

更令人感到十分惊讶的是，许多店铺都雇佣保安守护。顾客来购物，每拨进店不许超过 5 个人，而店外顾客却排起了长龙。来到一楼大门口，看到的是进进出出、熙熙攘攘、大包小包、脚步匆忙。

第二天，当地多家报纸刊登智利中国商品贸易中心隆重开业的消息，纷纷发表评论，说中国商品贸易中心开张，卖的商品不是批零价而是赠送价。当时我就问股东之一、迪拜温州商会会长陈志远和商户之一、原温州市鹿城区外贸公司经理夏锡龙，果真如此还有利可图吗？其答案是：智利中国商品贸易中心开业销售的许多产品并非直接从中国发货，而是来自温州商人在迪拜经营的季后商品，昨天销售时已在价上加了百分之五十。因为迪拜夏秋季已经过去，以往其销售的剩余产品要么大减价处理，要么积存。而迪拜进入冬天时，智利的夏天刚刚开始，我们在南半球开辟市场，就是为这批商品价值最大化寻找出路。窥此一斑，足可见温州商人把握季节差地域差如何到位，温商群体闯荡国际市场不得不令人佩服。

2008 年年初，温州市国际商会主办的杂志《温州国际商界》刊登了一个专题《一万温商闯迪拜》，封面就是陈志远，20 页的专题详细介绍了迪拜的各方面情况和温商经营情况，图文并茂，给温州人的冲击太大了，在温州引发巨大的反响。春节期间，陈志远回到温州，约他会面的人好几百，许多人并不认识他，但朋友圈里总有志远的朋友。就干脆统统约在大酒店的茶吧酒吧里会面。在我的国贸大酒店茶吧，20 台桌子有十几桌是约他的人在等待。那几天志远一天要跑五六个酒店。这一年在迪拜的温州人实际上有 2 万人。2016 年，仅在迪拜工商局登记在册的中国企业，就达到了 3000 家。

回过头来再说 2002 年 9 月我夫妇去加拿大，是参加欧美同学会下属的加达公司组织的一个房地产考察团。去考察木结构的环保型住宅。除加拿大联邦政府森林局接待我们以外，魁北克省有关部门也举行接待酒会。酒会在我们下榻的蒙特利尔市大酒店举行。大约是看到了名单上有温州房地产商的名字，魁北克省政府一位投资顾问就来找我，建议我与他们合作在蒙特利尔合办"新中国商城"，经营者主体为温州人，经营的商品也以温州的鞋帽、服装、小商品为主。让我回去之后好好考虑一下。2003 年 3 月初，这位顾问还带了加拿大的地产商来到温州，在我们国贸大酒店住了两天，希望促成这件事。我说到这事无非是想证明温州人办市场的影响力早已出了国门。

写到这里，我又想起一件事，2008 年美国一个州的一个在当地有较大影响的富豪家族，策划了一个商城项目，来中国招商，到了温州。设想以利用美国方面的"投资移民"政策吸引中国商人，做成小商品交易市场。门槛也不高，店铺收租金，租金数额也不算大。在北京、上海、广州、温州 4 个城市招商，在他们的想法里，这四个地方基本上代表了中国。上海的一个律师事务所负责接洽带路，招商队伍规模不小，美国方面来了不少人，可见他们的期待。但招商效果似乎不理想。我觉得，招商队伍中必须要有在中国做商城的专业人士，熟悉生意门道，熟悉招商门道，在招商地要有号召力要有资源，要让人感到有信心；不能光靠律师，与美国的情况不一样，美国社会已经是发育得很成熟了。其实最好的方式就是直接找陈志远这类做商城的人合作。但律师带着这批人没有与温州人深入接触，就匆匆离开了……

陈志远是一个典型的温州商人，他的经商智慧可以用来诠释"中国的犹太人"。曾经流行的一个说法是：花大钱办小事是蠢才；花小钱办大事是人才；不花钱办大事是天才。陈志远就是特别擅长这种花小钱或者不花钱近乎"空手套白狼"的方式，如今在全国各地和世界各地经他手做起来的商城有几十家。他的再次创业差不多是在负债的情况下做起来的，"善用各方资源"做起来的。他在这方面的故事就很多了，也很精彩。

温州人有从众心理，羊群效应很明显，唯马首是瞻，一个温州人发现了一个商机，就会呼朋唤友招呼大家到那个地方淘金，如同一个蚂蚁发现食物，回巢带来整批蚂蚁搬走食物一样。温州人的观念是，钱要大家一起赚，才会越赚越多。温州村（温州街）、温州商城遍布全国，连炒房也是一帮人活动的"炒房团"。

如今是"互联网＋"时代，市场发生了颠覆性的变化。全国各地的这些小商品市场、专业市场，升级的升级，改造的改造，转型的转型，关闭的关闭。

敏锐的陈志远又抓住这个机会，改造一个北方火车站旁的商贸城，利用政府的扶持政策搞成"大学生电商创业城"，商城的租金头三年由当地政府出，入住的大学生商家有税收优惠政策和政府创业补贴，效果也很好。有心人眼前处处酝酿着新的商机。温州好多老板把一部分生意交给子女管理了，网店做得也很好。生产厂家以前遇到的一个难题就是经销商长期占压着资金，做电商就有了现金流，企业有了抓产品质量和研发的动力。

第八章　大哥与小弟

——上海与温州人的关系

上海与温州

　　当初一本书吸引我的是它的两个书名：《中国双城记》和《北京人和上海人趣谈》。按通常的习惯，一篇文章有两个题目，总有一个是正标题，一个是副标题。这本书的两个书名不知孰正孰副，前者是印成黑色的字，似乎重要些，可后者的字体却又比前者大得多。我随手买下了，想不到却成了我写这一章的触发点。

　　北京与上海确实有的一比，一个是中国的政治中心，一个是中国的经济中心，两者都是国际性的大都市，可谓势均力敌，不分伯仲。温州与上海则无法相比，温州太小了，充其量只是一个中等城市。但温州与上海的关系却比较特殊，温州人一直离不开上海，但上海人的心目中也总有温州人的影子，两者的关系甚至可以用"焦不离孟，孟不离焦"来形容，两市密切的程度要超过上海与周边的杭州、宁波、苏州、无锡等城市。

　　杭州是浙江省会，是温州的顶头上司，但温州人不以杭州为然。你们杭州眼里只有宁波，连眼角也瞟不到温州。温州人已经将杭州等同于省政府了。

　　宁波与温州是兄弟城市，本来应该是既友好又有竞争的关系，但上面对宁波的投资那么多，又成了计划单列市，距离人为地拉大了很多。温州人又不靠宁波吃饭，历史上关系有些疏远，只是最近这些年温州人在宁波地区创业的人多了不少。

　　但温州人无论如何离不开上海，过去在生产、生活方面都仰仗上海，现在是因为上海蕴藏巨大的商机。

以前，温州人靠上海的第一是交通。那时温州没有铁路、机场，有一条通杭州和一条通福州的砂石公路。还有就是开往上海的大轮船。坐汽车到杭州是 400 多公里，到上海是 600 公里，虽说远了 200 公里，但坐轮船远比汽车舒服，可以躺着睡觉。而那时的汽车运行时速才三四十公里，去往杭州，要越过崇山峻岭，路况很差，险象环生，与其坐十几个钟头汽车，一路颠簸、灰头土脸地赶到杭州，不如睡一夜到上海。何况上海是铁路交通大枢纽，到上海就可以中转到全国各地，温州人是要外出跑供销做生意的。还有坐轮船可以带很多东西，运费也便宜。

第二要靠上海的物资。上海是中国最大的轻工业城市，在物资匮乏的年代，上海的轻工产品无论在质量上和美观上都代表了我国的最高水平。还有上海的纺织品和成衣是全国最时尚的，领导着时装的新潮流。

温州人很穷但眼界很高，因为温州有不少人在外国，华侨和港澳同胞会带来许多时尚信息，可除少数侨眷、侨属之外，你无法得到舶来品，只能就近去上海采购。在 20 世纪六七十年代，温州年轻人结婚前非要到上海不可，不是去旅行结婚，是去采购必备三大件（手表、自行车、缝纫机）及诸如脸盆、痰盂、热水瓶之类的日常生活用品，就连结婚要分的喜糖也要从上海捎带，

当年温州开往上海的客轮，坐轮船先到上海，再转到全国各地，是温州人首选的出行方式（黄瑞庚 供图）

大白兔奶糖是最有名的，还有使新房热闹的红灯牌收音机。后来温州人办起了家庭工厂，许多生产原料要到上海采购，机器设备和配件要到上海选购。第三要靠上海的技术。上海既然代表了中国轻工产品的最高水平，上海工人的技术水平也就是最高的。温州要办家庭工厂必须学习上海的技术，一是走出去，二是请进来。20世纪70年代我在纺织厂搞技术时就曾带工人到上海学习过，这是走出去，还有就是请上海退休的老师傅到温州做技术指导，我们厂就有两位上海退休师傅。我们的工资每月40元，上海退休师傅的工资每月120元，这个数字是当时大干部的工资级别了，而且还允许他们带家属来工作。

迭格温州赤佬

温州人到上海采购，其他地方的人也到上海采购，上海人那时神气得很，特别是营业员，仿佛个个是上海市长似的，看见外地人爱理不理的。要回答问话也只用上海话："啥?""没!"两个字是对外地顾客使用频率最高的。上海为了限制物资的外流，除了与其他省市一样的布票、粮票、油票等之外，还搞了个上海专有的"上海专用券"，购买诸如棉布之外的化纤布、部分化纤成衣以及紧俏的日用品都要凭这专用券，外地人常常只能对柜台内的紧俏货干瞪眼。

有个笑话说外地人到上海南京路的第一百货公司（上海人称中百一店）购物，看到一种花色化纤布，非常喜欢，就向营业员提出要购买。营业员爱理不理地用上海话说了三个字"专用券"，外地人不懂上海话，听成了"转一圈"，心里直嘀咕：买布料干吗要转一圈？但外地人到上海本身就觉得矮一截，望着那营业员冷若冰霜的脸色又不敢问，后来想通了，大约她要看看我的身材高矮胖瘦决定卖多少给我，便在原地转了360度。营业员摇摇头，往门口一指。营业员以为他在找告示牌，往门口一指意思是那里有通告，我们按规定办事。外地人以为要到门口转一圈，便绕着偌大的第一百货公司跑了一圈，气喘吁吁地回到花纤布柜台，又指着那块花色化纤布。营业员发脾气了，大声说："上海专用券!"外地人只好苦笑，百货公司转一圈都累成这个样子，还得"上海转一圈"，上海有多大!

讲的是笑话，但对温州人来说都是实话，当营业员说"转一圈"（专用券）时温州人会真地到门口转一转，温州人是去寻找在外边倒买专用券的人，买了"上海专用券"再去购化纤布。上海的规定难不倒温州人，在上海倒卖粮票、布票和专用券的大多是温州人。

所谓的"计划经济"实际上堪称"官僚经济"，当官的想怎么计划就怎么计划。温州到上海的轮船天天排长队，春运高峰时经常要排一整夜队。但搞计划的人就是不会想到增加航班，旅客排队不排队与他无关。码头的管理人员也不会积极地向做计划的人反映情况，你排队更好，我的权力更大，你们想不排队就得求我。于是就有人送礼开后门，就有人开始倒票，就产生了我上面提到的在上海买卖票证，倒卖生产资料，倒卖机器设备和零配件。当然更多的人是在上海做木工、弹棉花、补皮鞋、做衣服等。

上海人过去看不起苏北人，称他们是"下只角"的。因为苏北人在上海一般是干苦力的，如人力车夫、澡堂子里擦背修脚的、扫地倒马桶的大多是苏北人。以后强调劳动光荣，苏北人的第二代、第三代又与上海人同化，成了正宗的上海人了。这时的上海人最看不起的是温州人。

一提到温州人就联想起投机倒把，联想起做苦力。"迭格温州赤佬，就会投机倒把""迭格温州赤佬，只会弹棉花"之类成了上海人提到温州人的口头禅。同样是排队购船票，买宁波的，买青岛大连的，吆喝一声排好队就算，对买温州船票的要在排队的人身上用粉笔编好号，让人感到很屈辱；同样是托运行李，温州人的行李要检查，经常是捆扎得好好的，检查得一塌糊涂，要重新打包捆扎；同样是上海市场上能买得到的低档香烟，其他地方的人可以任意带，对温州人规定只能带两条，多了要没收。温州人在上海最倒霉，偏偏温州人又离不开上海。真是又急又气又无可奈何。

后来我看到一段不知谁写的有趣的文字，这位不知姓名的作者对此颇有研究，虽然不能都认同他的说法。

不奇怪，上海开埠是从黄浦江滩边开始的，大量的人口来源于江苏、浙江和广东。而当时只有江苏苏南、浙江杭嘉湖和广东广府是较为富裕的地方，进军上海的苏南人和杭嘉湖人是带着实业去闯上海滩的，后来也在苏南、浙北招聘了大量的厂工入沪。进军上海的广东人是带着商业去，广东人占据了上海主要的商业街区。另外浙江的绍兴、宁波、台州等地其实和苏北是同一个级别。苏北人开始是做码头，绍兴人、宁波人赤脚到上海是做狗腿子跑腿，跑腿的总比码头工人活络有见识，他们极力污名化苏北人以抬高自己，后来慢慢在投机行业也挣得一席之地。民国时期上海几经动荡，广东人、杭嘉湖人和苏南人都陆陆续续回到了家乡，因为他们心里都或多或少有一点桑梓情结。直到 1949 年有钱人都远走香港，留在上海最多的就剩下底层的绍兴人、宁波人和苏北人，他们是不愿意回到家乡的群体。上海人籍贯分布由此确定。宁波、绍兴人后裔凭着当年苏北人的污名化，在上海有着莫名的优越感，而苏北人则极力回避着自己的苏北出身。

有一位美国的汉学家特地研究过上海的苏北人，得出一个精辟的结论："苏北人并不是在苏北的人，他们只是在上海，才成为苏北人。"如今的上海苏北人的后代已经完全"上海化"了，操一口流利的上海话。

我们厂生产的提花丝带是通过上海丝绸进出口公司出口的，我需要经常去上海，那时去一趟上海可不容易。星期一上船，星期二到上海，立即排队登记住旅馆，星期三办公事，星期四又要排队购船票，星期五上轮船，星期六才能回到温州。一个星期的时间，真正工作只有一天或半天。时间倒还好，还有那种屈辱感，排队买船票已经提到过，住旅馆也是很令人气愤不平的。规定温州人只能住"国光旅馆""安东旅馆"等几个在当时来说也是最低等的旅馆，这几个旅馆都在九江路、汉口路、福州路一带。这些旅馆所有房间的电灯开关都在门外，一如我在前面章节中所说的，在上海人的眼中温州人就是会干坏事的，这样可以随时开灯检查。

福州路如今是文化街，书店、文具店、电脑软件店林立，以前却叫四马路。提起四马路，许多年纪大的人都听说过，那就是"四马路的野鸡"。所谓"野鸡"就是下等妓女，四马路上的"流萤"。男人过来了，只要你东张西望，她们就将你拖进旁边弄堂里的小堂子，即使你不东张西望，你的帽子也会被她们抢走，你的拎包也会被她们夺走，你想要回帽子、拎包，你就被她们拉进那些黑黑的小堂子。而给我们温州人住的小旅馆据说就是过去的这种小堂子，房间都是小小的，一排排有如鸽子笼，楼梯走一步摇三摇，就这样的旅馆还要排长队。更不舒服的是上海人听说你是温州人所投射过来异样的目光，不屑、可怜、可恨的成分都有。我的上海话就是那时候下决心学会的，以便来往上海少些麻烦。譬如排队托运行李，人家要检查，我一翻白眼："侬到底要哪能检查？"便过去了，人家以为我是上海人。后来转到文化部门，有了记者证，又能说上海话，就非常方便了。有时想想这样做有点下作，不地道，但也是无可奈何的事，谁让我是温州人？

有个例子非常典型：一位温州籍的画家，浙江美术学院（现为中国美术学院）毕业之后分配到上海电影制片厂搞美工，是个很有名气的美工师。他在上影工作了20多年都没说自己是温州人。熟人对他的最高评价不过是，你不像温州人，"像阿拉上海人"。

温州人的尴尬可想而知。

又爱又恨上海人

上海人看不起温州人，温州人对上海人也不服气，认为上海人太势利眼，贪富欺贫；上海人太小心眼，战战兢兢，不敢越雷池一步。什么"阿拉上海人"，上海男人个个"老娘客相"（娘娘腔），天天让老婆支使着去刷马桶；上海的女人个个忸怩作态，嗲得让人起鸡皮疙瘩；上海人不要脸，站在外滩当众亲嘴……总之将上海人讲得一无是处以出出那口闷气。说实话，去上海外滩看"情人墙"的"乡下赤佬"中，不少是温州人呢。

还有，现在似乎大家都认为北京人能说，而上海人讲话是比较简洁的。但在温州人看来，上海人也是嘴皮上的功夫。那时温州人骑自行车撞在一起，合就互相看一眼走人，息事宁人和气生财嘛；不合就动手打架，打完了不管输赢也马上走人。上海人不一样，会先锁好自行车，然后相互讲大道理，一定要争个是非曲直出来，旁边围了大帮子人在瞎起哄。碰到这种情况温州人会咴咴嘴不屑地说："上海人又上礼拜堂。"温州人称上教堂听牧师传道叫"讲道理"。有时还会故意上去跟着起哄："打一架见输赢，有什么道理可说的！"

记得是20世纪80年代中期，我还在编《文学青年》杂志的时候，编辑部有人看到上海《新民晚报》上的一则消息：一位女士将一个金戒指掉到路边的阴沟里。那阴沟的水很脏，根本看不清，那女的一手捂鼻子，一手在脏水中摸索，终究未能找到戒指，只好忍痛割爱，径自走了。一边看热闹的人一哄而上，个个欲伸手去摸。有人便提议，大家按先后顺序，每人抓三下，谁抓中戒指就归谁，抓不中走人，排好队，轮到的时候再抓，于是路边排起了长队。编辑部的同仁们议论纷纷，大家都感到有点不屑，"这就是上海人！"

我当时也是这个意思，不要就走人，要的话可以干一架，谁有实力谁有"开采权"。一个摸三下，真是小儿科。其实这点正是上海人比温州人先进的地方，上海人有平等概念，用机会均等的方法处理和解决问题，只有如此才能维持正常的社会秩序。

温州人那时对上海真是又爱又恨，爱是因为离不开，恨是因为被看不起，低人一等，只能以阿Q心态对待这位大哥。

上海人对温州人虽然有点看不起，却也很难离开。上海人文化高，素质高，开化也早，20世纪70年代就知道多吃植物油对身体有益，但在那个物资匮乏、一切都要票证的年代，哪来的植物油？温州就有，只要多付点钱，自由市场上比比皆是。上海人喜欢吃虾皮、鱼鲞之类的海鲜货，温州盛产海鲜，小菜场里到处可以买到，价格还随行就市，货色多时价格便宜，货色少时价格就贵，但无论何时都可买到。还有上海人讲究穿着，温州人还在贩卖"平阳布"时，上海人已经是"的确良"、全毛华达呢，笔挺笔挺的。购买化纤布的"专用券"、纯棉布的布票，可以通过调剂，赚点外快来买华达呢……

上海人想到这些就念及温州人，在上海附近的城市中，只有温州的自由市场最活跃，温州人可以提供诸如菜籽油、海鲜货等上海人喜欢的东西。也只有温州人在搞倒卖票证的行当，可以让上海人弄点外快，上海人也离不开温州人。记得那时我去上海出差，总带点菜籽油、虾干虾皮之类的东西送给上海亲友，而当我回来时，上海亲友送两包城隍庙的五香豆，或包装讲究的泰康饼干之类的东西。温州人与上海人互通有无，"焦不离孟，孟不离焦"，虽然当时的地位并不平等。

上海大哥与温州小弟

也不知从何时开始，上海人对温州人的态度起了微妙的变化，像我这种经常出差的人最先感觉到了这一点。先是指定温州人住国光、安东这些小旅馆的规定取消了，排队购船票在身上编号、托运行李特别规定之类的"特殊待遇"也没有了。上海人托温州人带的也不再是菜籽油、虾干之类的东西，而是"东方表"、四喇叭收录机之类的舶来品，于是可以听到这些话了："送格温州赤佬还有本事，帮阿拉买的四喇叭还真（便宜）！""迭格东方表是温州人送的，蛮灵格。"这些是指走私货，上海人的优越感受到了冲击。上海牌手表本来是不错的，120元一只，走私的东方表60元一只，还是全自动。本来要排队购买的红灯牌收音机，现在让四喇叭的走私收录机比下去了，放在柜台上无人问津。而温州人手中就有这些价廉物美的东西，温州人的地位开始提高。

　　虽然走私只在温州猖獗了短短的一两年时间，却在提高温州家庭工业水平方面起到了重大作用，聪明的温州人立即模仿这些舶来品。我这里不是在提倡走私，在闭关自守的年代，走私物品的冲击让我们的产品提高一个档次是不争的事实。不仅如此，随着走私进来的大批收录机，大量邓丽君们的录音带随之进来，既提高我们的收录机生产水平，也在很大程度上成了歌坛通俗化的肇始。

　　温州的发展确实迅猛。不久之后，原先在上海向"阿乡头"讨"专用券"的地方，被温州人承包了。再接着，温州生产的皮鞋、服装、打火机、小商品之类也成了上海市场上的抢手货。温州人去上海终于松了一口气，可以抬头正眼看上海人了。

　　一旦走到平等的位置上，大家就会以平常心对待对方了。上海人认为温州人聪明、豪爽，做生意上有一手，可教、可交也可学。温州人认为上海人素质好，办事认真，效率高，上海的商机又特别多，也是可交、可学，在上海还可以赚到大钱。于是双方都很喜欢对方，双方都以有对方做朋友为荣。

　　温州人与上海人的来往非常密切。比之上海人与附近的杭州、苏州、宁波关系好得多。上海人说杭州人是"杭铁头""刨黄瓜儿"；说"宁可听苏州人吵架，不听宁波人说话"，反过来又说"苏州人太嗲"。唯有对说话奇腔怪调、一句也听不懂的温州人最佩服。这种关系也影响到文化界，我当时在编辑《文学青年》期刊，与上海《萌芽》杂志同类型，大家发行量都很高，编辑之间便成了好朋友。洪波时任《萌芽》编辑部主任，我任《文学青年》副主编，两人关系"特铁"，便有了他去香港之后到温州投资一事。但洪波经常说，他的经济头脑还是向温州人学的。

　　过去温州到上海，轮船是最好的交通工具，现在温州人做生意"时间就是金钱"，24个小时太慢了，时间都耽误在轮船上。其实，24个小时还是正常的时间，如遇大风或大雾，那时间就说不准了。但像我也有心情可以慢慢欣赏海上风光，黎明前赞叹太阳扶着薄云喷薄而出，傍晚时分感叹夕阳无限红的悲壮，夜里感受"海上生明月，天涯共此时"的天地大同，冬天的夜雨，会让人感受到一种凄凉。这些都让我对人生有一种感悟，也在激励当时还年轻的我。

写到这里我又想起了一个有趣的尴尬事，大约是 1986 年，温州作家李涛结婚（他就是《温州两家人》三个编剧之一，唯一的温州编剧），他的夫人还是我介绍的，邀请了好几位上海文友。

洪波先一天坐轮船，顺利到达温州。张振华（现复旦大学教授）等人晚一天坐轮船，算好时间 24 个钟头后到温州，正好可以喝喜酒。李涛忙，让我去码头接，结果连个影子都没有。我以为错过了时间，他们先到李涛家了，问了李涛也没人到。再打电话到港务局问讯处，人家已经下班，连个接电话的人都没有。打电话到上海问，他们的家人也着急，明明昨天准时上船的，会不会出什么事？"一人向隅，举座不欢"，何况两位朋友不见，喝酒都没有心思。直到第二天早上打电话到港务局，才知道海上大雾。又得通知上海他们的家属，以免焦心。那时还没有手机 BB 机，与他们本人是无法联系的。只说大雾，到底是大雾不能开，只能眼巴巴地等着，还是已经触礁正在设法救援？直到晚上，他们才姗姗来迟，在轮船上待了 48 个小时，他们显得疲惫不堪，我们也哭笑不得。又得打电话给他们家属报平安，又重新设宴为他们接风、压惊。我们当时就议论，轮船这么慢，早晚会淘汰。

果然，这时的温州人已经财大气粗，国家缺资金，我们自己来，市政府掏腰包解决部分，缺口部分由市政府出政策民间集资、合资，修机场和铁路。当时机场的建设需要国家计委的开工令，但是温州市政府还是按照原计划开工了，等到国家计委的开工令下来时，温州机场的建设已经接近尾声。飞机一通航，立即爆满，温州到上海由每天一班发展到每天六七个航班。未等铁路通车，温州至上海的轮船航班就寿终正寝。这就是市场经济的运作规律。

现在温州与上海的关系更加密切。如今大批温州人在上海投资，如正泰集团、德力西集团、均瑶集团在上海都有规模不小的基地；小老板去上海购房增值，同时也为了在上海能有一席之地。上海的房地产当年让温州人炒得热烫烫的。上海浦东陆家嘴的"滨江花园"在 10 年前是全国房价最高的公寓，

"滨江花园"的一半业主是温州人。上海许多高档楼盘的推出，大多要在温州造势做广告，有的还在温州设立长期的销售点。我的不少亲友在上海有房子，如我办国贸大酒店的合伙人陈建国，便在"滨江花园"拥有不止一套房产。我们酒店门口的一间铺面，就是被租作销售上海房产用的，楼上的房间还有长期包租的上海房产公司在温州的办事处。我本人曾经在两年多时间里，每星期来往上海一二次，最多时一天一个来回，也是为了上海的房产项目。

乐清老板黄信乐在上海金山办厂，主产品是变压器。十几年前金山这个地方还不被许多人看好，说起来是上海的一个区，离上海中心太远太偏僻，黄老板原来是在电力部门工作，懂技术，下海后在乐清办厂。想扩大规模，但当时他的企业在温州还排不上号，地批不下来，正好金山区来温州招商，就这样把厂搬到了金山。搬到金山后，产品也成了"上海制造"。有一年，因为电网改造，等货的货车在厂门口排队，有时都要等上几天，遇上了这样一个机遇，黄老板发了财，有资金没有地方投资，就一口气买了30多套房，每平方只要几千元。之所以买这么多，还因为他的企业有30多位中高管，为留住他们，就要帮助解决住房问题。如今房价都翻了十倍。

上海市浙江温州商会很强大，上海十大杰出青年企业家之一的温州人杨介生曾任会长，原东海舰队副司令员刘际潘少将退役后曾任顾问。现任会长是大自然房地产开发公司厉育平。

温州选择上海是因为上海是我国的经济中心，国际性的大都市，在上海立足可以通过上海走向世界，同时也是因为上海人的工作效率、严谨作风和廉洁精神，能使自己的事业做得更大、更好、更顺利。上海人选择温州是因为温州人能干，有实力，能为上海的改革与开放、上海的繁荣与发展做出贡献。

对于温州来说，上海实在太大了，实力也太强了，温州无法与上海相比，温州人走进上海仅仅是为了选择一个可供发展的更大的平台。温州与上海的合作充其量只能算是个小伙伴，温州与上海的交往也只能是"忘年交"，故此我称它为上海大哥与温州小弟的关系。但有一点是可以肯定的：温州人经过自己的不懈努力和提高，已经成为上海人所佩服的小兄弟、好朋友，再也不是"温州赤佬"或"阿乡头"了。

现任上海市委书记李强是温州瑞安人，曾任温州市委书记。

敢闯正是历史上上海人的品质

一位学者比较温州人与上海人，写了一篇文章，能为解读上海人、为我们温州人认识自己提供一面镜子。

温州人的象征与符号，那就是市场，仿佛温州人的血液中天然含有市场的基因。温州人的市场不是与官权或欺诈相联系，而是与敢干敢闯敢冒险、不怕吃苦不怕累的品质相联系。这种品质，正是历史上上海人的品质。但后来的计划经济，把上海人的这种品质彻底打磨掉了，倒是较少受计划经济影响的温州人（浙江人）拾起了被上海人丢掉的这种品质。上海人本来就是由江浙两省的移民构成，温州人在上海也占不小的比例。

改革开放带来的是温州文化的崛起。比较一下温州人的成功与上海人，也可以给我们某些启迪。

温州乡下，基本是传统的宗族社会。一个自然村基本是一个或几个宗族。这些生活于闭塞的乡土社会中的农民，要改变自身的命运，只有靠自己。他们不像上海人，没有组织、国家、政府这些资源可以依靠。一个村子几百几千号人中，有些文化、会说国语的年轻人并不多，同时脑子好又肯吃苦的更少。这些乡村精英在外面闯世界需要资本，于是一家一族拿出些积蓄，供这些精英外出闯荡。如果第一个人靠回收旧阀门捞到了第一桶金，那么这个村子今后就是阀门村。如果这个年轻人第一次闯荡失败、血本无归，那么如果在上海，是上海人，他也许这辈子就完了。因为在上海，支持你最多的是你的同胞兄弟姐妹，而同胞兄弟姐妹的财力有限，只能支撑一时。但在温州乡下，这个精英就如同电子游戏"魂斗罗"中的人，他有好几条命。只要不是因吃喝嫖赌而输，那么家族、宗族还会凑第二笔钱给他，有的甚至能凑第三笔钱。这是温州人厉害的根本原因。

上海也有不少靠自己打拼成功的私营业主，他们与温州同行比较，既没有家族的资源，也少了家族的羁绊。温州人与意大利人相似，好依靠家族势力打天下。但"成也萧何败也萧何"，家族宗族这些传统资源既是温州人崛起的资源，也是他们进一步发展的瓶颈。

……

在人生价值上，温州人与当下中国人一样，崇尚功利实在，一个人的价值，不在于客观贡献，而在主观享受。这个主观享受的客观标准就是钱，你挣钱越多，你的价值越高。但上海人却非如此，而是崇尚成功与对社会的贡献（当然不是所有上海人都如此认为）。这里就有上海人对自己所从事的职业的敬畏与热爱。在多数上海人看来，一个人的价值不在于挣的钱的多少，而在于他在行业内的成就与贡献。这也是上海人不屑于"爷们"气概的一个重要原因。

最后这段文字颇有意味，现在温州人和上海人平起平坐，互相认可对方。"主观享受"这个学术性词语，容易造成误解，用于温州人也不甚准确，温州人有一种情结，不是"主观享受"可以概括的，温州以外、浙江以外的人是常常难以理解把握这个情结的。但不管是否准确，上文作者所指的一些方面确实值得温州人反思。

第九章　做官的温州人

温州人何时开始进入官场

闲说到这里，还只是泛泛地谈温州。从这一章开始，才具体地集中到温州人身上。对古代的温州人，我的闲说只能停留在有稽可查的官吏身上，史书是不记平头老百姓的。

说做官的温州人，先说什么是官，官又从何而来。"官者管也"（《礼记·王制》），也就是说管人的为官。宋朝史学家马端临在他的著作《文献通考》中有更详细的说明："役民者官也，役于官者民也。郡有守、县有令、乡有长、里有正，其位不同而皆役民者也。"

其实，原始社会的官不是役民的，是为民服务，行使管理职能的公仆，并且是选举产生的，其标准是"天下为公，选贤与能"。中国最早的官员是"五行之官"，即春官木正（句芒）、夏官火正（祝融）、秋官金正（蓐收）、冬官水正（玄冥）、中官土正（后土），至于他们各司何职，现在也很难说清了。譬如火正（祝融），是掌管火的。原始社会，火种非常重要，钻木取火后，要想法保存下来，可以随时取用。那时没有火柴，更没有打火机，保存只能用木炭之类的，火正这个官便是负责这个事的。管好的话人们可以随时使用，又不会酿成火灾。这个官只能是服务性质的，是公仆。后来的人为了感谢这个公仆，将祝融尊为火神。这五官是尧时的官，随着生产力的发展，舜时的官就多了，有22位。如管农事的后稷、管百工的司空、管刑狱的士等，这些官也是由民主推选的。夏王朝开始，官才由公仆演化为"役民者"。这时的官分为内服官和外服官，内服官是指在中央任职的各级官员，即以后所说的京官，外服官便是地方官。官僚队伍也由少到多，由寡到众。据《通典》记载：

夏代有官员 120 名，商代 240 名，西周即达 63675 名。宋代是官员增加最多的朝代，真宗咸平四年（1001 年），"有司言减天下冗吏十九万五千余人，所减者如此，未减者可知也"（《二十四史札记》）。当然宋时的冗员比之如今又是小巫见大巫了。

那么，这些官员从何而来呢？夏、商、周三代是乡选里举制度，由下向上推荐，再根据"六德""六行""六礼"等标准，由王选定并任命。春秋战国时期有荐举、游说自荐、年功等许多办法来达到做官的目的。孔子周游列国便是游说，商鞅、张仪、苏秦等都是游说自荐而做大官的成功例子。秦、汉时是推荐选拔加考试录用定官职的。晋、魏、南北朝有九品官人法，按品（德）、状（才）、家进（门第）三个方面进行评举。秦、汉及晋、魏、南北朝时的举官方式都取决于地方官的好恶与关系，往往形成"上品无寒门，下品无势族"的局面，一般老百姓无论德才多好，也无法做官。再如温州这么偏远的地方，也极难上达天聪，温州人做官几乎不可能。这一时期未见有关于温州人做官的记载。

科举制度是隋代的隋炀帝开始的。都说隋炀帝荒淫无道，开科考举却是很有远见的一着棋，让一般老百姓有了进身之阶。即所谓"十年寒窗读书苦，一朝成名天下闻"。但隋朝科举才刚开始，对温州这种偏远的地方影响还不太大。唐朝定都在长安（西安），温州与之相隔万里，温州人当时的教育程度远逊于中原。隋、唐两代均未见有关温州人做官的记载，只有宋代，特别是南宋，定都临安（杭州），温州人做官的才多了起来。当然，这里的官是指大官，而不是里正（居民区主任）之类的小官。所以，在二十四史中，宋、元、明、清四史才有温州人的传略。有宋一朝即有 36 人。这便是科举制度的好处，给"上品无寒门"划上了句号，使有才学的普通老百姓有了做官的机会。"学中自有黄金屋，书中自有颜如玉"，穷士子有了盼头，将来能出"仕"。"学成文武艺，货与帝王家。"如温州这种穷乡僻壤的人，也想着做官了。

做官这事也很有讲究，温州自晋明帝太宁元年（323 年）立郡开始至今近 1700 年，地方最高长官由过去的郡守到现在的市委书记，少说也有三四百人，最有影响力的似乎还是 1500 多年前的谢灵运。因为至今还有池上楼、谢公亭、谢客岩、康乐坊等纪念性的遗迹。但仔细一查，谢公在温州只当了一年的郡守。这一年中又是"江南倦历览，江北旷周旋"，纵情于温州的山水，留下了"池塘生春草，园柳变鸣禽"的千古名句。做这么一年的官，写了这么多的山水诗，还留下了这么多的遗迹，这官可以说是做到极致了。这与他的文名有关，但主要还是所做的事：在郡一年，招士讲书，人知向学，鼓励植桑养蚕，兴修水利，政清刑简，因而能"德惠多及民"。也就是说他为立郡之初的温州人做了不少开化的工作，所以温州人至今仍在纪念他。但他祖籍陈郡（河南），后移居会稽（绍兴），不是温州人，而我这一章要说的是做官的温州人。

为官的温州人

我以为温州人做官的虽然不多，但能做上官，做得都是比较称职的，好些人也能做到极致。有意思的是，温州人真正开始做大官的，还是我在前面提到过的周伫，并且这个大官是在高丽（朝鲜）国做的。

周伫（？—1024 年），工文善书。北宋真宗咸平元年（998 年），随商船至高丽经商，结识了高丽翰林学士蔡忠顺，蔡佩服其才，乃密奏高丽王穆宗。看来这位穆宗是个英明的宗主，能从善如流，也有博大胸怀。未对周伫实施"内查外调"，也不认为他有可能是中国派去的间谍，即留之并授礼宾省主簿。这个官不算小了，礼宾省相当于外交部，外交部的秘书长，应当是副部级了。时高丽致北宋、辽的外交文件，均出自周伫之手，信任度相当高。大中祥和五年（1012 年），高丽西京留守康肇杀高丽王诵，立诵从兄询为高丽王，是为显宗。显宗一上任，辽契丹大举进攻高丽，周伫既食高丽之禄，当为高丽效命，扈从显宗，抗辽有功，升任礼部侍郎、中书院直学士，按现在大约相当于外交部副部长。以后又历任内舍人、秘书监、右常侍、左散骑常侍、上柱国、礼部尚书等官职，一直不离高丽王左右，作为客卿能享如此高的信任度，实在难能可贵。他是以礼部尚书致仕的，正儿八经的正部长。在外国当官当到这份上，可以说是极致了。周伫卒于宋仁宗大圣二年（1024 年），葬高丽，《高丽史》有传。

温州人在国内当到"正部级"的第一个人是吴表臣（1084—1150 年）。北宋大观三年，吴表臣和其兄吴鼎臣同中进士，但官当的不大。直至南宋建炎四年（1130 年）宋高宗赵构自扬州逃抵温州，御史中丞赵鼎推荐避难回乡的吴表臣、林学仲、陈楠等人扈从，表臣最先到达，任监察御史。这是温州人极少占地利之便的例子。后条陈"指置上流以张形势，安辑淮甸以立藩蔽，择民兵以守险阻，集海舶以备不虞"，其策多见施行。他曾做到吏部尚书兼翰林学士，大约相当于现在的组织部长，官衔算高的。绍兴十一年（1141年），南宋与金达成和议，当时的丞相秦桧欲遣表臣出使金国，议定地界。秦桧还指政事堂为饵，暗示"归来可坐此"，大约可以弄个副总理当当。表臣拒不接受，以后又因他事与秦桧意见不合而被罢了官。不久，起用为婺州（金华）知州，逢当地水灾，先发常平仓米救济，深得民心，升任敷文阁待制。任满之后请求"奉祠"，这

宋高宗赵构像，高宗曾避难温州。南宋定都临安（杭州），温州迎来了大发展的机遇

个"奉祠"是宋代独有的，五品以上的官员，因年老多病，不能视事，给他一个闲职，可以领取"薪俸"而已。吴表臣在家奉祠数年，生活俭朴，无异布衣。绍兴二十一年卒，《宋史》有传。

现在要说的是王十朋（1112—1171年）。游览过温州江心屿的人大约都会记得江心寺门口的一副对联，上联是"云朝朝朝朝朝朝朝朝散"，下联是"潮长长长长长长长长长消"。对联的字是温州现代书法家、篆刻名家方介堪先生所书，落款是宋王梅溪句。这位王梅溪就是王十朋。这副对联利用汉字有一字两读的特点，应当读成"云朝朝朝朝朝朝朝朝散"，下标线的念成朝阳的"朝"，其余的念朝鲜的"朝"。"潮长长长长长长长长长消"，下标线的念成长短的"长"，其余的念成长大的长（涨），这对子便能朗朗上口了。与北戴河景区的孟姜女庙前的一副对联有异曲同工之妙。

宋建炎四年（1130年）高宗来温州避难，王十朋才18岁，所赋诗中有"北斗城池培王气，东瓯山水发清辉"之句，足见其才气，现在江心屿还有"清辉"二字的石刻。但王十朋直至绍兴二十七年（1157年）47岁方中进士，廷试时有"陛下正身以为本，任贤以为助，博采兼听以收其效"之鲠切言辞，因醇正议论被高宗亲擢为状元，并用其"严销金铺翠之令，取交趾所贡翠物焚之"之言。任绍兴府佥判时裁决英明，吏奸不行。后任秘书省校书郎兼建王府小学教授，被太学生列为"五贤"之首。隆兴二年（1164年）知饶州，

乾道元年移知夔州，饶民乞留不得，竟断所过之桥，王十朋只能另觅他道离开。后此桥被命为王公桥。此后知湖州、泉州均有政绩，当地老百姓建生祠以纪念。王十朋是南宋时著名的主战派，他曾提出："今日之计，战固未可胜，和决不可议。守以养气，俟时而伸，乘机而投而已。"面对日益强大的金国和此时的南宋现状，也只能是这个办法了。叶适对王十朋的评价是"士类常推公第一"，似有乡谊之偏，朱熹论其奏议"气象宏大"应为公允的。南戏《荆钗记》的主角便是王十朋，但经考据，王十朋中状元时已 47 岁，生有闻诗、闻礼两子，《荆钗记》的故事纯为杜撰，唯借十朋之名而已。王十朋的墓至今仍保留完整。

刘基（1311—1375 年），字伯温。刘伯温与王十朋一样，温州民间有很多关于他的传说。他是文成县南田人，因南田当时属于青田，所以有青田刘国师之说，文成即刘伯温谥号。刘基自幼聪颖，"从师受《春秋》经，人未见其执经诵读而默识无遗。习举业为文有其气，决疑义皆出人意表。凡天文兵法诸书，过目洞悉其要"（黄伯生《文成公行状》），可见是个奇才。他于元统元年（1333 年）23 岁时中进士，此后在元朝继续为官，但都是从七品、七品之类的小官，从未受到重用，48 岁时愤而弃官，隐居家乡，为文授徒，写作了不少诗歌、散文名篇。后人评其诗雄浑，散文奔放，足见其才气。他的寓言体散文集《郁离子》，内容极为丰富，涉及面很广，充分显示其多闻博识，成为世所公认的大学问家。同时他写作此书的目的非常明确，旨在阐述自己的"治世之道"，"著书之言，以俟知者"。这就是温州的官吏的特点，不尚空言，专在务实，"以待王者之兴"。

至正二十年（1360 年），刘基被朱元璋邀请出山，达到了"以俟知者"的目的。他赴金陵即呈事务十八策，充分显示了自己的经天纬地之才，受到朱的器重，被留中枢，参与军机。按民间的说法他是明"开国军师"。于是，朱元璋"席卷中原，群雄归命，混一四海，大抵皆先生之策也"（王景《翊运录序》）。洪武初，先后授御史中丞兼太史令、弘文馆学士、开国翊运守正文臣、资善大夫、上护军，封诚意伯。明初很多法令典章出于他之手。他还曾受命卜地拓建南京城，使得南京具"里城门十三、外城门十八、穿城四十里，沿城一转足有一百二十多里路"的宏大规模、恢宏气象，奠定了往后数百年的"金陵王气，东南重镇"的基础。特别是他奏立的《军卫法》，

刘伯温是智慧的化身，他又是清官样板，伯温故里文成县的纪念雕塑

确立卫所制，不仅在军事史上有极高的地位，也为明初加强中央集权、巩固统治建立了功勋。同时也为日后他的家乡温州抵抗倭患打下了坚实的基础。至今，在温州，根据他的卫所制所建会昌保卫城、蒲壮所城，仍旧屹立，成为对刘基的极好纪念。

刘基的功劳虽大，但他意识到伴君如伴虎，"飞鸟尽，良弓藏；狡兔死，走狗烹"。他决定功成身退，回温州老家，居于山中，每日饮酒下棋，绝口不提从前的功绩，也不肯接见任何地方官，目的在于避祸。一次，县令求见不得，改穿百姓的衣服，总算见到了刘基。刘基正在洗脚，不知是县令，叫侄子将他领进茅屋，烧饭给他吃。县令告诉刘基："我是青田知县。"刘基吃了一惊，立即自称百姓，向县令谢不识之过，然后避而不再见县令。即便如此，他仍被时任丞相的胡惟庸所构陷，诬其争夺有"王气"的墓地，为朱元璋所疑忌而被夺禄，洪武六年入朝"引咎自责"，留京不敢归，洪武八年病重，才被朱元璋遣使护送回家，旋即病逝，享年65岁。

在民间广泛流传的《烧饼歌》，相传是刘基与明太祖朱元璋对话，由当朝史官记录成书，是一部推测国运的谶语诗作，"前知五百年，后知五百年"，民间各种解释颇有意思，出版的也有不少版本。

在温州民间，刘基是智慧的化身，他又是清官样板；是勤勉学子，又是预言大师、风水宗师。凡是汉民族地区都有刘伯温传说，被称为"明朝第一谋士"。

"金玉其外，败絮其中"为刘基在其散文《卖柑者言》中所用，这篇文章是写柑，也准确概括了元末社会腐朽之实质。作为著名的成语，至今它的使用频率仍旧非常之高，这也是刘基的一大贡献。

提到柑，想起在温州广泛流传的《三只瓯柑》的民间故事，抄录如下：

三只瓯柑

瓯柑出产在温州，别的地方没有。有个永强人想谋个小差使，就带了几篓瓯柑上京去找张阁老。阁老问他通不通文墨，那人摇头，说自己一个字也不识。想把他打发走，那人又说盘缠花光了。

阁老觉得很为难。忽然间看见那人带来几篓瓯柑，就告诉他一个办法，好让他赚点钱回家。

当天，阁老到便殿跟嘉靖下棋。棋过两局，嘉靖说渴，太监赶忙递茶，阁老见了，从袖内掏出一只瓯柑来，双手呈上。嘉靖吃后，觉得又甜又解渴，忙问这叫什么果子，何地出产。阁老说这叫瓯柑，是家乡永嘉特产，前日有乡人送来一只，不敢吃，特来敬献给陛下。嘉靖问京城可有买处。阁老答有，曾在午门外见过，只是价高。嘉靖听了，叫太监马上去买。

这太监走到午门外，果然见有人摆着三只瓯柑在叫卖。便上去顺手捡起一个，问多少钱，卖柑人说要十两银子，太监连声说贵，要他便宜点，卖柑人说我的柑不开价，你嫌贵，我便自吃了。说着把太监手中的柑拿回来，剥了皮，两三口吃进肚子。

太监摇摇头，转身回去。走到午朝门底，迎面碰到一个老太监，老太监问明情由，叫太监赶紧买来，迟一点万岁爷要发脾气了。这太监听了，又忙赶回来，说愿照价买。谁知卖柑人摆摆手，说现在要二十两一只。太监火了："不是说十两吗，一转身怎么就涨价？"卖柑人也不理睬，剥开皮又吃了一个。太监见是最后一个柑子，心想，他再吃，回去交不了差了，就答应出二十两银子。不想卖柑人将柑拿在手中说："这回只剩下一个了，想买这只得四十两银子，你再讨价，我也只好自己吃了。"太监急了，连忙按着他的手，赶紧说："依你的，依你的。"当下掏出四十两银子，买下了这只柑。

嘉靖吃柑，吃出味来，每日都要几个。朝中大臣也学起样来。不到几日，把永强人的瓯柑购买一空。这位永强老乡，靠张阁老出的点子，赚了上千银子，快快活活回乡了。

这个故事中提到的张阁老是谁呢？就是明时温州永强人张璁。这张璁了不起，在温州的影响力不比刘基小，关于他们两人的民间故事，都能出一本厚厚的书。

张璁（1475—1539 年），后因和明世宗朱厚熜同音，世宗亲为改名孚敬，赐字茂恭。

他在弘治十一年（1498 年）中举人，时年 23 岁，但接着七试不中。七试是一个什么概念呢？每三年一次，每次从温州出发，乘船、骑马、步行，温州到北京直线距离超过 5000 里，紧赶慢赶两个月才能到达。考试不中，再两个月回到温州。过两年再重复一次，总共是七次！20 多年过去了，终于在正德十六年（1521 年）中进士，时年 47 岁，两鬓斑白、老眼昏花了。这韧性，在现代人来说简直不可想象。正是他中进士那一年，武宗朱厚照病死，无子，大臣们拥立其堂弟朱厚熜为帝，是为世宗。世宗当上皇帝之后欲尊生父为皇考，大臣们认为不妥，并援汉定陶为例，要尊其伯父（即武宗的父亲孝宗）为皇考。世宗不乐意，故议三上三却。但这些武宗旧臣又是拥立他当皇帝的，实力强大并有功于他，此事只好搁置。当时张璁在部观教，按现时的说法还在实习期。但他的胆子大，又有思想。认为汉定陶被预立为子，养在宫中，后继嗣，而世宗是在武宗过世之后立为皇帝，应为继统。这便是有名的"继嗣"与"继统"之争。世宗接疏大喜，授张璁为南京刑部主事。但"继嗣"派实力强大，当世宗诏令璁等进京时，竟准备"扑杀之"。从张璁七试不中终成正果的韧性中可以想见他的性格，他再次冒死面斥廷臣之非。世宗也硬起了腰杆，命锦衣卫拘捕"继嗣"派为首者，廷杖死 17 人，100 多人下狱，"继统"派终于取得胜利。从此张璁深得宠信，步步高升，由地方法院院长（南京刑部主事）到国务院总理（宰相）只用了 6 年时间，与他的二十几年才到举人形成鲜明的对照。

既任首辅，一人之下，万人之上，备及宠荣，但他不会循规蹈矩，尸位素餐。《明史》本传称他"刚明果敢，不避嫌怨，既遇主，亦时进谠言"。"他若清勋戚庄田，罢天下镇守内臣，先后殆尽，皆其力也。持身特廉，痛恶赃吏，一时苞苴路绝。"谠言，正直的言论。皇帝让他备及宠荣，正直的话他还是要说。苞苴，蒲包，"货贿必以物包裹，故总为之苞苴"。也就是说在他的严厉打击之下，行贿之人的苞苴没有地方送。张璁做官与刘基一样，做出了温州人雷厉风行的风格。并且他懂做生意，运用市场法则——物以稀为贵，帮助老乡赚钱，这也是温州人的特点。温州人很喜欢张阁老，有不少关于他的故事。温州松台山妙果寺边至今有张璁碑亭，还将他居住的府邸旧址称为张府来纪念他。

有明一朝，挟南宋之余威，温州人做官的还不少。与张璁前后不远的尚有章纶，正统四年（1439 年）进士，因上疏主张"内宫不可干外政，佞臣不可假事权，后宫不可盛声色"而触怒景帝，被锦衣卫下大狱，"榜掠惨酷，血肉狼藉，濒死无一语"，也算有温州人强项的风格。官至礼部侍郎，算是副部级了。还有高友玑，弘治三年（1490 年）进士，做官不畏强梁，官至刑部尚书。王瓒，弘治九年（1496 年）进士，殿试一甲二名，温州人呼之"榜眼王"，官至礼部侍郎，也是不怕死的官。现时在温州，章纶故居、高友玑的墓、王瓒的石牌坊仍保留。温州老百姓对温州人中的"清官"都没有忘记。

入清以来，温州人又落后中原一大截，为官的人既少又无大官。直至清末的孙家和黄家崛起，情况稍有改观。

孙家是指孙衣言和孙锵鸣两兄弟。孙衣言（1814—1894 年），道光三十年（1850 年）进士，官至湖北布政使、江宁布政使、太仆寺卿，也不算小了，因频抗两广总督沈葆桢提用库银而回老家，与子孙诒让一同建有著名的"玉海"藏书楼。孙锵鸣（1817—1901 年），道光二十一年（1841 年）进士，道光二十七年被任命为会试同考官，李鸿章、沈葆桢均出其门下。以三品卿衔致仕，故俞樾有一联称他"天下翰林皆后辈，朝中宰相两门生"。孙衣言毕生致力于阐述永嘉遗学，孙锵鸣更亲恭力行，在温州推广种牛痘、提倡解放缠足妇女。他们都做出了温州人为官的特色。至于孙诒让，因未中进士做大官，这且不去说他。

黄体芳（1832—1890 年），同治二年（1863 年）进士，内阁学士、兵部左侍郎，大约算国防部副部长吧。黄绍箕（1854—1908 年），黄体芳子，光绪六年（1880 年）进士，官至侍读学士、湖北提学使。黄绍弟（1855—1914 年），光绪十六年（1890 年）进士，任过湖北学务总办、署湖北盐法武昌道。他们一家三人同朝为官，又都刚正不阿，颇有政声，也是一段佳话。如黄体芳劾使俄大臣专擅误国，言人所不敢言；黄绍箕参与维新，在康有为组织并任总理的保国会中担任常议员（常务委员）兼宣讲员（宣传部长）。维新失败又为康梁出逃而奔走；甲午战败，翰林院反对割地求和的奏疏为黄绍箕、黄绍弟兄弟领衔起草等作为，均有温州人为官的特色。

有一点说起来也很有意思，温州的官吏也不算少了，却没有一个有名的贪官。即做官的温州人不贪，至少是不很贪，所以无贪官的名。明朝是贪污一代，严嵩和严世蕃父子便是有名的大贪官，彼时温州人做官的也不少，似乎无有贪名，值得在此一说。

另类当官人

温州人称官吏为"当官人"，有几位当官人比较特殊，不是上述封建王朝的正儿八经的官吏，却很有影响。

民国时期，有一正一反的两个大官，一位是张冲张淮南（1903—1941年），为国民党中央执行委员，并曾任国民党中央组织部副部长，权力不小。但他特立独行，并非蒋介石的应声虫，曾与陈立夫一同去苏联谈判中苏复交。西安事变后，周旋于国共两党之间，曾伴周恩来一次登上莫干山，两次登上庐山与蒋介石谈判，力促国共合作的谈判成功。周恩来总理在《悼张淮南先生》一文中云："因先生之力，两党得以更接近，合作之局以成。"1937年任国民党军事委员会第六部主任秘书，同年任考察苏联实业团副团长，赴苏联接洽军援事宜。归国后还创办俄文专修学校，自任校长，培养了一批俄文翻译人才。在国民党的高官中他是另类，很有温州人的个性特点。

1939年，国民党由对外抗日转向对内反共，国共摩擦风波迭起，团结之局日陷险境。张淮南坚持正义，力挽狂澜，为两党团结抗日而不懈奔走。1941年8月，因患伤寒在重庆病逝。毛泽东、董必武、邓颖超等七人联名题有一挽联云："大计赖支持，内联共，外联苏，奔走不辞劳，七载辛勤如一日；斯人独憔悴，始病寒，继病虐，深沉竟莫起，数声哭泣已千秋。"

不能只说好的，往温州人脸上贴金，还有一个人物也要说一说，那就是梅思平（1896—1946年），北京大学政治系毕业之后曾在上海商务印书馆任职，也是个文化人。曾在中央大学、中央政治学校任教，与时任国民党副总裁、中央政治委员会主席的汪精卫过往甚密。抗战期间，以国民党中央宣传部专员的名义在香港活动。1938年11月，代表汪精卫集团参与今井武夫、影佐祯昭等在上海重光堂会议，设法促成汪精卫叛国投敌。12月，汪精卫即悄悄离开重庆，公开发表"艳电"，投降日本。1939年夏，梅思平与周佛海、陈公博等人同赴上海组建汪伪政权，任汪伪国民党中央执行委员会常委、中央组织部长、内务部长等职，是汪伪政权中的核心人物，大汉奸。

但发生在他身上的有件事却也体现了温州人的特点：其女梅爱文当时尚在中学读书，很有爱国思想，为父亲的不齿行为而羞愧。在她的亲戚马骅先生（诗人莫洛）的策划帮助下，她大义灭亲，在报刊上发表声明，声讨父亲的投敌卖国行为，并宣布脱离父女关系，一时传为佳话。1945年，日本投降后，梅思平被国民政府逮捕。

2002年我去宝岛台湾，听说"立法院"院长倪文亚、"司法行政部"部长林彬都是温州人，官也是做得够大的了，可惜行色匆匆，没有拿到具体资料。值得一说的还有一位曾在美国克林顿政府时期任美国商务部助理部长的黄建南先生，是温州永嘉县人，他应该也算是大官了。温州市有重大的国际性活动，比如"世界温州人大会"，通常都会邀请他来参加，他也给温州人帮忙不少，算是反哺桑梓吧。最近一次来温州，是2018年年初，到温州商学院演讲，演讲题目就是《就业、创业或传承家业》，颇接温州的地气。

我这里主要讲另一位官员——非洲加蓬共和国外交与国务部长让·平（程让平）先生。且听我说一下他与温州的关系。

加蓬共和国位于非洲的中西部，石油、矿产和森林资源丰富，有绿金之国的美誉，是非洲最富裕的几个国家之一。温州驿头村程志平是20世纪30年代由法国辗转到加蓬的，加蓬当时是法国的殖民地。程志平在加蓬从商、从政都很成功，曾经担任过州议会会长。让·平便是他的儿子，1942年出生于加蓬的翁布埃，应当说是加蓬人了，但按血缘来说还是温州人，温州的亲友都叫他程让平。1987年，在随加蓬邦戈总统访华期间，与温州亲友在北京见面；1994年，随姆巴总理访华时，又携妻子赴温州认祖；2000年，他应中国外交部长唐家璇之邀再次访华，又到温州探亲；2003年来温州参加首届世界温州人大会，他算是一个特殊身份的温州人。以后还来了几次。

2005年，让·平是联合国的轮值主席，当年的联合国大会，就是在他的主持下召开的。2008年2月，让·平在非盟第10届首脑会议上当选非盟委员会主席，2012年10月卸任。

一连串令人眩目的职务，说明了程让平在加蓬乃至国际上的政治地位。让·平在1987年2月是作为总统办公厅主任陪同加蓬总统访华的，这是第一次来到中国。他有一个意想不到的收获——温州人说起来也是挺有意思的。

让·平是这样自述与亲人的会面："一个偶然的机会，我见到了父亲的亲人。我不知道他们是怎么知道我去了北京的。他们从温州坐火车到北京，找到了华侨办事处。侨办的人打电话到宾馆，找到了我。我当时非常吃惊。我在宾馆见了家乡的亲人，总统也在场。大家拍照留念，他们还带来了录像带，给我看家乡以及家乡的人。"当时温州还不通火

2008年2月1日，在埃塞俄比亚首都亚的斯亚贝巴，加蓬副总理兼外交部长让·平在当选非盟主席后接受人们的祝贺

车也没有机场，徐恭德他们是从温州乘轮船到上海，再从上海乘火车到北京的，光是乘船到上海的航程就差不多有 24 个小时，上海到北京火车最快需要 20 小时。让·平的父亲程志平是徐恭德母亲的叔叔，徐恭德算是让·平的外甥了。这次见面徐恭德当即提出希望到加蓬发展，让·平就对这个外甥说，外叔公（指程志平）当年在加蓬发展得很好，表示支持他到加蓬发展，听得徐恭德满心欢喜。当时徐恭德在温州创办了"瓯海华侨氟塑厂"并任厂长，后来辞去厂长职务，去了加蓬。

我曾读过一本书——原商务部副部长魏建国先生的回忆录《此生难舍是非洲》，魏先生曾任中国驻加蓬大使馆商务参赞，其中有一章《好友让·平》，记述他与让·平的交往。这些资料对于温州来讲也是有价值的，对于身世的介绍，应该是让·平先生亲口讲述的。我把书找出来，摘录这些文字与大家分享。魏建国先生学的是法语，法语是加蓬官方语言，让·平曾在法国留学，因此他们的语言交流很顺畅。让·平与外甥徐恭德先生的交流，可能还不如与魏建国先生的交流更方便。魏建国先生在商务部副部长的任上，大力支持温州召开"民营企业对话世界 500 强"活动，第一届活动（2005 年）由魏建国致开幕词，他对温商颇有好感。回忆文字摘录如下：

1990 年，加蓬成立 30 周年庆典，一个有中国人模样的中年男子跑前跑后，忙着主持迎接宾客，主持庆典仪式。各国客人都很奇怪邦戈总统怎么请一位中国人来主持这样隆重的仪式。我告诉他们那是总统办公厅主任，确有中国

2013 年 7 月，程让平（前左五）一行回到故乡在祖居前与当地官员和乡亲合影

血统，但也真是加蓬人。他就是我的好朋友让·平。20 世纪 30 年代的中国，经济落后加之战乱不断，广大人民生活困苦，不少人不得不背井离乡，漂洋过海去国外寻求生计。让·平的父亲程志平老家原在浙江温州的藤桥镇驿头村。1933 年程志平与同乡洪松青驾船出海，准备将随船携带的瓷器卖到突尼斯，但是当船快到蒂尔港时，海上突然狂风骤起，打翻了他们的船。落入海中的程志平挣扎飘浮到了加蓬的翁布埃镇，被当地人救了起来。没法捉摸的命运之风将一颗中国种子吹到了加蓬。那时的程志平身无分文，凭着善于劳作的两只手，程志平在加蓬安顿下来，他先是出海捕鱼谋生，然后靠着给法国军队供应粮食挣钱，后来凭着经营木材生意逐渐致富，并且迎娶当地姑娘生子。1942 年让·平出生时，程志平的木材生意已很红火，第二次世界大战结束后，更是成为当地最大的木材业老板，自己拥有直升机和四艘轮船。由于程志平为加蓬经济发展做出的贡献，连续两届选为州议会议长；中非结合的血缘优势使让·平继承了父母最好的东西，让·平"既有中国人的聪明，又有非洲人的淳朴"，特别是具有中非两地人顽强而又坚韧的性格。程志平在非洲热带雨林奋斗了 32 年，艰难而奇特的境遇让他体悟到人生最值得做的两件事：

一是挣钱，二是救人。因此，他希望自己的儿子或者做医生，或者继承自己的事业做生意。让·平说自己天生晕血，不是当医生的料。做生意诚然是愿意的，但让·平对于生意之道的规划，又与父亲的期望略有不同。他说："我的理想是到一家大企业或者一家银行谋个差事。"为了实现这个人生目标，让·平努力学习，就读的是法国巴黎第一大学的经济学专业。1970年，加蓬成立10周年、邦戈总统上台执政3周年之际，政府为延揽人才，动员学有专长的人员回国服务。让·平以优异成绩获得经济学硕士学位。加蓬政府给让·平提供的三个选择是：一是一家银行的副行长，当时的财长与让·平是同乡加同族，正是他动员让·平回国工作的；二是非洲航空公司一个下属公司的负责人；三是作为加蓬政府的派出人员，去联合国教科文组织任职。按说银行和航空公司的位置与让·平所学的专业更对口，而且让·平最初的理想就是银行白领，但让·平选择了第三个职位，因为他想在巴黎边工作边攻读博士学位。就这样，让·平以进入外交领域为起点，开始了他的人生事业。1972年，让·平被派到联合国教科文组织工作，先做项目管理员，后任过副总干事执行助理。1978年，让·平被任命为加蓬驻法国大使馆首席参赞，后来又任加蓬常驻联合国教科文组织代表至1984年。1984年让·平回国，担任邦戈总统的民事办公厅主任，从1990年起，让·平在邦戈总统内阁先后担任多个要职，包括担任新闻、邮电、旅游部长，政府发言人，矿业、能源和水力资源部长，又任外交和合作部长等。1999年1月25日，让·平再次出任外交、合作和法语国家事务部国务部长。在国际上，让·平也有过许多高级职务。他曾任加蓬出席联合国大会许多届会议的代表团团长。他还担任过非洲统一组织主席和77国集团副主席。2004年6月10日，让·平当选第59届联合国大会主席，并在任期内推动了联合国改革。2008年2月1日，让·平在非洲联盟第十届首脑会议全体会议上当选非盟委员会新主席。每当我听见让·平为加蓬和非洲事务四处频繁活动的消息，我都在心底默默祝福他。

我与让·平的结识，始于1988年我在加蓬担任商务参赞期间。当时，让·平的外甥徐恭德来到加蓬开始创业。起初，他开设了一个杂货店。但是进货、运输、通关都很难，他到大使馆找到了我。我帮助他解决了很多困难。徐恭德因此介绍我认识了他的舅舅，还经常带我去他舅舅家做客。我与让·平成了好朋友以后，经常聊得很深入很广泛，从政治到外交，从经济到贸易，从历史到现实，无所不谈。让·平给我的印象是一个非常沉稳，非常智慧的人，多次交往后，才说起自己的身世。让·平又是一个廉洁奉公，严于律己的人，他并没请我多多照顾他的外甥，而是经常教育他要遵纪守法，谨慎经营。让·平具有非常浓厚的中国情结。他对我说，他受他的父亲影响很深。他说他父亲的教育方式是"愉快加沉默"和"慈爱加谦虚"。直到 1986 年去世时都没给他留下银行账号，他甚至不知道他到底有多少钱。但父亲把他的"勤劳和谦虚"留了下来，这是他最宝贵的精神财富。让·平说，父亲离开中国后虽没能回去，但他对祖国和家乡的思念从来没有停止。1964 年当听到中国成功爆炸第一颗原子弹的消息时，父亲哭了，并激动得跳起舞来。那是我一生中第一次看到父亲跳舞，父亲给公司职工放假一天，并摆酒庆贺。让·平常常表示，自己是个有中国根、中国情的非洲人："我是个非洲人。但我是在父亲教育下长大的，我知道父亲对于中国是多么的骄傲。看到中国取得了这么多了不起的成就，我也感到骄傲，感到高兴，我也为之舞蹈。"正是父亲的中国情结感染了他，父亲的纯朴感情和传统美德教育了他，让·平为人谦恭、温和而开朗，办事干练，务实且清廉，因而深得邦戈总统信任，经常受命执行特殊的外交任务。从中非到刚果（布），从科特迪瓦到刚果（金），许多战乱中的国家都有让·平的足迹。在数十年的政治生涯中，他为加蓬的稳定和发展，为非洲的团结和进步，为发展中国家的利益和地位做出了很大的贡献。浓厚的中国情结，使让·平多次来到中国寻根问祖。

2003 年，让·平还专程参加世界温州人大会。他关心温州建设，促使温州与加蓬的主要城市让蒂尔港市结成友好城市；推进成立中加旅游开发有限公司，建设中加友谊展览馆，打造非洲民俗风情园。

我在常驻加蓬的时候，为了促进中加两国经贸合作，经常去拜访让·平，他也经常向我们推销加蓬的产品。让·平当时担任过新闻、邮电、旅游部长。我回国后，还多次见过让·平先生。在卡塔尔参加 77 国集团会议的时候，曾培炎副总理拜会时任 77 国集团副主席的让·平，我也参加会见并担任现场翻译。2004 年，他担任联大第 59 届轮值主席的时候，我们也多次接触，多次探讨中国和联合国合作的问题。2006 年中非合作论坛北京峰会的时候，我们两个老朋友再次见面了。我谈了很多两国如何增进友谊深化合作的事项。

2008 年 4 月初，温州电视台播出 12 集大型人文纪录片《温州人》，我一口气看完了反映非洲联盟委员会主席让·平家族百年传奇的纪录片《我的中国父亲》。我看到了这样一个场景：在全村人的簇拥中，皮肤黝黑、高大俊朗的让·平踏上了故乡温州的土地。在鹿城区临江镇驿头村，他拉着从未见过面的亲人的手，抱起邻家害羞的小姑娘；搀扶着族中长辈的臂膀。他的目光凝望着村口的老榕树、古亭、石碑，眼神中充满了激动和好奇，也掠过一抹深深的怅惘……他伤感地说："我最大的遗憾是父亲无法享受少小离家老大回的快乐。如果有的话，相信他一定非常兴奋。他于1986年去世，比我第一次去中国早了一年。我曾去探望他住过的小屋子，那个印象让我永难忘怀。""回到父亲的故乡，感觉像是父亲复活一样。我的父亲把我和中国联系了起来，我又为父亲重新找到了根……如果父亲能再多活两年，我一定陪他来温州，我想这会是他一生中最美好的时光。"

上文中提到的12集电视纪录片《温州人》，是温州著名女编导叶卉历时8年、行程100多万公里制作的。叶卉是乐清人，不惜花费大量时间精力、不辞辛苦、精心制作，可以说是叹为观止。这件事也体现出温州人对那些认为有价值的事情的做事特点：不惜工本。

程志平自幼父母双亡，由姑妈抚养成人。1929年19岁时离开温州，临行前与姑妈约好不论有没有挣钱，三年后回家。但没有想到与黑非洲结缘，一生再也没有回到中国。相隔65年后，儿子让·平回到家乡。程志平给加蓬带去了织网和腌制鲜鱼技术，如今还是当地百姓的生活组成部分；摄制组还找到他给当地捐建的学校、医院、码头等，甚至还找到"二战"期间他给北非盟军运输副食品的渔船。

"做官的温州人"，从到高丽国的周佇说起，到加蓬共和国的程让平，颇具温州人特色，也是一绝。

第十章　公仆难当即下海

——温州的干部

还真有点公仆的味道

做官和当干部是两个概念，所以我将它分为两章来述说。做官是役民，当干部是役于民，即为人民服务，是公仆。问题在于，干部有权，老百姓无权。如果干部用手中的权力为民谋利，便是真正的公仆，用权力来吓唬老百姓，老百姓便诚惶诚恐、抖抖嗦嗦了。所以干部也很容易嬗变为役民者的官僚。

在古代，温州人做官做到如刘基、张璁这样高位也仅仅两人。其原因大约有三点：第一是地理位置的偏远；第二是温州人的个性太活跃，缺乏做官的韧性，思维活跃的人接受新事物快，却不大会用心计，做官要老谋深算，要耐心等待时机并立即抓住它；第三是太讲究实惠，急功近利。一个人从一般干部做起，要做到正省级这个位置，没有较长时间是不可能的。办个企业用二三十年时间可能就会发展得很大了。既然很快上去的可能性不大，就混混日子算了，或赶紧调头"下海"。如果也像古代的科举制度一样，考中进士就当相当一级的官，然后被皇帝看中，还很快升迁，如张璁般，从考中进士到担任首辅（宰相）只用了 6 年时间，温州人是会拼命一搏的。

别以为温州的干部讲实惠，温州的官场就会乌烟瘴气，就会捞一把走人，就会普遍腐败。其实温州干部出事的比例并不高，也不会像媒体中描述的那样赤裸裸地敛财，因为温州干部比之其他地方有更多的机会选择走另一条路。温州的市场经济发展得比较早，发育得比较正常。2003 年市政府换届，原来的市长、副市长走得只剩一位。有的是年纪的关系，有三位是"下海"，原来当市长的呼声最高、最年轻的副市长吴敏一的下海，就被媒体多次报道过。

在温州当干部还真有点公仆的味道。一是别看他们手中有点权，也可以人五人六一下，但一比手中的钱就蔫了，干部在温州是荷包最空的人群之一，很难神气起来；二是干部等级森严，一级管一级，温州的干部官不大，上面有更多的领导，而温州人的个性旷达，不服管；三是市场经济发达，老板多多，诱惑很大。哪怕是个小老板，用起钱来也那么潇洒。官本位的概念就相应地减弱了，好当便当，不想当就走人，下海！

温州干部"下海潮"是上世纪90年代初开始的，我是第一批。那是1992年末，温州市政府出台了一个政策，为鼓励干部"下海"。让机关人员分流，给予一些优惠，其中一条是提前退休可享受每年13个月工资。政策出台之后市机关共有9位干部报名要求提前退休或退职的。批准了8位，媒体曾有报道，称温州干部"下海"是"雷声大雨点小"，原先无论是领导或媒体都估计会有不少人提出申请，却没想到仅9人。在下便是9人之一。

说起我下海的动机很简单，一是温州的环境影响：商海潮涌，大浪冲到脚边了；二是《文学青年》杂志停刊了，一直忙于编务，乍一停刊，有种无所适从的感觉；三是正好香港朋友洪波先生来温投资，找我合作做房地产。于是我便打了报告申请下海，并且以为下海办企业，要比在政府部门简单得多。

开始办公司之后方才发现，这种想法太天真了。房地产公司要拿到一个营业执照，没有七八十个图章是办不下来的。甚至还有报道说有的地方盖了一百三十几个章还未办好的。我们只盖了七八十个章已算荣幸，可你每盖一个图章得面对多少个嘴脸？那时我是总经理，办事盖章可以支使手下的人去，偏遇到那些拿橡皮图章的人不买账："让你们的总经理自己来，端什么架子！"后来与他们认识之后问过其中的一二位，他们坦率地告诉我，认识你们老板才有用，到时我的亲友没房子，找你们的话总有三五个点的优惠，下面职员又没这个权。

他说的这个是实话，但弄得每个公司的总经理都很忙，我们的第一家房地产公司从取得地块之日起，到拿到公司的营业执照之日止，总共费时12个月又4天。这说明手续之繁琐，也有我这个总经理不大愿意自己出面的缘故。举这个例子并非说温州的干部态度特别不好，或办事效率特别低，只是说温州的干部有我们国家干部的通病。"过去的官吏是骑在人民头上作威作福的老爷，现在的干部是人民公仆"，这话只是学校老师灌输给我们的一种概念，如果你太当一回事就糟糕了。那态度是干部制度和他们手中的权力造成的，权力越大的部门，干部的脸越不耐看。

温州的干部规避风险的能力比较强，譬如说温州的干部中有不少人采取"一家两制"的办法。

所谓"一家两制"，就是一家人中，如夫妻、兄弟姐妹或父子，你做干部，我就去办企业。当干部是铁饭碗，旱涝保收，却只能混个温饱，在温州这么个经济发达相对比较富有的城市，温饱其实也是一种贫穷，光温饱是不够的。办企业可能会发财，但风险也很大。两人一分工，既保生活无忧，还有可能过上更好的日子，而后者的比例远远大于前者。

当然，也有个别干部利用"一家两制"来做权钱交易，来掩盖其贪污受贿的实质。假设我是某权力部门的干部，我管着不少企业或地盘。我让这些企业或属地的人来送礼送钱是受贿，但我让我的家属或亲友办个什么小厂，哪怕家里摆上一台熨烫鞋底上金字商标的小机器也可以。然后给属下的企业发出信息，属下的企业就送业务上门了。你烫的金字5分钱一双，我烫的是5毛。或我只烫了500双，开的发票是5000双。你不得不给，因为你在我的管辖之下，只要我不太过分，你乐意将业务送上门。对外讲我的富裕是家属劳动生产所得，照温州话说是"劳动力兑伙食"。你没有业务送上门，我经常到你的企业查一查，搞你一下，让你明白非这样不可。还有这样的，安排自己的亲友办个公司，然后将便宜的地块或政府的工程交给你来做，但你要真做，不是一转手就倒买，你赚钱就等于我赚钱，查起来我会没事，我没受贿嘛！这样做比将工程交给别的公司做收回扣，安全度大大地提高了。这便是某类干部的聪明之处。

如今情况有所改观，对官员的监察约束严格起来，并且在许多方面铲除滋生腐败的环境。譬如浙江省推行审批"最多跑一次"之类的改革，就是充分改善这类弊端的便民政策。浙江省的改革步伐通常走在全国前列。

记得那年我们几个人在美国租车开到加州大学参加一个座谈会，待到会议结束，却发现车钥匙丢了。这时已经天黑，回到所住的宾馆还有好长一段路，大家急得团团转。大学方面接待的人帮我们给警察打电话，我们都很奇怪：车钥匙丢了警察也管？等我们打完电话回到车子旁边，警察也来了。警察告诉我们两个办法：一是将租车公司的地点告诉他们，让他们开车去拿备份钥匙；二是他们找车送我们回去，剩下的事由他们解决。我们听了非常感动，但事情的解决却很圆满，也许是警车的车灯特别亮，我们将掉在车边的钥匙找到了，大家欢呼起来，警察也为我们高兴。回程的路上大家在谈论：我们的国家虽然也有写着牌子"有困难找警察"，但在以前，如果你的车钥匙丢了，你找警察看看。近年来，我们警察或者消防将此类事明确为自身职责。这是一大进步。

合则干不合则走

　　话说远了，现在再回到温州干部下海这个题目上来。温州的领导干部下海徐国林是第一位（不算早些年的上塘镇委书记叶康松），大约是1993年底。当时他担任市委常委、宣传部长。批准我"下海"时他还找我谈过话，不久他自己就"下海"了，在当时的机关里引起了不小的震动。他做了房地产，也做了期货公司，还是我们外商房地产投资协会的会长，又是我的顶头上司。他口才好、文章好，发表过散文。可惜上天未假他以年，几年后就去世了。

　　接着徐国林的是邹丽华，时任温州市人民检察院的副检察长，一位很能干的女同志，后来是名气很响的新湖集团副总裁。再接下去的人就多了，如市委宣传部副部长季树才、市委秘书长叶正猛、永嘉县委书记谢炳清，以及前任副市长吴敏一、林培云等。除邹丽华外这几位我都比较熟悉，都是很能干的人，如以从政办公是"文"、从商经营是"武"这一概念来说，他们个个是文武全才。

　　话又讲回来，也不是每个文武全才的干部都会下海，我的朋友王成云曾任温州市副市长，后来是市政协常务副主席，他就没有动过下海的念头。要说文武全才，他是拿得起放得下的角色。在大学里他学的是冶金专业，又在温州冶金厂当了好多年的企业干部，对企业非常熟悉，企业界的朋友也很多。他又在政府区长、县委书记、副市长等位置上任职多年，从政经验也非常丰富。那一年，他担任副市长仅两年多时间，干得正欢，还未届满，突然调任政协副主席。人们为他抱不平，以为他会拂袖而去，下海办企业。但他真是做到了领导叫干啥就干啥，在政协副主席的位置上仍旧干得很好，受到大家的赞扬。我与他是多年的老朋友，那关系真是君子之交淡如水，平时几乎不相往来，一旦约在一起，又可以无话不谈。他还没有架子，逢年过节常送点土特产给我，而我总是照吃不误，并且从不回敬，免得有拍领导马屁之嫌。他有个理论：国家待我们干部不薄，虽说工资不高，附加值却不低，有车子、有房子，还不时能出国考察什么的，不好好干对不起国家与老百姓。企业我很熟悉，也能办起来，但那忙忙碌碌，还有担风险时的提心吊胆我已经不习惯了。不能只看和尚吃馒头，也要想想和尚求戒……真是人各有志，思维方式不一样。风气一开，温州干部就更潇洒，合则干，不合则走。据说副市长吴敏一原来被看好为市长候选人，社会上也有这么认为的，他年纪轻，学历最高，工作也有干劲，他自己也希望在一个更高的平台上施展自己的才能，为国家也为温州做出更大的贡献，所以当知道下任市长候选人不是自己时就走人了。这么做于国家、于他本人可能都是好事。如果他仍旧在原职上，可能就会有怀才不遇的感觉，心情会压抑，甚至还有可能影响工作，甚至影响了整个温州的建设与发展。这么一走，他就可能走出了一片新天地。

我的一家房地产公司的合伙人叫马绍华。马先生的原职是温州军分区后勤部副部长，上面部长空缺，这说明他一人顶两职没问题。大约因年纪关系，这部长已经升不上了，遂萌发了退意。他学的是工程，哈尔滨建筑工程大学毕业的。温州机场建设阶段，他就被市政府借过来搞机场筹建工作，分区的营房工作又离不开他，只能借一半，即一半时间在部队，一半时间在机场管工程，如果他转到城建的哪个局，都会受欢迎，何况他夫人时任市政府副秘书长。但他自己喜欢搞工程，不愿意再扯到官场的复杂关系中去。他们夫妇与我都很熟悉，我就请他来担任房产公司总经理，他从分区提前退了休，自己拿出积蓄并向亲友借钱投入项目，同时成为公司的股东。他把部队的作风带到公司来，管理得非常严格。我们一个6万平方米的小区工程，从开工到竣工一共只用了180天，在当地创造了一个纪录。他干得很开心，但也有我初"下海"时窝心的感觉，想得太天真了。搞房地产面对那么多的主管，要盖那么多的公章，弄得人头晕脑胀不说，有时候还会被卡得莫名其妙。举个小例子，我们的工程在外省的某个城市中心，不免要占道施工，便向交警队交了费，领取了占道施工许可证。但每当石泥沙运进工地时，又常常被交警连车带物扣住了。他发火了，拿出部队首长的架势，跑到交警队去吵。吵过了放行，第二天第三天又扣。他不懂"卡拉OK"，人家卡你，你要拉他，然后大家 OK，他不去拉，次次去吵。后来才知道，人家卡的目的是想将石泥砂的生意拉给自己的亲友做。马部长的倔脾气上来了，我反正是守法经营，卡一次吵一次，对方终于被镇住。生意没拉成，车也不敢再扣。但马部长在当地的关系便有点僵。他无可奈何地摇头："这个社会风气！"

我开酒店的合伙人陈建国，原先是公安局的刑警大队副大队长，为人精明强干，很有经营头脑。他和马部长一样，都是文武全才。他的下海与马绍华不同，可谓"蓄谋已久"，在工作之余就动脑子搞第二职业。在温州，光凭警察那点工资会过得很窘迫，但他于穿着和居住条件上很讲究，有自己的品位，你想过好日子，又不愿意受贿什么的，你就动脑子自己干。办酒店也是他先想到的，来找我商量。我于酒店有兴趣，但嫌酒店管理繁琐，他答应由他全权管理，于是一拍即合，合作投资。酒店的规模比较大，31 层高，700多位员工，搞业余就不可能了。他毅然脱了警服穿西装，从装修到开业以后的管理全自己来，搞得井井有条。开业之后一年时间就评上四星级，四星在当时算是几个最高级别的酒店之一，可见他的管理与经营才能。而我这个董事长什么都不管，什么都不用操心，忙时连酒店都不去，闲了到酒店吃餐饭、睡一夜，是个不管部部长，挺潇洒的。但我在酒店经营中所学到的社会知识，却是做其他行业都无法得到的。我们酒店分客房、餐饮与娱乐三大块。客房中又分行政楼层、普通楼层和女子楼层，餐饮中分中餐厅、西餐厅和桑拿，同时还有健身房、台球室、投影厅等。用餐可以同时容纳 1000 多人。消费者打秋风的，"卡拉 OK"的，每天发生的趣事、逸事、尴尬事和气事层出不穷，也可以写本《闲说大酒店》，不过这与本节无关，只是题外话。

我与温州的"下海"干部合作得都很成功，于是在外地也想照搬这经验。我与一位朋友在外省市有一家房地产公司，聘请了一位当地原任区委副书记的干部来任公司执行总经理（现在的政策已不允许）。但他没有想做股东的意思，也不准备担风险，虽然是他在受处分，最尴尬时来找我们的，但一年未到，另有更好的待遇，便"白白"走人了。人往高处走，水向低处流，我们也理解，总觉得这种风格与"下海"的温州干部不同，只有短期的目标和作为，格局不一样。

以上说的都是机关干部，还有一种是企业干部，企业干部下海一种是辞职，一种是公司的改制。辞职出来的企业干部往往做得比机关下海的干部更好，因为他们原先在管企业，有一定的经验，只是嫌官办企业限制太多，无法施展自己的才能，同时也无法赚大钱，所以要下海。他们下海之后手笔更大，做得更好。

陈定华原任国营的中亚集团副书记、副总经理，并兼下属温州花园大酒店总经理。他便是辞职下海的，先以自己的房产抵押，承包了花园大酒店。承包前，花园大酒店每年交给中亚集团的利润不过百万元，他的承包额是每年300万，政府是赢了。但陈定华知道他同样能赢，在国营体制下，酒店冗员太多，有的出勤不出力，承包之后他大刀阔斧，裁员几近一半，加之其他严格管理，营业额与利润同步增长。他又以此为契机，再承包了规模更大的顺生大酒店，再接着向房地产业进军。短短的几年功夫，他已经拥有上海、安徽、江苏和温州的好几家房地产公司，并于2003年以8500万元的拍卖价，成为顺生大酒店的老板。他抓住了天时，利用了地利，并拥有良好的人和。我与他合作过项目。

顺生大酒店的房产现属于万洋集团，其中有7层改建为维也纳国际酒店。

第十一章 有恒产者也有恒心

——温州的文人

温州文化的启蒙

所谓文化，简而言之是一个民族或社会的文治与教化。文化首先是一种历史现象。《礼》王制："东方曰夷，被发文身，有不火食者矣。"温州的先民便是这里所指的"夷"。夷的文化有个相当长的过程。制"瓯"是文，是温州先民对劳动的"文"；击缶也是文，是温州先民劳动后的鼓与舞；"断发文身"也属文，"断发"既是为了方便，更是为了美观，文身就是在身体上刺画，可能是图腾的标志，同时也是为了好看，当然也属"文"的范畴。但这些还不能叫文化。那时的温州人更尚武，这是由于闭塞而发展相对滞后造成的。他们还未拥有中原的文化，所以对中原未有认同感，有一种小国寡民的感觉，必须以武来保持自己的相对独立性，求得较好的生存环境。

温州立郡之前曾属越，属楚，属秦，对于这些外来统治者来说，瓯民只是"断发文身"的化外之民，要用高压政策，而瓯

叶适纪念馆

民认为他们"非我族类"。"凡武之兵，为不服也，文化不改，然后加诛"（汉刘向《说苑》），上压下必反，所以会很快地便随骁摇叛秦了。汉朝时虽已立东瓯国，东瓯王却从来都不是瓯人，而且瓯民不服。瓯民为了维护自身的生存必须不断斗争，在立郡几十年之后的晋安帝隆安三年（399年），永嘉人张永率众起事，"杀郡守司马逸"。说明当时的温州人对中原还未有真正的认同，也就是说瓯地和瓯民还未有文化。

我说过，要感谢谢灵运、裴松之、颜延之、范述曾以及王羲之这些晋朝的大文学家，他们在执掌温州政务或游历温州时将中原的先进文化介绍到温州来，才使强悍的瓯民逐渐有了文化。南北朝刘宋年间，郑缉之撰成《永嘉郡记》，这是温州的第一部志书，也说明温州人开始对中原文化的认同。

但一个地方、一个民族的文化不能一蹴而就，文化的过程相当长。直至唐代之前，温州还未出现知名度很高的文人，即当时所称的"士"，要说"士"还得从唐代开始。

温州文化之先驱

根据史书，温州的文人真正被中原所认识、所称道的第一人是张諲，唐时永嘉人，因排行第五，又称张五。青年时离家出游，和王维（699—759年）居于河南登封的嵩山少室山，历时十余年。王维在《戏赠张五弟諲三首》中提及"张弟五车书，读书仍隐居"，并在《故人张諲工诗善易卜兼能丹青草隶，顷以诗见赠，聊获酬之》中赞諲绘画之传神和草书之精湛："屏风误点惑孙郎，团扇草书轻内史。"诗人李颀所居颖阳和嵩山相对，两人时有交往，其《永嘉张五山水》称："诗堪记室妒风流，画与将军做劲敌。"记室指的是西晋文学家左思，"洛阳纸贵"这一成语指左思的《三都赋》。将军指晋著名画家顾恺之，顾在中国绘画史上的地位是非常高的，将张諲的诗和画同左思与顾恺之相比，可见评价之高。张諲曾应举出仕，官至刑部员外郎，也不算小了。但他本质上是个文人，不愿意被官位所羁绊。在官时间不长，随后云游四方，如闲云野鹤。李颀有《临别送张諲入蜀》一诗。说明他曾游蜀中，复曾隐居襄阳附近，和名诗人孟浩然（689—740年）相知，孟在《寻张五回夜园》中提到"闻就庞公隐，移居近洞庭"。接着又移居安徽，王维有诗《送张五諲归宣城》，可见他曾寓居宣城。又郎士元有《见张五归濠州别业》，可见曾在凤阳筑有别墅。直至唐天宝（742—755 年）中方才回到温州，殁于故里。以上记述说明他才高八斗，学富五车，又闲云野鹤，活得非常潇洒。文人高士之风可见。张諲以诗人兼书画家，《唐才子传》《唐诗记事》《历代名画记》中均有记述，将他归到这一章没错。从他的例子也可以看出，温州的文化一旦赶上中原，温州的文人也就非常出色了。

到了宋代，温州的文人比之中原的毫不逊色，这一点我在前面已经说过。一方面是因为科举制度，使得人们觉得学文有了奔头，另一方面汴京比长安离温州近，以后的临安就更近了，从而给士人赶考创造了有利的条件，使得宋时温州产生了 1371 个进士。按照宋代的户籍制度，将户口分为主户和客户两类，主户是占有一定的土地田亩，有缴纳赋税的家庭；客户是没有土地，"借人之牛，受人之土，佣而耕者"。按后来的概念，主户就是地主，客户就是贫雇农。宋时主户 16082 户，客户有 24658 户（据《太平寰宇记》）。且不说因客户贫穷，子弟读不起书一般少有赶考的，就全部计算在内，按一户 4—5 口人计，也就是十几万人，却能在一个朝代出这么多进士，说明这时的温州人已经完全文化了。

宋代的温州文人中，最出色的要数著名的思想家、文学家叶适，他集永嘉事功学派之大成，使之成为与朱熹的理学、陆九渊的心学并称的南宋三大学派之一。叶适也当官，他最高的官位是国子司业，可以说是教育部的官员。宋宁宗诏敕云："朕御图之初，思欲作新学者耳目，求当今第一流素为天下士所推服者，以正师席，宣莫若汝！"也就是说他是以"天下第一流的士"而任此职的。我认为他是温州历史上最有成就的两位文人之一（另一位即孙诒让），所以将他放在这一章。

叶适（1150—1223 年）字正则，南宋永嘉人，因居住在近郊的水心村，学者称他为水心先生。叶适自幼好学，10 岁即能作文，由于家中贫寒，16 岁时赴乐清白石北山蒙学执教，可谓小先生。淳熙五年（1178 年）考中进士第二名。初授文林郎、镇江府观察推官。他是爱国的文人，曾上书皇帝称："臣窃以为今日人臣之义所当为陛下建明者，一大事而已。二陵之仇未报，故疆之半未复。"他自始至终是坚定的抗金主战派，为了振兴南宋，针对当时弊政，提出精简军队、减轻财政开支、减轻捐税，缓和政治矛盾，改革政治，提高办事效率，从而增强国力，以便恢复中原。可惜他的正确建议未被皇帝采纳。

开禧二年（1206年）南宋北伐，开始时取得一定的胜利，后因为四川守将叛变，金人集中兵力攻打淮西南，宋军失利。是时叶适以吏部侍郎受任建康府（今南京）知府兼沿江制置使，带病亲赴前线布置防守。一日金兵前锋进抵长江北岸，建康震动，叶适招募民兵，配合官兵进行夜间渡口偷袭，使建康一带局势安定下来。

但叶适的主要成就还是学术。当时空谈义理之风甚盛，他倡导并坚持事功学说，要求"行实事，有实功"，不同意朱熹、陆九渊的性理之学。他曾尖锐地批评朱熹的"正义不谋利，明道不计功"的论点，认为"此语初看极好，细看全为疏阔。古人以利与人而不自居其功，故道义光明，后世儒者行（董）仲舒之论，既无功利，则道义者乃无用之虚语耳"。他还提倡"格物致知"，肯定人的知识来源于客观世界，并认为只有详细考察周围的客观事物，才能获知正确的认识。

同时，他是南宋著名的文学家，散文写得很好，自成一家。现在刊行的《叶适集》收有他的诗文800余篇，可见著作之丰。

北伐失败，所有主战派官员被罢官的罢官、流放的流放，叶适亦被参劾罢官，回到温州著书讲学。因他的名气很大，来求学的人很多，同期著名的学者刘宰称："叶水心在永嘉，户外之履常满。"

叶适可以说是温州文人的代表，凡事重功利，不尚空谈。他的事功学说对温州产生了深远的影响。

古代社会分工非常简单，即"劳心者治人，劳力者治于人"。自古华山一条道，学文的目的就是当官治人，即"学成文武艺，货与帝王家"。官家也有规定，做官必用读书人。经科举考试而进入仕途的，称为"正途出身"，否则被称为"杂色"，要受歧视。但因为读书人太多，官位少，这是一条小道，太拥挤了，由士入仕的人比例极少，大部分人虽曾十年寒窗，仍旧是个寒士——落拓文人而已。

"永嘉四灵"便是这类不入仕的文人代表。因他们四人的字或号中均带"灵"字，彼此志趣相投，创作主张一致，诗风相近，自成一派，世人称之为"永嘉四灵"。四人中除赵师秀中过进士之外，其他三人均未中举，即便是赵师秀也只当过主簿、推官之类的小官。所以他们生活在下层，了解民间的疾苦，诗作能反映现实生活。"永嘉四灵"是继江西诗派之后在南宋中后期诗坛上的一个著名的诗歌流派。宗崇贾岛、姚合，倡晚唐近体诗，诗风浅近平易，讲究推敲雕琢，提倡千锤百炼。他们的诗简约清淡，表现出一种凄凉落寞的心境和自然高逸的情怀。

"黄梅时节家家雨，青草池塘处处蛙。有约不来过夜半，闲敲棋子落灯花。"（赵师秀《约客》）

"一天秋色冷清湾，无数峰峦远近间，闲上山来看野水，忽于水底见青山。"（翁卷《野望》）

"水满田畴柳叶齐，日光穿树晓烟低，黄莺也爱新凉好，飞过青山影里啼。"（徐玑《新凉》）

"众船寒渡集，高寺远山齐。"（徐照《题衢州石壁寺》）

文人不入仕，在官本位的古代社会就不大有可能出名。如"永嘉四灵"这样的既有名，又未入仕的文人极少。宋末的林景熙（1242—1310年）可算一位。林是咸淳七年（1271年）以太学上舍释褐成进士的，初任泉州教授，礼部架阁。不算什么正牌的官。且仅过3年，元军即攻入建康（南京），他遂辞官回到温州的平阳，隐居在白石巷（今平阳城区白石河），以诗文自娱，也以诗文名世。至元二十二年（1285年），元人发掘会稽（绍兴）南宋诸皇陵，盗取殉葬珍宝，弃遗骸于草莽中，无人敢去收埋。正在绍兴作客的林景熙会同温州人郑朴翁扮为采药者至陵上，收拾遗骸，以黄绫包裹，装成两匣，托言佛经，葬于越山（今绍兴兰亭山），并种冬青于其上。在悲愤交集之中作《冬青花》以寓亡国之痛。后又有《梦中作》诗四首记其始末："一抔自筑珠丘土，双匣犹传竺国经；独有春风知此意，年年杜宇泣冬青。"此后林景熙游历各地，并在绍兴、杭州、苏州和南京等地客居近20年，晚年回到温州，筑建别业（另建的别墅），著述授徒，67岁时又发游兴，北上杭州、镇江等地，染病回乡，两年后逝世，著作有《白石算》文十卷，《白石樵唱》诗六卷，《霁山集》为1949年后辑，由中华书局刊行，可见其影响。

南戏亦称"戏文"，由宋杂剧、宋词以及里巷歌谣等综合发展而成。明祝允明《猥谈》中指出："南戏出于宣和之后，南渡之际，谓之温州杂剧。"也就是说南戏发源于温州，并且被公认为中国戏曲最早的成熟形式，而高则诚是温州南戏的主要剧作家。

高明，字则诚，温州瑞安阁巷人，大约生于元大德年间，卒于明初，元至正五年（1345年）进士。高明秉性耿直，为官清正，办事干练，但未能当上什么大官，仅任过绍兴路判官、庆元（宁波）路推官等职，大约相当于地方法院的审判长之类。狱因多冤，高明无不一一勘问，予以昭雪，"操纵允当，图圄一空，郡称为神"。调江南行省台掾，相当于秘书或秘书长。在任上数次触忤权贵，遂萌退志，托病辞去，"争如蓑笠秋江上，自烩鲈鱼买浊醪"，过着钓鱼饮酒的田园生活。后居鄞（今宁波鄞县）之栎社沈氏楼，撰写《琵琶记》。

温州杂剧中有《赵贞女蔡二郎》，蔡二郎即东汉著名的文学家、书法家蔡邕。高则诚将此剧加以改写。在《琵琶记》起首云："论传奇，乐人易，动人难。"为达到"动人"，高则诚反复吟唱，一再修改，绝不苟且。《宝剑记》序载高明"阖关谢客，极力苦心，歌咏则口吐涎沫，按节则脚点楼板皆穿，积之岁月，然后出以示人"。《琵琶记》成，词曲清丽，广为传演。"演习梨园，几半天下""每奏一剧，穷夕彻旦，虽有众乐，无暇杂陈"（胡应麟《少宝山房笔丛》）可说明此剧受人欢迎的程度，被奉为"曲祖"。高明工诗、善书，尤擅词曲，为元末的一大才子。

黄公望也是元代温州文人。他出生于江苏常熟，不久即过继给温州平阳的黄氏，因"黄公望子久矣"，故取名黄公望，字子久。他工书法，善散曲，通音韵，尤擅山水画，为"元季四大家之冠"（《虞山画志》，余三家为王蒙、吴镇、倪瓒）。所画的《富春山居图》为山水画中的传世经典，全长两丈四尺，上半段焦残，现存浙江博物馆；下半段完整，现藏台湾故宫博物院。张大千就曾多次临摹《富春山居图》。

在元代，文人如不入仕，社会地位是非常低下的。不做官，自己又没有劳动自养、或经商致富的能力，常常会穷愁潦倒，在社会上很被人看不起。当时有一排名，一官、二吏、三僧、四道、五医、六工、七匠、八娼、九儒、十丐。儒生的地位居工匠与娼妓之后，仅比乞丐略好，位居九等，这便是"臭老九"称谓的由来，纯文人出名便极少了。明代亦如此。赵裕妻潘氏为纯文人，因为在古代女人不能参加科举考试，更不能为官。赵裕庠生出身，金乡卫掾吏，明弘治前后人，妻潘氏在家中奉养婆姑，却比赵裕更工诗文，其诗文70余章，

黄公望所画的《富春山居图》为山水画中的传世经典，全长两丈四尺，此图为局部

辑成《扣机集》，诗意清雅，颇多伤感。

如《秋暮倚楼》云：

一抹闲云似水流，西风吹老冀云秋；洞庭桔子香初试，陶经花丛湿未收；霁色渐开山水景，江流不洗今古愁；夫君事业归何处？丹凤楼前属旧游。

《忆夫姐城居》云：

一从惜别下烟洲，回首俄京十二秋；妯娌音书湖北雁，翁姑骸首岭南丘。茫茫望眼穿云外，漠漠愁情动海陬；几度徘徊吟不就，伤心倚偏夕阳楼。

可惜的是古人重男轻女，连个名也没传下，只能称赵潘氏。封建时代，没有称女子为士的，现在应当恢复其作为士的地位了。

温州有句古话："平阳出戏子，瑞安出才子，温州出浪荡子。"平阳即现在的平阳、苍南两县，戏子即艺人或演员，属文人之列。但过去看不起演员，社会地位很低，再加上资讯不发达，有名也仅仅在各自所在地方。平阳籍的演员不少，名气却不大；这里的温州指温州市区（今主要指鹿城区），过去市区商业繁荣，瓦肆酒馆、歌楼舞榭，富家子弟往往容易沉湎声色，故说出浪荡子；瑞安即现在的瑞安市，那里读书风气一向很盛。前面提到过的高明就是瑞安阁巷人，后来的孙家（孙衣言）、黄家（黄体芳）都是全国有名的才子。这里要说的是孙诒让，一个非常出色的文人。

孙诒让（1848—1908 年）字仲容，孙衣言子，19 岁即中举人，但后来五赴礼闱不第，遂绝意仕进，

孙诒让（1848—1908年），是晚清经学大师和著名教育家，温州瑞安人。中国社会科学院历史研究所研究员、中国殷商文化学会名誉会长王宇信在"孙诒让《契文举例》问世110 周年"纪念活动上发言指出："孙诒让不光是瑞安的，也不光是中国的，他还是世界的。"甲骨文学之所以能成为一门世界性学问，孙诒让功不可没，世界甲骨文学界将永远记住他，学习他的创新精神，继承他的学术成果

专攻学术。平生著述 30 多种，涉及经学、史学、文学、考据学，校勘学、文字学等多方面，特别是《周礼正义》《墨子闲诂》被公认为"周官学"与"墨学"之权威著作。他的《契文举例》是甲骨文字学的开山之作，对殷墟龟甲学术价值的认识早于罗振玉、王国维、郭沫若等诸大家。与著名的学者俞曲园、黄以周合称为"清末浙江三先生"，章太炎称他为"三百年绝无双"，郭沫若尊他是"启后承前一巨儒"。

孙诒让是纯粹意义上的文人，我已说过他的学术成就在温州的历史上是最高的两人之一。可他还以办学校、开风气为己任。先后创办过"算学书院"（后称学计馆），教授数学、物理、化学等现代学科；"瑞安方言馆"，讲授国文、英文及外国历史、地理等；"温州蚕学馆"（后称蚕桑学校），教授中外种桑、养蚕之学，同时还进行改良蚕桑品种的活动。他后来就任浙江省学务公所议绅和浙江省教育总会副会长，更积极筹集教育资金，在温、处（处州，即今丽水市）两地 16 个县，提倡办府县中学堂、温州师范学堂和处州初级师范学堂以及一大批小学，总数达 300 余所。另外，他还创办或参与兴办"瑞安务农会""瑞安天算学社""演说会""阅报社""劝解缠足会"等会所，并曾计划筹办温州农工商实业学堂。

更为难能可贵的是孙诒让对兴办实业也非常热心，曾创办大新轮船公司、内河轮船公司和人力车公司等，那年他生病在家，闭门谢客，永嘉孙坑的亲戚来探望他。家人怕影响他休息，拦着不让见，但他一听说孙坑发现金属矿藏，

连忙起来相见，后来还致信工部左侍郎盛宣怀，盛宣怀当即下令一位英国工程师带译员到温州。后来因为矿的品位不高而作罢，但孙诒让的热心实业可见一斑。

孙诒让的文才武略，特别是"武"，如兴办实业，热心矿务、铁路等，还兼任温州总商会会长。清末皖浙起义失败，秋瑾被捕，孙诒让闻讯，两次致电张之洞设法营救。我的文友、作家胡小远、陈小萍夫妇在长篇巨著《末代大儒——孙诒让》一书中有深刻而生动的描述，我这里只能传达一二而已。

温州文人之武

温州的文人有一点与别处不同，文人不仅为文也好武，而温州的武人又好文，几乎个个都是文武全才。

两宋时期，温州的武进士有 374 人，这个数据初一看远远低于文进士的1371 人，但这并非说明温州文盛武衰。因为武官的人数远远低于文官，武举取士的人数就相应少得多，而且武进士比文进士更难考。文举子手无缚鸡之力可以不论，武举子却不能目不识丁。武举的考试分"内场"和"外场"，外场就是考马、箭及十八般兵器武艺，都统、兵部尚书等为考官，影视剧中常见这种场面。内场是默写武经，并且同样由学政主持进行初试。这说明必须文武双全。也许温州的武举人文才特好，后来大多担任的仍然是文职，譬如南宋端平二年（1235 年）的武状元朱熠，后来官至监察御史、知枢密院兼参知政事，应当说是级别很高的文职官员。我看到《温州市志》中的一个表格，历代温州参加武举得中前三名的（即状元、榜眼、探花），后来基本上都是知府、知州一类的官职，并非什么总兵、参将，从这一点讲他们也是文人。

话又说回来，温州的文举子也并非个个手无缚鸡之力。南宋以降，倭寇外患频繁，面对入侵者无有文武之分，故文人学武也相沿成习，既为进身，也求自保。譬如南宋景定三年（1262 年）高中榜眼的陈宜中就曾都督诸路兵马。永嘉学派的中坚季宣（1134—1173 年）在武昌县令任上，适逢金兵南下，其诸官均遣回眷属并系马于庭，准备随时逃跑，唯他将家属留在城内死守不去，民心赖以振奋。乞师于汪澈，得甲三百，楼船十艘，并亲临前线御敌，江西恃以无恐。

说起温州文人的"武",我想起从小听长辈讲的有关我外公的一件事。我外公是东南大学教育系毕业,这个学校后来改名为中央大学,我外公就在中央大学任教,应该说是正儿八经的文人。但他与当时的许多年轻人一样,中国人要摘除"东亚病夫"的帽子,必须练武强身。他从青少年时期就学武术,家里的刀枪棍棒直到我懂事时都还有。那年他在杭州念师范,即鲁迅先生提过的那个浙江两级师范学堂。当时军阀孙传芳盘踞浙江,孙传芳的兵在杭州横行霸道,横冲直撞。那一天,我外公在苏堤上骑自行车,赶上五六个孙传芳的兵在游玩,无论怎么打铃,他们就是不让路。"老子当兵的,天下第一,你们学生有什么了不起!"当时的学生都穿校服,一看就知道。我外公平时就恨这些兵,此时更火,将自行车往旁边一扔,上去就是拳打脚踢。他长得魁梧高大,武术又精,那五六个兵也不是他的对手。当年的兵,还有抽鸦片烟的呢,三拳两脚,便胆怯了,很快败下阵来,其中两个还被他扔进西湖,好在水浅,淹不死人的。但我外公知道这下闯祸了,这几个兵是不会善罢甘休的,立马骑上自行车,直接骑到最近的一间理发店,将头发剃个精光,成了光头佬才回到学校。没多少时间,学校被士兵包围了起来,学生全体集合,由那几个兵来认人,但认来认去没有像的,只好威胁一通走人。我外公成了同学心目中的英雄,温州文人尚武这也是个例子。

文理并重——现代温州文化人

温州堪称数学家之乡,而温州中学是数学家的摇篮。著名数学家之多,出乎人们的意料。1982年,温州中学建校80周年校庆时,初步统计了一下,全国及世界上比较知名的大学数学系主任,有18位是温州中学的校友。我的老师,曾任温州三中、温州中学校长的郭绍震先生听说我要写这本书,将他自己的著作《八十回首》及所收集的《温州市教育志》《当代温州人物》送我,得以了解许多情况,可以详尽地述说一下温州数学家的群体。

姜立夫是温州最早的"洋博士",美国哈佛大学数学博士。民国时期曾任中央研究院数学研究所所长。据说那时数学所正式研究员仅三位,其他为兼职研究员或工作人员,三位研究员中两位是温州人,即姜立夫和苏步青,另一位是华罗庚。南开大学数学系、岭南大学数学系均为姜立夫先生创办。

苏步青（1902—2003 年），日本东京帝国大学理学博士，曾任中央研究院数学研究所研究员，浙江大学数学系教授、系主任、教务长，《中国数学学报》主编，1952 年调复旦大学任数学系教授、数学研究所所长、副校长、校长及名誉校长。他创立了微分几何学派，系著名数学家。

谷超豪（1926—2012 年），莫斯科大学科学博士。历任浙江大学数学系讲师、复旦大学数学系教授、主任、数学研究所所长、副校长兼研生院院长。后调任中国科技大学校长。为 2009 年度国家最高科学技术奖获得者。

姜伯驹（1937—），著名数学家姜立夫哲嗣，北京大学数学系毕业，曾任南开大学数学研究所副所长、北京大学数学系教授、数学科学院院长、北京数学会理事长。系中科院院士、第三世界科学院院士。在拓扑学研究上有杰出的成就。

李锐夫（1903—1987 年），英国剑桥大学毕业。历任复旦大学教授、暨南大学教授，后任上海华东师大数学系教授、主任、副校长兼上海市高教局副局长，系著名数学家和教育家。

还有曾任杭州大学数学系主任的白正国、美国宾夕法尼亚大学数学系主任杨忠道、北京师范大学校长兼数学系主任的陆善镇、杭州大学数学系主任兼研究生院院长的王兴华等。

一地（温州）一校（温州中学）出如此众多的数学巨擘，在国内外均属罕见，温州的"数学家之乡"并非虚名。

数学是温州的强项，其他学科也不差。伍献文，巴黎大学理学博士，曾任中国科学院生物学部委员兼武汉分院院长、水生生物研究所所长，著名的水生生物学家。伍献文先生作为鱼类专家，通过调查研究，解决了葛洲坝工程和三峡工程中华鲟等鱼类的人工繁殖问题。伍献文先生是我外公的妹夫，按温州的习惯我应称他为姑公，我们家都以他为骄傲。他的大女婿、小儿子都是鱼类专家，也都在科学院水生生物研究所工作，他们一家人对我国的水生生物研究做出了巨大贡献。

张肇骞，中国科学院生物学家，植物研究所所长；

张鋆，美国哈佛大学医学博士，曾任中国医学科学院副院长，兼医学研究院院长，中国医科大学教授、系主任；

曾勉，法国蒙彼利埃大学生物学博士，中国农业科学院柑桔研究所所长；

谷超豪　　　　苏步青　　　　夏　鼐　　　　郑振铎

　　王国松，美国康乃尔大学电机工程硕士、哲学博士，曾任浙江大学副校长、代校长；

　　李启虎，中国科学院院士、声学研究所所长；

　　戴金星，中国科学院院士，著名的地质学家；

　　伍荣生，中国科学院院士，南京大学大气科学系教授、系主任，著名气象学家；

　　孙义燧，中国科学院院士，南京大学天文学教授、研究生院副院长，著名的天体物理学家；

　　张淑仪，中国科学院院士，南京大学物理系教授、声学研究所所长，著名声学家；

　　施立明，中国科学院院士，中科院动物研究所所长，著名生物学家；

　　……

　　这个名单继续下去，可以写得很长很长，他们都是知名的学者，所在领域的权威。

　　至于作家、文学家、艺术家就更多了。

　　郑振铎，"五四"时期新文化运动的倡导者之一，文学研究会主要成员，《小说月报》主编，曾任暨南大学、清华大学、燕京大学教授；中华人民共和国成立后曾任文化部文物局局长，中国科学院考古研究所所长，文化部副部长，著名的文学家；

　　夏鼐，英国伦敦大学考古学博士，中国社会科学院副院长、考古研究所所长，中国考古学界一代宗师；

夏承焘，一生研究词体、词律和词史，被誉为"一代词宗"；

赵超构，《新民晚报》社社长，全国晚报协会会长；

旅居台湾的马星野，曾任"台湾中央日报社"社长；

林尹，台湾"中华文学协会"会长，"中国文字学会"理事长；

旅居香港的王书林，香港中文大学筹备委员会主任；

南怀瑾，国学大师，社会活动家；

王季思，中山大学中文系主任，戏曲家；

苏渊雷，华东师大教授；

周予同，复旦大学历史系主任；

还有诗人梅冷生、唐湜、莫洛、吴军、吕人俊、叶坪、高崎……

作家林斤澜、黄宗英、金江、叶永烈、渠川、何琼玮、戈悟觉、张思聪、杨奔……

方介堪（1901—1987年），温州人。20世纪杰出篆刻家，工书，能画，尤长于篆刻。曾任西泠印社副社长，中国书法家协会名誉理事。他一生刻印多达4万余方，数量之多，为印人中仅见。中国书画离不开印章，故而方介堪结交了大批书画界的朋友，其中，他与张大千的友谊堪称最为深厚，持续时间也最长。方介堪（后排左二）、张大千（前排左一）、黄宾虹（后排左三）、吴昌硕（前排左二）等书画界大师在一起（黄瑞庚　供图）

画家、书法家马孟容、汪如渊、方介堪、马公愚、张光、徐启雄、林曦明、周昌谷、陈天龙、赵瑞椿、林剑丹、谢振瓯、黄加善、汪廷汉、马亦钊⋯⋯如果继续写下去，这个名单还会有很长，不同的学科、艺术门类、文学品种，温州人作为带头人的还有不少呢。

下面，我就南怀瑾稍作详说，他是当今文化界最为知名的人物之一，具有温州人的典型性。

"论语别裁"与南怀瑾先生

南怀瑾先生（1918—2012 年），温州乐清人，最近二三十年以其突出的文化传播业绩，驰名海峡两岸，媒体称"国学大师"。知道有一个"南怀瑾"，对温州人来说是常识，温州火车站广场站名"温州"两字就是他题写的，他是"金温铁路的催生者"。既享不虞之誉，又遭求全之毁，还是一个有争议的人物。在这里对这位乡贤做一个介绍，读者也许能体会到温州人的一些特点。

金温铁路对温州发展来说太重要了。孙中山先生在《建国方略》中这样描述："温州在浙江省之南，瓯江之口，此港比之宁波，其腹地较广，周围地区皆为生产甚富者，如使铁路发展，必管有相当之地方贸易无疑。"并勾画出一幅将福州、温州、金华、杭州联线建造一条铁路的宏伟蓝图。但温州这个地方偏居一隅，相对没有那么重要，国家不投资，地方上的财力也不足。

20 世纪 80 年代初，温州被列为全国十四个沿海对外开放城市之一，浙江和江西的全国人大代表向全国人大提交了兴建金温铁路的议案。这一议题甚至惊动了邓小平，批示"金温铁路要列入议事日程"。国务院批示铁道部："请研究，能否办成地方铁路。"地方政府想过各种办法，在袁芳烈任上甚至有办成窄轨铁路、减少投资先建的设想——投资少，但速度慢，但好歹可以通车了，为此还专门去考察窄轨铁路。

还是在 1988 年 1 月，温州市副市长方善足率团到美国访问，到华盛顿，南怀瑾的一名学生在美国国务院工作，得知消息便问南先生要不要见家乡来客。南先生非常关心家乡的情况，也很想见，当即电话联系中国驻美国大使馆一秘叶剑。访问团因事先无行程安排，于是开会讨论，向大使馆请示。恰巧大使馆的商务参赞陈时标也是温州人，他们都知道南怀瑾先生的影响，急忙说明情况，"这是多么难得的机会"。当时温州方面并不了解南先生的情况。他们坐上南先生派来的豪华轿车来到他的别墅。这次会面，代表团拿出事先准备好的招商引资项目资料，南怀瑾看了没有兴趣，一方面项目不合胃口，也太小；另一方面南怀瑾希望投资家乡的基础设施建设和农业、医药等国计民生的项目。于是就提到投资兴建金温铁路的话题，这天是 1988 年 1 月 16 日，十多天后南怀瑾就移居香港。温州方面与南怀瑾保持着联系。

青年南怀瑾

　　1988 年 4 月，温州方面专门安排浙江省驻温州联络处处长李景山陪同南怀瑾的小儿子南小舜去香港看望南怀瑾，这是他们父子分别 40 年后的首次见面。温州地方领导董朝才、刘锡荣很用心，后来有一次去香港拜访南先生，请温州的瓯绣专家魏敬先（现为温大教授）用南怀瑾母亲的白发做成他母亲的发绣肖像作为礼物。南先生见此感动得拜倒在地，老泪盈眶。

　　温州市政府后来在香港设立经贸窗口和办事机构"香港雁荡公司"，南怀瑾先生曾到雁荡公司走访。

　　1989 年，南怀瑾在香港的寓所完成了《对金温铁路的浅见》一文。他说，修建金温铁路，实际上不只是资金问题，而是怎样制订一个可行性的办法问题。他在同温州市领导交谈中说："要修建金温铁路，最重要的是海外资金与地方政府合作设立一家铁路公司，拥有独立经营的自主权。"南怀瑾的意见得到了浙江省政府领导的认可。他还说："钱是人找的。国家制度用活了，钱自然就会来。现在改革开放，经济开发，不是钱的问题。是把那些捆死自己的框解放开来，使自己活起来。"据说，南先生的很多学生都参与进来了。

　　刘周晰后来任香港雁荡公司总经理，同时担任筹建金温铁路的联络员，多次陪同领导与南怀瑾会面。曾作诗一首《港岛半山六访南老》：

　　高朋满座舌多津，鹤发童颜别有神。面壁三秋通禅境，执鞭半纪誉儒巾。浩然正气惊顽敌，若谷胸怀励国人。梦绕家山心铺路，金瓯补缺证情真。

　　想来当时是神清气爽的谈话氛围，是一段值得回味的佳话。

　　金温铁路成为中国第一条由地方、铁道部和香港三方合资兴建的铁路，

1997年6月全线开通，开通之时，沿线群众奔走相告，纷纷跑到火车站看火车。如果早几年开通，温州经济格局面貌也可能与现在有很大的不同，温州因为交通的瓶颈丧失了很多做大做强的机会和成为"中心"的机会。金温铁路运行仅仅十多年即收回投资。

刘周晰在后来的回忆文章中说：

"在交往中，我体会到，为了使金温铁路早日建成，南先生确实日夜操劳，为之付出了大量的心血。南先生以拳拳爱国之心，排除万难，动员和带领弟子们投资于金温铁路，忘小嫌而顾大局，凝聚力量争取成功，出发点和落脚点都是造福一方社会人。"

南先生说："修这条铁路，是为子孙后代造福的社会公益事业，并非为了投资赚钱。""在我个人的理想与希望来说，修一条地方干道的铁路，不过只是一件人生义所当为的事，我们真正要做的事是为子孙后代修一条人走的道路，那是大家要做的大事业。"借用北宋张载的一句名言明志："为天地立心，为生民立命，为先圣立绝学，为万世开太平。"

这句"忘小嫌而顾大局"，点出了过程的曲折和艰难，点出了民企与内

1991年1月19日，南怀瑾先生代表外方在香港草签合资建金温铁路合同书

地政府的磨合与求全，比如思想理念的差异，立场的不同，乃至人事安排、投资匡算的调整等。

如今金温高铁也已开通，老金温铁路继续运行，据说不久将进行电气化铁路改造。

现在我回过头来对南先生的经历做一个介绍：南怀瑾出生于 1918 年，其父亲善于经商，家境较好。小学时期南怀瑾读书成绩并不好，后请私塾先生就教。1937 年从浙江国术馆以第一名成绩毕业，获得武术教官资格，后考入中央军校政治研究班第十期。1939 年他与当地老兵萧铁石一道到川康边境创办了"大小凉山垦植公司"，以后方建设为名，自任总经理兼自卫团总指挥，一道规劝对抗政府管制的凉山山寨，带出上千青年壮士参军参加抗战。1943 年结识禅宗大师袁焕仙并拜师，辞去中央军校的工作，潜心修行佛法。在峨嵋山大坪寺三年时间，学习佛学经、律、论三藏十二部和经典道藏，熟读经史，独具心得。

南怀瑾于 1948 年下半年到台湾，不久又回到大陆，1949 年 2 月再次到台湾，一度做服装生意。后来与同在台湾的温州老乡一起做船运生意，三条船凑成"义礼行"公司。从琉球运货到舟山（当时还被国民党军占领），再从舟山运货到琉球。1950 年，找了一个认为可靠的同乡出海，不知是人心难测，还是因为国民党军从舟山撤退占用了他们的船，这条船载着他的全部家当，便无音信了。

南怀瑾从此过着窘迫的生活。困顿之下，在 1955 年写了一本禅修方面的书，可是书放在书店角落里卖不出去（这部书如今畅销海峡两岸）。1960 年，胡适读了他写的《楞严大义今释》，表示赞许，南怀瑾声名鹊起。1963 年，台北中国文化大学创办人张其昀聘请他担任教授并兼礼学院院长，随后他就在台北辅仁大学开设《易经》课程。南怀瑾博览群书，阅人无数，尝尽人生酸甜苦辣，博古通今，熟谙人情世故，信手拈来，直指人心。名声不胫而走，每次上课，听讲的学生挤满窗外走廊。

1969 年在台湾创立了东西精华协会，开课讲学，从事传统文化的传播事业。曾有一次为军队和政府官员演讲，事先不知道蒋介石先生亲莅幕后聆听，蒋先生对南怀瑾所说的"若民族文化亡掉，中华民族将万劫不复"大为赞赏。

后来成立老古文化事业公司，出版《论语别裁》等著作。随着中国对外开放和传统文化的复兴，南先生的著作风行祖国大陆，产生了巨大的影响，但也伴随着争议——大约是一般读者几乎一致称好，若干读者对南先生的著述感同身受；部分学者却有微词。

凤凰网曾对于丹有过一个专访"谈南怀瑾"：

凤凰网文化：您对南怀瑾先生作品有何评价？他对您是否有影响？

于丹：其实我觉得南先生是在传递一种对中国传统文化的创举，因为他的著作，比如《论语别裁》《老子他说》《孟子旁通》，包括他讲《金刚经》，就是他讲的佛家经典的这些东西，从来没有说是站在一个全知视角上去做一个宏大叙事，或从学理角度说自己是多么权威，没有一个是这样的，他说的所有东西其实都给了自己一个个人心得的角度。

其实我觉得中国文化本身是博大精深的，在我们今天去阅读它，特别是像南先生那样是把儒释道三家打通了那样去阅读的，需要选择一个很好的角度，就是自己的所思所得，是个人的体会，是个人的见地。南先生从来不说自己是全知全能的权威，他用"他说、别裁、旁通"作为自己的书名，其实我觉得他在表明一种态度，就是真诚的以个人的感悟去激活经典，完成一种个人心得的表达。

因为我们都了解南先生在早年是曾经从戎的，也曾经经商，他并不是从一开始就在书斋中做学术研究的人，他也是在这个社会上万水千山经历过来之后，觉得中国文化能成全自己的经历，他自己的内心对中国传统文化有一种信任，所以他才会以个人的语境去做这些经典的解读、阐述，直到他晚年办太湖学堂。

所以我觉得对今天的人来讲，南先生传递出来的态度比他得出的学术结论要更加重要；他表现出来的对中国文化的这种热情，其实比他的成果更加重要。毕竟我们上个世纪对于整个中国文化的这种颠覆、批判是一个主旋律，那么到了这个世纪我们需要恢复文化中的一些东西。其实像南先生这样做出个人化的努力我想是有必要的，所以其实这才是他给我们最大的启发。

于丹的分析很到位，对我们的时代背景分析也准确。如今于丹成了一位有争议的人物。应该说，她对传统文化的传播普及是有作为的。当然近年来她的有些观点和提法也是需要商榷的。

在中国，知识分子的著述过于学术化，普通老百姓不易看懂。他们对传统文化的了解缺乏别开生面的形式，这也是为什么诸如《百家讲坛》之类讲座受欢迎的原因。对于讲演者可以批评也应该批评，但要有适度的宽容和理解。"能讲"是一种综合各方面才华的本领，做普及推广工作同样有巨大的社会贡献，世上的事情没有完美的。

南怀瑾的著作对读者的人生有启发，同样体现出温州人的务实精神。他的著作架起了古今文化隔阂之桥梁，学术思想与大众传播之桥梁。如果读者从此对传统文化产生了兴趣，从而步入对传统文化的探索，这不也是一件很有功德的事情吗？南先生早就表明了态度："读了我的书，希望读者们从此更上一层楼，探索固有文化的精华所在，千万不要把我看作是什么专家权威学者，也不要把我讲的当作标准。我从来把自己归入非正统主流，我只是一个好学而无所成就、一无是处的人。一切是非曲直，均由读者自己去判断。"

温州人不但经商讲究创新，出奇制胜，做学问也有与众不同的方式角度。温州人不大服从权威，自主意识强，扬长避短，另辟蹊径。思维特点是"不管你旁人怎么讲，我都要试试看"，不是从教条出发，而是从实际出发；做一件事情，不看别人做过没有，而是看什么方法做得通；做学问也是"学以致用，身体力行"。南怀瑾就是以自己独特的方式走出了自己的路，从他的事例和于丹的分析中还可以看出南怀瑾作为温州人的灵动和变通特点。

南怀瑾晚年移居祖国大陆，据说无论他在哪里落脚，他的门外总有很多人等着，有商人、官员和学者，媒体称南怀瑾"手无金印，权倾天下"。

大约还是十年前，南怀瑾曾对家乡人发出"赶快劝温州人建立文化"的告诫："不要总是说温州是商业开发的开路先锋，这个标榜已经过去了。今后的时代不是开发的问题，也不是经济的问题，是如何建立新的文化的问题，这是个根本大问题。"对这句话，我们温州人真的该深思。

我写这本书，简而言之，讲的就是"温州文化"，讲"温州人经济"的形成与发展，离不开讲温州文化。

提到教育，中国自民国初年引进西方教育体系，注重的是知识，而中国几千年来注重的是人格教育。南怀瑾先生说："学校教育只注重知识的传授，迟早要出问题的。中国的教育，一向是为了达成完善的人格道德标准。人格教育、学问修养是贯穿一生的。"

我们知道，中国的儒家思想道法自然、"天人合一"，与"征服自然"的西方文化有根本性的差异。西方科技发展，文化方面的原因正是这种"征服自然"特性，但这是不可持续的，人与自然的关系已经危机四起。二三百年来科技方面不如西方发达，使得我们自己都失去了自信心。——想到了这里我就写了这些，说了点离题的话。南先生做的就是弘扬优秀传统文化的事业，重拾我们的文化自信，他看得很深远。

他在《二十一世纪初的前言后语》中说，我认为现在的教育出问题，不在孩子，而在家长。我认为现在中年以上的家长本身就有问题。我们中国近一百年来，传统文化被自己推翻了，又被西方的科技工商发展弄迷糊了，整个国家上下近一百年来很茫然，教育也好，人生也好，没有方向了。现在是跟着利益跑，唯钱主义，有钱就好。我们居然走上这样一条路，真是非常严重的问题，但也无可奈何。

西方有了话语霸权，我们也唯西方马首是瞻，真的把我们自己搞迷糊了。

朱清时先生在南怀瑾纪念会上致辞中说：

近百余年，中国处于"三千年未有之变局"，国人一度丧失了对本国历史文化的信心。现在国家已强，但文化重建，包括复兴中华传统文化的优秀部分，十分艰难！

在历史洪流的十字路口，南师以一己之力，在民间为文化重建奋战了七十年，对国民的影响、启发是巨大的。他启发了无数国人重新尊重自己的历史文化，重建文化自信，并积极探索如何汲取古今中外历史文化的精华，继往开来。

现代温州文化人的文武之道

民国以来，交通发展，资讯发达，孙诒让等人提倡并设法资助年轻人出国留学，温州人赶上了中原的步伐，文人大增。但这时温州人的文武观也在改变，"文"不仅仅是读书著述，"武"也不仅仅是兵刀拳击。文武概念在不断延伸：理论著述为"文"，经世致用为"武"；读书写作为"文"，处世为人为"武"；从政办公为"文"，从商经营为"武"等。这与永嘉学派的事功学说的影响不无关系，也与科学技术的发展有关。这时的文人既包括了文学家，也包括科学家。

温州的学问家与别处的有所不同，他们很少是纯书斋式的，两耳不闻窗外事，一心只读圣贤书。作为科学家，他们一定身体力行，将自己的理论付诸实践；作为文学家、艺术家，他们也一定会与社会的实际相结合。诸位也许已经注意到了，我提到知名的科学家、文学家时都写上了他们曾经担任过的职位。这个职位包含了许多信息，既说明他们在某个学科的地位，也说明了他们所做的组织和实践工作，他们不会专做空头的理论家。这便是温州文人的特点。而且由于"七匠、八倡、九儒、十丐"说法的影响，温州文人似乎从来不认为"万般皆下品，唯有读书高"，对于从匠、从商没有什么成见。记得是十几年前，有位当红的作家来到温州，宣传部请他吃饭，由于我过去与他曾有一面之缘，请我也过去作陪。席间，他言谈中似乎对企业家不屑，引起在座的一些文人的反感，为文为商只是一种职业的选择，并无贵贱之分。

作为大学问家，同时又是实业家，孙诒让无疑是温州文人的表率，又具有象征意义。

20世纪80年代末至90年代初，经常有新闻媒体发布诸如某某名作家办公司、某某文化人"下海"的消息，并且往往引起轰动效应。但在温州，作家或文艺家办公司或"下海"没什么的，根本不能算新闻，也没有人当回事，新闻媒体也从来不发表诸如此类的消息，司空见惯了。温州的文人往往有两手，"文武之道，一张一弛"。有时以"文"为主，有时又将"武"作为重点罢了。例子俯拾即是，此举我所认识并经常交往的文友们为例。

沈克成、沈迦父子，前者是语言学家，后者曾是《温州日报》记者，父子二人共同发明了汉字电脑输入法"沈码"（网上有可供下载使用）。但他们没有停留在这一阶段，而是办起了里仁电脑公司和里仁电脑学校。既推广"沈码"，使之付诸实践，又将自己的知识商品化。与此同时，或合作或分别出版了十几本著作，大儿子沈迦近年出版的著作《寻找·苏慧廉》《一条开往中国的船》在国内有较大的影响。沈克成的小儿子沈亚创办了唯品会并任董事长，他的事业就与千千万万中国人的生活息息相关了。

作家池如镜，与朋友一起办有规模不小的"南方立邦"印刷公司，目前在温州同行中数一数二，温州作家的不少作品是他们公司印刷的。

作家张执任、陈瑞来、林肃、陈文波等在欧洲办公司的同时，也没有忘

在 20 世纪 80 年代初，温州涌现出一批活跃的作家、诗人。图为当年吴明华（右一）与温州的文友一起游览江心屿时的合影

记文学。譬如张执任和林肃，在做生意的同时，办有一家"世界华文出版社"，不时出版一些期刊书籍，向国内介绍在国外的华人、华文。

作家王俭美夫妇在美国洛杉矶办有一家贸易公司，生意规模还不小，有时还回到国内签名售自己写作的新书。

画家夫妇孙昌茵、冯玉薇在加拿大又开公司又办多伦多美术学院，忙了个不亦乐乎。我与我太太在多伦多时租住在他们学校的隔壁，正是世界著名的多伦多美术馆旁边。他们告诉我，在多伦多还有温州作家陈河、张翎等七八位温州文化人，常常会聚会，交流一下信息，交换一下新作。孙昌茵是我的好朋友，办《文学青年》杂志时的美术编辑，陈河、张翎都是主要作者。三十多年过去，陈河也在加拿大办公司，张翎虽说当医师，却也协助她先生办公司。难能可贵的是他们都有新作出版或发表。孙昌茵的画册、张翎的长篇《邮购新娘》、陈河的短篇和随笔等，真是为商为文都日见精进。前辈作家何琼玮先生在反右派运动之前是《温州日报》编辑，作为编剧整理、修改了温州瓯剧的传统剧目《高机与吴三春》，打成右派之后去办厂做生意，平反之后又编剧又写书，还跑到法国巴黎去定居，一边做生意，一边写文章，顺境逆境都活得很潇洒。

林虹先生是前辈音乐家，打成右派之后下去劳动，不时将宋词谱写成可以唱的曲子。他与我、沈克成等是忘年交，谱成之后总唱给我们听，宋词之精髓非常传神。事隔30多年后于2002年整理出来，由上海音像出版社制成光碟发行，很受欢迎。接着又将当时写的6个中篇小说结集在香港出版，题为《失落在青春路上的故事》。顺境时音乐是专业，写作是业余，逆境时必须养家糊口，音乐与写作是玩票，丰富自己的生活，这就是温州文人的一种活法。林虹先生于2014年1月以90高龄逝世。

写《末代大儒——孙诒让》的胡小远、陈小萍夫妇在该书的后记中有如下的一段话："一个秋天的傍晚，我们从居室北窗面对玉海楼的时候，突然决定放弃当时的生活，去写孙诒让。而在此之前，我们在工作之余经营着一家生意尚可的文化公司。"玉海楼是孙衣言、孙诒让父子修建的藏书楼，就在他们夫妇家的窗口就可以看到。他们为一种理念放弃公司，这也是温州文人的一种活法。

温州市文联副主席、青年作家钟求是，原先在一个权力部门工作并且很有升迁的机会，却为了写作而放弃，来到了文联这个清水衙门。

温州市文联另一位副主席、现在写作锋头正劲的作家王手（吴琪捷），著名的大型文学期刊《收获》连续两期发表他的中篇小说，在文学界产生了很大的影响。可他却未忘"为武"，一直支持他夫人办实业公司。

因为我从文化界出来，所举的例子都是文人，其实如教师、律师、医师等也都是知识分子，他们的专业便是"文"，但温州的这些知识分子似乎与别处的不相同，他们常常也同时在"为武"。譬如我大妹妹是医师，业余时间在炒股，小妹妹是教师，业余在炒房，都是"文""武"兼顾。

童平宇、郑效军几位都是温州鼎鼎有名的大律师，我与他们相交的年头都很长了。知道他们除了"为文"的律师一行以外，也在投资其他实业或借助企业的力量"为武"。

瞿佳教授夫妇我都认识，曾任温州医学院院长（现为温州医科大学）。按地域来说，温州医学院是个地方小医学院，与那些全国重点的医科大学不可同日而语。但温州医学院在瞿教授的领导下办得比一些全国重点的医科大学还有声有色，特别是在眼视光学方面。

据我所知，他的办学独特之处便是亦"文"亦"武"，"文"是抓教学质量、学科水平，"武"便是走向社会，"经营"学校。

至于名医师、名教授、高级工程师、高级经济师出来办医院、办学校、开工厂、开公司的则更多了。温州的民营医院、民办学校比例之高全国少见便是明证，这里就不报流水账了。

当然，像著名诗人唐湜、莫洛，儿童文学家金江，作家渠川，诗人叶坪、高崎，还有散文作家章方松，他们专心"为文"，从不"为武"的人也不少，没有人讥讽他们"穷酸"，他们也深受社会的尊重。

总而言之，温州的文化人是具有特点的一个群体，他们比别处的文人更潇洒、不拘泥，不会抱着"万般皆下品、唯有读书高"的古训，也不会认为"百无一用是书生"。作家、记者、老师不时去炒一下房，赚了钱也不忘写作与授业传道。当年媒体对黄宗英在蛇口办公司的事进行评论，有称为"不甘寂寞"的，黄宗江、黄宗英兄妹几位具有温州人的特点，不能以"不甘寂寞"来论之。

"无恒产而有恒心者，惟士为能。"即指文人凭借的就是他们的知识，孜孜于道，参与政治活动与社会生活。温州的文人已经跳出这个窠臼，他们既办企业，从事经营活动，成为有恒产者，但仍有恒心，积极入世，参与政治活动。既志于道，也志于用，可谓独树一帜。

孟子称孔子为"圣之时者"，大约是指他能跟上社会与形势的发展。温州的作家是"文之时者"，当然这话是我杜撰的，意思大约还能明白：他们为文为人都能"新异趋时"，不拘泥，不局限，放得开，因而很潇洒。有时，翻看他们送的新书、画作，或听到他们出书、办公司的消息，我总是既佩服又羡慕。我勉强也算是他们这个群体中的一员，但只能是"敬陪末座"。我办公司至今，总是如履薄冰，如临深渊，小心谨慎，努力工作。虽然有时不免心动手痒，却一直不敢动手写作，怕两头都弄不好。

第十二章　十个温州人九个是老板

——温州的老板（一）

喜欢给自己打工的温州人

老板是温州成年人中的主要群体，温州的繁荣及其在国内外的影响力，是由这个群体造就的。这个群体人数众多，年龄跨度又大，是我闲说的重头。先来说一说温州老板的类型。

早年在深圳有这样说法：树上掉下椰子，砸到十个行人，有九个是总经理，还有一个是副总经理。深圳的行道树有好多是椰子树，这句话指的是深圳的经理人之多。还有一句话形容我们国人从商的热潮：十亿人民九亿商，还有一亿待开张。这两种讲法都很形象，当然也是夸大其词，如果按人口比例来计，可以说温州的老板绝对是全国最多的。

老板按《辞海》的解释是：旧时称商店、工厂的所有者；又佃农称地主，雇工称雇主，亦叫老板。现在，这个老板的叫法范围似乎还在扩大，机关中许多人把自己部门的领导都叫作老板了。虽然媒体发表文章批评这个现象，但好像干部们并不以为然，仍然这么叫着。不过我这里要说的老板是指前者，你开有商店、工厂、公司，你是企业主、投资人、管理者，或者其中之一之二，你就是老板。

照说股票的拥有者也是老板，你拥有这个公司的股票，便成了这个公司的股东。可不知为什么，炒股票的人不认为自己是老板，旁人也不会认为炒股票的人是老板。我父亲炒过股，我妹妹也炒股，两人曾经常在电话中讨论、交流炒股心得，却从来没有做老板的感觉。如果是股东，这个股东不好当，自己没有主动权，常常被套住。他们是小本经营，套住了便转不动，电话就少了。我们的股市似乎还不成熟，再说我也从未炒过股，根本不懂股票和股市，也不知从何说起。

老板有大有小，大的如"正泰"的南存辉、"德力西"的胡成中他们，年营业额达几百亿。小的如开几个小超市，夫妻俩加上几个营业员，就是老板。而在温州人的概念里，无论大小，都希望自己做老板，做老板是他们的目标，因为做老板和当雇工的感觉不同，是两码事。外地人评说温州人，套用一句俗语："宁做鸡头，不做凤尾。"温州人都想有做老板的感觉，不想做雇员，这句话真能概括温州人的特征。当然，这句话通常还用来比喻温州人企业不愿意被整合，温州老板想自己做的居多。

现在有些干部说自己在政府打工，这话虽然没错，但说的人未免带点自豪的成分——"以退为进"，因为你只对顶头上司负责。你对许许多多来找你办事的人来说，你就有老板的感觉。特别是在权力机关，你的自我感觉会更好，人家来办事的未开口先献笑脸，小心翼翼地跟你说话。你也许会说现在政务公开，有些事情规定多少个工作日办完，这话虽然没错，但不办完你有很多理由，而且全市办这件事就要到你这里，要卡也就会卡在你手里，谁敢得罪你。我们的老百姓都很好说话。你的感觉不是打工，还是老板。即便对顶头上司，你的感觉与真正打工的还不一样，你只是在工作上听他安排，他可以批评你，但没权力开除你，因为你捧的是铁饭碗，你还可以要求换个地方，或在干部考评时，面对组织部门，可以告顶头上司一状，出口恶气。所以我在前面的文章中提到过，老百姓不能真把自己当主人，否则吃亏大了。但是，如果你是真正意义上的打工者，说话就大不一样了。以前温州的大部分人是很难找到工作的，我在前面说到过，因为政府不在这里办大企业，不搞大规模的基础设施投资，而当干部能有多少岗位？温州人只好自当老板，哪怕当个小小的老板也比打工自由。如我有间小铺面，曾经租给一位文成县来的人开杂货铺，他们夫妻从早干到夜里，反正吃住都在这里，门开着就是，但有时也关上门，自己给自己放假一天，老婆回乡下娘家看生病的父母，老公就偷闲打个牌什么的。当老板忙是心甘情愿，但也相对自由。温州人生性活泼，爱好自由，又有这种许多年形成的习性，所以大多愿意自己给自己做主，哪怕是当个小小的老板。

　　可惜我找不到温州人当老板和打工的具体数字和比例。但我们可以这样来分析一下：我在"中国的犹太人"一章中已说过，除少数外，温州的青壮年人中一半左右在外地或外国，这部分人打工的很少，有也是短期的，自己开店办工厂是他们的目标。留在温州的人怎么样呢？就连出租车现在基本上由外地人开了。

　　有那么十几年时间，代理品牌开店也是当老板的方式之一，在温州，代理品牌的人还不少。"红蜻蜓""高邦""夏梦"等，都很有名气，是全国有影响力的品牌，我在某个省、某个市、某个县来代理你的品牌，开个专卖店或连锁专卖店，我借你的品牌做生意，你依靠我来扩大你的市场占有量，相互依靠，各得其所。有段时间，"高邦"服饰的老板朱爱武就称自己是"八一"老板，在全国各地，高峰时八天就出现一个"高邦"连锁专卖店，而且越开越多，从北京、上海开到省城，再从省城开到市、县。全国两千多个县，一个县不只一间专卖店，这队伍有多大可想而知。温州的知名品牌又多，像"正泰""德力西"这种集团公司，之所以能做得这么大，销售额这么高，就靠这种代理商，这是他们的营销网络，几乎每个大公司都有这种营销网络。

　　温州是"熟人社会"，一种模式做成功了，可以迅速复制跟进，很快就把一个垂直领域占据了。

　　社会上流行着很多温州人的传奇故事，多是大手笔和大规模的，甚至于"唯温商马首是瞻"。如"温州炒房团""一万温商闯迪拜"，就是这种熟人带熟人、亲友带亲友的模式。

　　在浙江的其他地区"一乡一品"的特征也很明显，一个人或者一个企业或者一类产品做成功了，很快被复制，进而在一地形成规模。特别有代表性的是，当年永嘉县"弹棉郎"，积累资金的同时，这种弹棉花的辛苦活也随着社会发展被淘汰了，这批人先是做"小百货店（摊）"，后来有人发现"超市"商机，这批"弹棉郎"最早转型做超市，很快被复制，如今永嘉县十多万农民在全国各地开超市。

　　永嘉县花坦乡廊一村的朱清众于1998年在瑞安梅头开出永嘉人的第一家超市"上海华联超市连锁店"后，从此成就了永嘉县"中国超市第一县"的美誉。朱清众与亲戚以前是在上海做小百货生意，得知朱清众的瑞安超市生意火爆后，原来一起开小百货店的花坦乡老乡，便纷纷关闭了坚守多年的小百货店生意，转型开起了超市。其中花坦乡、枫林镇、大若岩镇农民，目前在江苏、上海、安徽、浙江和福建等地开出超过一万家超市，永嘉县的超市行业年销售额最高时估计超过 300 亿元。这几年马云的淘宝半路杀出，超市行业遭遇巨大的冲击。

在西班牙、葡萄牙等地做超市的很多是青田人，发展过程也类似。

温州制鞋业做大了，就有各种配套产业，如鞋料市场、鞋机市场和大批的鞋业工人，就有了规模，配件质量和价格、熟练工人就有了竞争力。2015 年，全国工商联副主席林毅夫到温州来，他是著名的经济学家，担任过世界银行副行长，温州方面召集一些大企业负责人参加座谈，林毅夫副主席是来做调研，对制造业转移到非洲很关注。温州多的是劳动密集型产业，比如制鞋业，非洲劳动力丰富又便宜，原材料皮革似乎也丰富。这样想起来，转移到非洲前景很美好。并且举例说明在埃塞俄比亚东方工业园的华坚鞋业，就是从东莞转移到非洲做成功的例子。但在场的温州著名制鞋企业巨一集团董事长潘建中说，尽管温州制鞋企业做得艰难，但还是有生存空间，因为温州制鞋产业成熟，配套齐全，配件成本低并且方便，不少企业还是不愿意把企业转移到非洲。尽管在非洲劳动力成本低，可以抵销部分成本，还可以规避诸如出口到发达国家的贸易壁垒，甚至享受零关税。其实温州的优势体现在"集聚优势"，离开温州就可能会失去这种优势。温州就在这个氛围中产生了温州的大企业、大品牌。不过，潘建中对缅甸还是感兴趣，缅甸是我们的邻国，劳动力资源丰富，人文更是与我国接近，已经去考察了多次。

前面说的这种代理品牌的老板有大有小，如果实力强的，代理某个省的经营权，就是一方的诸侯。如我的一位年轻朋友胡晓武，代理的是"红蜻蜓"的新疆经营权。新疆地域大，还可做边贸的生意，将货物远销中亚各国，生意做得很大。2004 年夏天我携太太和我小妹妹到新疆玩，他派了一个司机和一辆车全程跟着我们，还与他的新疆各地的朋友联系好，在石河子、阿克苏、吐鲁番等城市，都有他的朋友盛宴招待我们。他送给我们的吐鲁番葡萄、达尔曼的香馕，令我太太至今仍赞不绝口。他的实力可以略见一斑。

如果取得的代理权仅仅是一个地区或一个县，或是从代理商那里分个连锁店来做，那实力就大打折扣了，这个老板就不容易做大。这种代理品牌的老板，算是老板队伍中的地方守备部队。有了他们，温州货才走遍祖国的山

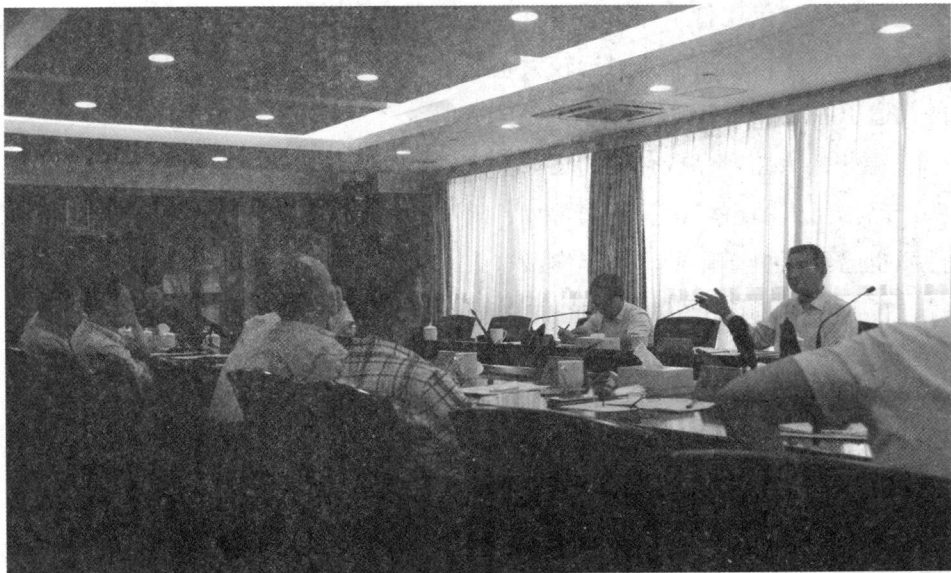

2015 年 6 月，全国工商联副主席林毅夫到温州调研，就主要议题"劳动密集型产业转移到非洲"，与温州企业家们座谈调研

山水水，延伸到每个市县。

如今，随着电商的兴起，一些曾经生意做得红红火火的品牌经不起数量庞大的连锁店的负担，纷纷收缩规模，一些地区的代理商难以为继。原来的小加盟店异军突起，这些人往往年纪轻有头脑，整合资源迅速做大做强。"互联网+"时代就是一个机会，"机会总是给有准备的人"，首先你也得是这个行业内的人，熟悉这个行业，看到机会的苗头，才可能抓住机会。

也有一些老板，因为做着这个生意，尽管这个生意现在变得不好做，但他有这个平台，在他面前机会很多。前面提到的这个年轻的朋友，在新疆，他就把生意做到了周边的国家。中亚地区这些年，与中国的经贸来往很密切，温州有一批人在这些地方经商办厂，在资源比较丰富、人口较多的中亚四国中的乌兹别克斯坦，就有温州人开的鹏盛工业园。

温州靠家庭工厂起家，改革开放大约前 20 年时间里，有稍微上了点年纪的人，不大想冒风险，自己又有某方面的技能，就办个小工厂，如摆放几台冲床、线切割机床什么的，代人加工零配件，自己既当老板又兼技工，雇一二位助手，坐山门"老等"，总会有人送图纸过来加工的。没有技术科，也不需要营销部，但这种老板仅仅比打工好一些，日子过得无忧，又能让自己做主。如今这类企业也转型了，被当地或附近较大企业"收编"，或加盟或做代工，做其中的几道工序或某几个配件。

温州的大路产品或传统的工业品，以前有许多人做零配件做得很大。这些产品温州人的市场占有率非常大，出产的数量、品种非常多，而且生产的性质也已经托拉斯化了。当年你做打火机壳，我做电子配件，他做点火部分等，然后由一家厂总装并出口或推向国际市场。虽然牌子是总装这个厂家的，如很有名的大虎打火机。但做配件的并不一定小，有的人同时替十几家打火机厂生产配件，这老板也算挺大的了。温州有位作家叫吴树乔，就是做打火机配件起家的，后来做眼镜。这两种产品在一个时期内都是温州传统的产品，在全国乃至世界上的市场占有率都很大。

温州有两位90后女孩子，做跨境电商卖温州制造的太阳镜，品种繁多，样式很好看，做得很大，网上卖到国外，价格是一美元。在温州，太阳镜是历史悠久的产业，现在的设计技术非常先进。随着电商的兴起，客户变得众多，而一次采购量变小了。传统行业，市场还是有那么大，只是营销模式变化太大了。

电动车行业大发展，全国各地牌子很多，这个产品有一个特点，市场销量很大，技术门槛不高，各个地方的品牌占据各自市场，全国性知名品牌反而不多。就是同一个地级市里面，临近几个县，知名品牌都可能不一样。谁先进入该地，谁先占有市场份额，谁能做好服务，谁就可能先入为主。温州北边的台州，是"中国塑料（产业）之都"。电动车的塑料部件，各地厂家都在这里找代工。

民兵、集团军和多国部队——各式的温州老板

"一村一品，一镇一业"，指的是一个村基本上都生产这个产品，一个镇都搞这个行业。如苍南金乡，大多生产商标或标牌徽章之类；宜山，由"平阳布"发展到大多生产腈纶衫；平阳萧江，大多生产塑料编织袋；瑞安塘下搞汽摩配件；场桥生产羊毛衫；湖岭做眼镜；永嘉桥头生产纽扣和服饰，等等。发展初期一般是有人组织，有人领头，家家户户摆机器生产。有人负责进原料，

有人负责销售，大家都是老板，又各自不能独立，必须相互依靠。

这种老板随着行业的崛起而崛起，随着行业的衰落而衰落。但在温州，行业整体衰落的似乎不多，都在升级转型。因为他们生产的大部分是老百姓日常生活需要的，虽然产品档次不高，价格却很低廉，因为规模化，外地同类产品难以与之竞争。国内生活水平提高了，需求改变，但他们的低端产品仍然可以出口落后的发展中国家。所以他们这种"集体老板"也在继续做下去，可以说这是老板队伍中的民兵。他们分散开来有的可以说是老板，有的只是独立劳动者，合在一起的时候力量是巨大的，有可能让"敌人陷入人民战争的汪洋大海中"。

我的老朋友陈钏进，原先是温州标准件厂厂长，后来自己开标准件的销售店，再后来就替他外甥打工，管理外甥公司下属的一个眼镜配件厂。温州人就这样，名分不要紧，赚钱要紧。配件生产做大以后自成一个独立厂，既为外甥生产配件，也为其他公司供应配件。工厂工人上百人，不算小了。那年他家搬新居，邀请我们这些老朋友聚餐，并准备了从100度到300度的老花眼镜让大家自己挑，这些老朋友个个都有点老眼昏花了。正因为温州的产业结构形式，温州产品的市场占有率越来越高，竞争力越来越强。一个工厂做一种零部件，专业性强，质量就会好，成本就比较低，然后由一家厂装配产品，比之那种小而全工厂的产品，质量更高的可能性就大些，基本上都形成了这种托拉斯。并且各有自己的行业协会，老板也随之被称为某界或某业的老板，如"眼镜界老板""笔业老板"等。这部分老板是温州老板队伍中的方面军。

主力部队当然是那种有自己的生产基地、自己的知名品牌、自己的营销网络的大公司的老板们。全国民营企业500强中的温州企业有几十家不用说，老板都是全国知名的企业家。还有些是行业的全国百强，也是规模很大的企业，如制锁业、制笔业、制衣业、制鞋业等等，温州企业都在100强或200强中占有一定的比例。那些公司的老板与前述的500强一样都是大老板。但从主力部队来说，有些企业在内销的排名上很难说老几，但在外销出口的排名中高高的。如我所认识的东艺鞋业有限公司的老板陈国荣先生，就是一个典型的例子："东艺"皮鞋在国内的知名度不及"康奈""红蜻蜓""奥康"等，但他的"东艺"以出口为主，在国外有很高的知名度，一年的外销额达到五千万美金；又如"华士"西服、"法派"西服也是如此。

有的老板没有排上名，因为涉及的行业多，在某个行业排不上名，但总体实力很强，如"神力"集团的老板郑胜涛就是如此，所以会被选为温州总商会的会长。又如"三虎"公司，既做房地产，又做搅拌混凝土，涉及面也很广；还有如赵章光家族，由"章光101"生发酊起家，涉及房地产、制药等行业，做得也很大。赵章光有5个子女，女儿赵胜慧漂亮能干，在广州开了一家化妆品公司，还是广州温州商会执行会长。温州诸如此类的公司不少，他们也应当是主力，可说是集团军。

还有的老板既没有排名，知名度也不高，但他们正在悄悄地崛起。他们低调行事，比如在全国各地搞房地产开发的温州人，搞实业的温州人，开大酒店的温州人，等等。他们榜上无名，也不愿意宣传，很低调，但实力绝对是很强的，否则也做不成这么大的事业。散布在全国各地，星星点点，你不知道他们的数量，更无法摸清他们的底细，只有在某日他们中的一位突发奇想，有了一个令世人瞩目的大动作，他的财富或是能量才如冰山一角浮出水面，让我们整个温州大吃一惊。

下海这些年来我边做边玩，跑遍了全国，信息量是相当大的，遇到的温州企业家不少。有在某市或某县是荣誉市民，有在某市担任名誉市长，至于挂着政协委员、杰出贡献的企业家等头衔的人更不少。这是笔巨大的财富，在温州却不知名，他们可以称之为老板大军中的地下工作者。

我认识一位在西北养蜂的温州张老板。一般养蜂人是不会被人称为老板的。大家都知道，养蜂非常辛苦，蜂随蜜源走，养蜂人便要风餐露宿。在野外，吃不好，睡不好，也不可能穿得好。有时忙得胡子来不及刮，一张黑炭似的脸，演张飞、李逵都不用化妆，人家不把你当成乞丐已经是很好的了。但张老板近几年连续承包了西北几处的几个蜂产品厂，每年的产值论亿的，不称老板称什么？与张老板异曲同工的几位瑞安农民，在黑龙江承包了近四万亩的农田搞种植与粮食深加工，不称老板称什么？我在山东淄博、莱芜一带坐着汽车转，看到一个大烟囱，问陪同的一位副市长，这是水泥厂吧？他说是，你们温州人承包的，年产多少多少万吨；又看见一个高烟囱，这是陶瓷厂吧？他说，你们温州人承包的；又看见一处大水面和旁边的大片农田，用铁丝水泥桩拦着，我说这个农场挺大的。他说是，你们温州人承包的，立体生态农业园区……这些承包者应当也是不小的老板。山东的一位熟人见了我直摇头：你们温州人无孔不入，"太可怕了"。他们认为"可怕"的老板，都是老板队伍中的生力军。20 世纪 80 年代，我们在写《遥望温州》时曾提到，"温州人会有一天承包全中国"。当然，这仅仅是一种豪言壮语，但说全国各地都有温州人在搞承包，这已经成为事实。从小水塘、小山包，到数万亩农田；从小商店、小柜台，到整个百货公司；从小部门、小车间，到整座大工厂，都有温州人在搞承包。

在世界各国做生意的温州人，只能称为"多国部队"了，虽说这个部队比较复杂，却也可以分类。这支老板队伍人数有数十万，从事的行业主要有几大类：餐饮业是大头，其次是进出口贸易，接着是皮革箱包和服装鞋帽业加工贸易。海外温州人的销售网络——温州这边称之为侨贸，是温州外贸早期的主要支柱。除这四个行业之外，其余的便是散兵游勇，老板的人数便少得多。如我有熟人在巴黎开首饰店，在纽约开礼品店，在多伦多开工艺品店，还有办麻将馆、洗衣房、中文学校、针灸诊所，等等。

温州的老板五花八门，一时也说不清。"人不可貌相，海水不可斗量"，这是许多外地人对温州人的评语之一。确实，温州人并不高大威猛，也不大会豪言壮语，有的还现出一种木讷猥琐的神情来，往往会将人们的感觉引入歧途。一旦他们做出了大手笔的事业来，譬如在北大荒承包几万亩农田，便会让人大吃一惊，所以会有这样的评语。

游兵散勇与鲶鱼效应——也说温州"炒房团"

房东当然也是老板。温州人不大爱炒股，却爱炒房。炒股费时费力，还要冒很大的风险，并且需要一定的知识，不像炒房那样直观。炒房省力省时。有句顺口溜，与我前面提到过的"四大傻"属姐妹篇，叫作"四大背"（背时的意思）："炒股变股东，炒房变房东，泡妞成老公，练功练了某某功。"炒房变房东，不管怎么样房子总在，一时卖不出去可以出租，也可以自己住，炒股变股东就麻烦了，可能你手中的股是垃圾股，不值几文。所以温州人中股民不多，本世纪头十年在北上广炒房的多。当年海南博鳌论坛正兴起的时候，博鳌拍卖 16 幢海滨别墅，都是开论坛会时外国元首住过的。当时价格每幢由几百万到 1000 多万元不等，大多数由温州人买走了。开始时还不知道，因为有些是北京公司过来买的，后来一打听，这些北京公司是温州人在北京开的。有人也许会说，外国元首住过，这些温州老板就多了在酒桌上吹牛的本钱，这话可能也有道理，但温州人通常不会主动在酒桌上提起，一般不会拼命劝酒，这与其他地方有所不同。

房东老板也是不同的。工薪阶层省吃俭用，那些年如果积蓄个几万元，去偏远的地方买个总价 20 多万元的房子出租，用租金来还按揭款，他也就当了老板。过些年房价飙涨，买的这些房价值至少翻了几番。如前面所说的博鳌的房子，当初用几百万元买一幢别墅，交给酒店管理，租给来博鳌的大款游客居住，做"清水老板"，这也算是大老板了。20 年时间，北上广深房价涨了差不多 20 倍。当初花个几十万，在杭州或上海买套房子或写字楼出租，拿租金来补贴日用。候到房价飙升，就出手卖掉，再去买一套来。在温州这样的房东老板不少，而且大多是女的。老公做生意办公司或搞实业办工厂由他做去，自己拿钱炒炒房，既赚钱又轻松。我太太就炒过房，但似乎没赚多少钱。在温州，老公办厂，整天辛苦奔忙，干了十来年没有赚到多少钱，老婆自个儿有一帮女朋友，一有空玩个麻将，外出也是一帮人一起走，用自己的私房钱做投资，却有千万的身家。

温州的文人心眼活，报纸的编辑从广告和消息中看到了商机，就组织"看房团"，一开始带他们到上海、杭州这些东部一线城市，后来去武汉、成都、重庆等中部地区去购房。譬如《温州晚报》的购房团最活跃，举着旗子，大多是由中年妇女担纲，到哪个城市都很抢眼。

有一个标志性事件是：2001 年 8 月 18 日，特意挑选这个"发一发"的日子，150 多人特意选择坐火车包厢而不是飞机或大巴从温州到上海，一路上聒噪谈笑，抄着外人听不懂的温州话，"三个老娘客，抵得百只鸭"，车厢里十分热闹。那时还没有高铁，一路上要八九个小时，这就创造了一个很好的交流机会，大家很快都认识起来了，"谁是谁的闺蜜，谁是谁的亲戚"，原来大家都还是一家人呢，温州人喜欢认亲抱团。上海这边可重视了，上海房产协会还得到上面的指示："一定要把温州看房团服务好。"这次"3 天买走 100 多套房子，5000 多万砸向上海楼市"的消息，让上海人大喜过望，看到了美好前景。两个月后，又有温州看房团来临，成交 8000 万。

这批看房团至今仍被外界认为是"温州炒房团"的始作俑者。其实，当时的上海、杭州、深圳等地的房地产行情并不热，房子不好卖。这也是为什么当时上海有关方面指示要"伺候好"看房团的原因。当初温州人到上海买房子也不是抱着"炒房"的目的。上海是温州商人的一个"桥头堡"，温州人天然地对它有亲切感，我这本书也有不少的篇幅讲到温州与上海的关系。温州人把上海当作一个做生意的据点，要在上海抢占一席之地；同时看中上海的教育和发展环境等因素。

中央电视台还发了有关"温州炒房团"消息。当时媒体是把温州炒房团当作一个新鲜事物来看待，媒体有新闻可发，开发商卖了房子，地方政府有了税收，购房者得到了房子的实惠，可以说是一举多赢皆大欢喜的好事情。

可是这一宣传便麻烦了，本来是个别的、静悄悄进行的事闹得沸沸扬扬，媒体的消息震惊全国。也是这个节点之前，在温州实际上已有个别先知先觉做实业的老板，放弃实业集资抱团把资金投入"炒房"。据传，最早是乐清几个小老板集资 2000 万元炒房。之后房价在短短几年内暴涨，又大大地刺激了温州人，人们才有了投资房地产做生意的念头。

大约到了 2004 年，大量外地房地产商涌入温州招引温州人去购房，本地媒体纷纷响应充当桥梁的作用。一些城市便认为房价飙升是温州炒房团惹的祸，开始遏制炒房了。如上海，规定房子未造好之前不许转手；有些城市规定二手房不可按揭等。其实他们不知道，偌大的国家，温州人有多少？能掀起多大的浪？温州人的炒房仅仅是起一种"鲶鱼效应"而已，对房产市场的作用是促进，而不应该遏阻。

自 2000 年后，一方面做生意积累了不少钱，一方面制造业扩张遇到了所谓的玻璃顶或者说是瓶颈，以劳动密集型传统产业为主的温州民企利润下降，很多沦落为微利产业。温州的实业趋于衰落，社会上流动资金很多。做实业吧，利润太小，各方面制约也多，又烦又难做，手里有点钱，不愁吃喝，这生意不做也罢，于是纷纷进入房地产行业。

这就是资金流入房地产领域乃至"炒房"的大环境。温州三大晚报类报纸家家都组织过几十次看房团，房地产广告成为一大收入来源。

温州人被认为是推高房价的始作俑者，老百姓骂娘，媒体炮轰。一位专家撰文写道：

"温州炒房团"起到了"鲶鱼效应"的作用

住房事关国计民生，房地产市场又和股票市场一样容易产生价格操纵行为，这正是房地产市场需要政府外部监管的原因所在。……和股票市场一样，房地产市场的投资者也普遍存在"典型示范偏差"和"羊群效应"等心理现象，通俗地说就是追涨杀跌。这种心理规律使得房地产和股票市场的价格操纵行为容易得逞，而这又正是房地产市场和股票市场需要政府外部监管的理论依据。……温州炒房团利用资金优势左右房地产价格牟取暴利，该行为和股票市场的庄家行为如出一辙，构成了操纵市场罪。

分析似乎也不算错，但"温州炒房团"所起作用被大大地高估了，也不是高房价的根源所在。

各地开发商来温州招商，甚至还有自己组织"温州炒房团"造势，邀请一些温州人过去玩，对外称"温州炒房团"来了，制造紧张空气。当然这些受到了好吃好喝接待的温州人，也很配合，临了还拎了大礼包回去。

渐渐地，"温州炒房团"被舆论妖魔化了。

回过头来，我们说说什么叫"鲶鱼效应"？卖鱼的人，特别是长途贩鱼的人都知道，也许他们不用这个词。一船舱的鱼或一大车的鱼，譬如说鲫鱼吧，在运输过程中主人往往会在里边放上几条鲶鱼。鲶鱼无鳞，黑黑的，嘴边有触须，生命力特强。长途运输过程中那些鲫鱼会昏头昏脑，很容易泛白，鲶鱼却会东游西窜，将一舱死水搅动，鲫鱼们便也兴奋起来，摇头摆尾，运到目的地还是活蹦乱跳的，否则便有可能是死鱼一堆。这就叫"鲶鱼效应"。

温州人的炒房在整个房地产市场所起的作用便是鲶鱼效应，很有必要。多年做房地产行业，我深知个中道理，我在山东的房地产项目就给我这种启示。山东的中小城市房地产市场并不活跃，我们所造的小区是全部竣工验收之后推向市场，人们才来挑挑拣拣的。本世纪初一套总房价才 20 万元左右（即每平米 1000 多元），有的人手头已经积到 18 万，还是不敢来买。按揭？万一还不出钱不是房产要让银行收走吗？人们疑虑重重，说明市场一潭死水，直至 2004 年才有点激活，我们的小区便卖光了。如果有温州人去炒一炒，市场会激活起来。

温州本地的房价从 1998 到 2001 年，价格从 2000 元左右飙升到 7000 元，这是一个有代表性的阶段。这个阶段，上海内环的房价还在四千以内。

2010 年温州的一个楼盘房价每平方 2 万多元开盘，涨到 3.5 万的时候还杀进一批炒家，而房价到了 4 万多一点就开始一路下跌，最后价格又跌到 2 万多。一些人的房子最后让银行给收走了。

2010 年 10 月，温州瓯江边上的豪宅鹿城广场二手房售价达到了每平方 9 万多，供不应求。2018 年鹿城广场跌到了 4 万多。10 年前，这里第一批房源开盘时，均价是每平方 4.5 万。十年徘徊，价格回到原点。

可见炒房风险很大，炒家没有只赚不赔的生意。借钱炒房的，房子压在手里出不去，利息要月月付。投资开发房地产同理，套住了，从此一蹶不振的也大有人在。后来房地产市场又活跃起来，一些一线城市一年间房价飙升百分之二三十，一套房动辄几百万上千万，不是轻易可以炒了，这就不是"温州炒房团"所为了。

再说那些自生自灭的小老板炒房，有的为养家糊口，填补了市场的空白点。有的又是玩票，可以做时就做，不能做时就罢了。这些老板抗风险的能力不强，人数不定，有的可能今天是老板，明天又得去找工作了。

不像内地许多人想象的那样，炒房的人个个是老板，个个都赚得盆满钵满。有许多是大妈，也不是一掷千金，而是多方选择，买或不买，常常是很纠结。一有机会就互相打听取经。

记得当年有来自温州的农民到上海买房，售楼小姐见到的是一批土里土气、挎着皮包、神情木讷的农民，满怀的期盼一下子就变成了沮丧。但见他们简单看了一下房子，就从皮包里倒出一捆捆现金签单，售楼小姐惊愕得不知所措。这些温州乡下的农民脚踏实地，实实在在积累了一笔钱，都是很朴实的人，买房主要是为了保值增值。邻里乡亲来到上海还要做邻里乡亲，这也是他们抱团购房的一个重要原因。村里的领头人，事先也考察了，领头人都看好了，大家过一眼就行。所以和温州人打交道，各个圈子里的关键人物很重要。温州乡村的一批老太太没有什么文化，却是当地"金融经纪人"，经过她们的手，几百万上千万一下子就调动过来，称得上呼风唤雨。只是在后来温州出现金融风波，不少人都套了进去。

也有的自炒房开始，弄明白后，后来自寻地块建房做房地产开发，成了真正的房地产商。这些老板我称之为老板中的散兵游勇，但老板队伍中少不了这批人，并且数量还不少，起的作用也很大，同样在业界起到了"鲶鱼效应"。

沉浸在生意当中要稳得住，不能被声势牵着鼻子走，但要顺应形势，顺势而为。

第十三章　也说白手起家

——温州的老板（二）

历史上的温州老板

　　有关温州老板的书现在是很多了，大致上是一个模式的，似乎都是怎么样白手起家，如何聪明，做生意都有锦囊妙计，天生就是商人，手到擒来，甚至只赚不赔，篇篇都是华章，又如何艰苦奋斗，最后成就了一番事业。我们办《文学青年》杂志时就曾出版过几个专辑，叫《星星之光》，就是写这种"白手起家"的。那是 20 世纪 80 年代中期的事，至今又有多少此类的作品可想而知。但可以说，这种不是温州人乃至不是浙江人撰写的文章或者书籍，大多不接温州的地气，温州人看了觉得不是那么一回事。大概更多的是，内容是温州以外、浙江以外的人想象中的温州，很多图书，编撰者本身没有做过生意，对于经商的事情就没有切身感受，用现在的话说，就是不知道"痛点"在哪里。因为对温州的地域文化不了解，所写的一些解析温州人的文章，其实只是作者自身的经验。

　　温州在 1949 年以前确实没有"现成老板"。只是我不想再炒冷饭，所以不再说谁的发家史，只就我所熟悉的人和事来描述一下这个白手起家的群体。

　　先说历史上的温州，温州是在第二次鸦片战争后被辟为通商口岸的，现代西方式的资本经营模式应当从此时开始。但这个"瓯"仍旧在很大程度上制约了温州的发展，就连孙诒让先生办的实业也无法壮大，更不会出现如胡雪岩这般的大商人、大老板了。温州后来有点名气的老板都是 20 世纪二三十年代起家的，因为那时已经有了现在这种铁壳大轮船，交通问题一解决，温州才可以与外界互通有无。改革开放才能发展，一点不假，闭关自守，永无出路，何况温州的闭关还是双重的，既有人为的因素，又有地理条件的制约。温州现时有名的五马步行街那些颇有特色的建筑，便是 20 世纪二三十年代大发展的见证。有一个观点认为，温州人不是"中国的犹太人"，就是认为温州历史上在商业方面没有辉煌的成就，是最近几十年才发展起来的，其实温州在民初，工商业发展也是很快的。

1949 年前温州的老板是白手起家的。1949 年后，一个运动接一个运动，目标和对象都是地主、资本家和旧政府人员，他们的资产不可能留给子女。避过前面这些运动的老板，到了 1956 年的社会主义改造，他们的企业全部实行公私合营，合营后的老板对企业没有管理权，管理权在公方代表手中，而且企业的盈亏与资方无关。也就是说，哪怕赚再多的钱，他们也拿不到，他们只拿定息。所谓的定息类似于现在的股息，一般按年息 5% 来支付。但我不知对资本家的企业价值是如何评定的，反正他们能拿到的定息只是一笔很小的数字。

吴百亨先生（1894—1973 年）是温州最有名的民族资本家，也是温州最大的资本家之一。7 岁丧母，10 岁跟继母到教堂洗礼，随后进入教会办的崇真小学堂读书三年，后被迫辍学，便替人牧牛放羊。17 岁时因在教会学校学习过略懂英文，进入温州五马街一家西药房当学徒做杂务，干了 10 年，不仅懂得了生意门道，而且学会了配制成药的技术。后自立创业，最盛时开有西山瓷器厂、百好奶厂、远东蛋粉厂、西山造纸厂、百好酿造厂、五洲大药房、中国食品罐头厂等工厂和商店。

但他的出名和贡献不是所办的工厂数量多，而是他的"擒雕牌"炼乳。20 世纪 20 年代，我国工业相当落后，还不曾有乳制品生产，英国的英瑞公司出品的鹰牌炼乳独霸中国市场。吴先生下决心试制炼乳，并取得了成功。1926 年 9 月，在五马街百亨药房门口，正式挂上了"百好炼乳厂"的招牌。继之又在书法家马味仲等友人的帮助下，设计了一幅红日喷薄而出，中国人的一只大手，擒住了在空中腾飞大雕的利爪这样一个图案商标，取名"白日擒雕"，并在南京国民政府工商部商标局注册。"擒雕"一投入市场，便被顾客抢购一空，吴先生尝到甜头，便雄心勃勃地扩大再生产，边向民间筹集资金，边选择有丰富奶源的瑞安马屿区的沙垟地方，建起了颇具规模的厂房。

1939 年吴百亨先生在温州创办了西山瓷器厂（黄瑞庚　供图）

从此，沙垟就成了中国乳品工业的第一个基地。1919 年，擒雕炼乳获中华国货展览会一等奖，次年又获西湖博览会特等奖。英瑞公司见擒雕炼乳生意兴隆，挤占了飞鹰炼乳的许多市场份额，便以"擒雕"系盗用"飞鹰"商标为由，向中国商标局提出控告。官司足足打了 4 年，终于以吴百亨先生胜诉而告终。此事当时在全国引起轰动，认为长了中国人的志气。

　　困难的还不是打官司，而是以后的不正当竞争。英瑞公司凭借自己的实力，先以削价倾销的方法，企图使百好厂破产，吴百亨先生针锋相对，顶住了这一招。接着英瑞公司串通福州亚士德洋行的老板，将百好乳厂的 4 万多听炼乳购去，囤放起来，待到变质了再向市场抛售，企图以此败坏擒雕牌的声誉。吴先生毅然派会计陈玉溪前往福州，将这批炼乳购回，统统抛入闽江，并赔偿亚士德洋行的所谓损失，一下花了两万元大洋，相当于全厂资产的三分之一，却轰动了整个福州工商界，国货擒雕炼乳的信誉卓著。英瑞公司见此计不灵，又生一计，派遣它的东方特派员偕同中国买办来找吴先生，出 10 万大洋收购擒雕牌商标。这 10 万大洋相当于吴先生当时的全部资产，确实是一笔大数字。但吴先生是有骨气的，并未见钱眼开，擒雕的牌子绝不出卖，对方只好悻悻而去。

吴百亨先生确是不可多得的民族资本家，问题是民族资本家也是资本家，解放初期还这么称呼一下，当时他还是浙江省政协委员。到 1957 年他便被戴上右派的帽子，到了 20 世纪 60 年代后期全家人从家里被赶出去，住到温州城区山前街的一间牛棚里。要知道，我这里说的"牛棚"不带引号，并非"文革"中关押所谓"牛鬼蛇神"的"牛棚"，而是真的将牛棚给他们当住房。

20 世纪 80 年代，我的朋友何琼玮先生据此写了多集电视剧《吴百亨》，吴百亨一角由达式常饰演。达式常长得英俊潇洒，但吴百亨先生更魁梧伟岸，白白的，额角很高，具有一种大企业家的风度，这是达式常所无法表现的。

后来我看到一个资料，讲了打赢官司的经过，这个官司体现出温州人的精明，摘录下来供读者参考。

特别是民事官司，举证责任在当事人，"谁主张，谁负责举证"这是一条基本准则。英方提出：鹰、雕均属飞禽，外形相似，容易引起消费误导，故对"擒雕"商标权应予撤销。吴方除了从"鹰、雕"是不同鸟类进行反驳外，最重要的是抛出了一个"重型炮弹"："擒雕"是我先注册的，要论侵权，也是"飞鹰"侵权。

英国人当场就被炸晕了！原来，当时的国民政府推翻北洋政府后，曾发出一份通告，要求曾在北洋政府时批准的外商的商标，必须在 6 个月内重新登记。"百好厂"趁这个机会，申请登记了"擒雕"注册商标。而英国的资本家当时在中国势力很强，傲慢的英瑞公司根本无视这一法令，没有重新申请核准。因此，百好厂最终打赢了这场官司！

据吴百亨先生的子女说，吴先生每年能拿到的定息也仅仅是几百元人民币，加上每月发给他的 100 多元工资，一年总共能拿到的钱不过 2000 多元。这笔钱到 20 世纪 60 年代后期就没有了。我父亲是西山瓷器厂（后来改为西山陶瓷公司）的高级技师，专门设计窑炉的，与吴先生的关系很好。1968 年，两人被关在同一个房间，我经常去送吃的东西，两人一起分享，他家送来的也是一起吃。我母亲与吴先生的三太太是好朋友，一直来往到三太太去世。吴先生的大孙子叫吴邑，我在本书前面提到过，在意大利做生意，是我的好朋友，但吴百亨先生的小儿子叫我老师。也就是说他的孙子比这个小儿子大得多。我知道吴先生有三房太太，每房太太生有 8 个子女，24 个子女拿他的每年 2000 多元钱，能有多大作用，能当什么老板？

1917 年，许漱玉买下五马街平屋店面七间，建成温州第一座三层楼店面许云章绸布店，当即轰动全城。这是迄今保留下来的有关温州五马街上近代民族资本家最完整、最典型的一张照片（黄瑞庚 供图）

　　许漱玉先生（1880—1967 年），字云章，也是温州数一数二的大企业家，他开的百货商场在温州最热闹的五马街口，就是现在温州第一百货公司的所在，旁边的大众电影院，便是他在 20 世纪 30 年代初建的中央大戏院。这座中央大戏院不简单，是温州最早的钢筋混凝土结构的房屋之一，建得非常牢固。1944 年温州第三次沦陷时，日寇飞机的炸弹直接命中中央大戏院，但只是使它最上层有所伤损，并未倒塌，以后稍加修葺便一直使用到现在，历七八十年而不衰，只是后来改名为大众电影院而已。我平生第一次看电影就是在这个电影院。小时只知道，这个百货公司和电影院是国家的。后来才听老辈人讲，这两幢温州有名的建筑是许漱玉先生的产业。

　　许先生出生于瑞安一贫困家庭，15 岁时到布店做学徒，其父在温州一染布店做工。经理见许漱玉聪明机灵，常派他赴沪办货。许漱玉小心谨慎，店老板和经理甚为欢喜。有一次采购回 200 匹失水洋布，店主和经理十分不满，认为无法卖出，要许漱玉将布退回上海。因为失水布是削价购进，对方是不肯让退的。许漱玉思虑再三，决心将失水布由自己全部买下。当时正是正月，他要求店主把失水布先赊给他，布款于端午节、中秋节分两次付清。他把失水布全部裁成8小段或16小段，再染成蓝布，每段适合做一件男长衫或女短衫。每次外出带上几段布，挨家挨户推销。不到中秋节，全部销完还净获利二三百元。这笔钱算是许漱玉的第一桶金，为日后创业的原始资本。

第二年，许漱玉被辞退，开始自行经营。多年的学徒生涯，使得他熟悉了生意门道，与上海的布商也建立了交情，到上海进货买回的布先存放家中，再挨家挨户上门推销。数年下来有所积累，就在温州五马街曹仙巷租房开设布店，取名为许云章布店。

由于货真价实，生意愈做愈大。四五年时间积累近万元。而后数十年，许漱玉成为温州首富，在五马街开设有许云章绸布店、博瓯百货商场，还创办有漱成织布厂、公益洋货号、庆丰钱庄；合股经营的企业有鹿城布厂、华孚洋货号、聚康钱庄；在上海开办有申云翔洋货号、源丰翔洋货号、永旭绸庄和杭州大昌绸庄，百货业、纺织业、金融业等都有涉足，资产庞大。百货商场中还开设了大戏院，放电影和演戏。屋顶平台装饰讲究，有茶室，有沪产汽水、啤酒、蛋糕等当时温州的稀罕物，在这里可以鸟瞰全城。三楼剧院大厅宽敞，租给青田归侨陈俊民开西餐馆，其妻为意大利人，取名"意大利餐馆"，为温州西菜馆的创举（但温州人还是吃不惯，后来主营中餐）。在温州的百货业中，许漱玉独领风骚数十年。许漱玉虽身为大老板，但他每天都要在店内亲迎顾客。这也是老一辈温州生意人的风格，虽算是亲历亲为，但可以了解掌握一线信息。

抗战爆发后，温州战时青年服务团经常借用他的中央大戏院开会，举办抗敌讲座和演剧宣传。许先生不仅同意出借，还把戏院门锁和全部设备交由战青团保管使用。

但这个"意大利餐厅"让许漱玉受到冲击。因为"德意日"结盟，温州学生就去冲击"意大利餐厅"，遂改名"华大利餐厅"。1944年，中央大戏院被敌机炸弹击中，虽损伤不大，但此时人心惶惶，加上一些管理人员的贪污，许漱玉决意收缩业务，将商场交由长子许兆鸿打理，自己到上海当寓公，直至1965年才回温定居。商界公认漱玉毕生守商家本分，乐赞公益，支持抗战，

20世纪60年代许漱玉（前排中）和大儿子许兆鸿全家的合影

故一直称道不衰。

许先生的次子许思言先生我认识，但见面的次数不多，他是温州出来的文艺界老前辈。大约以当时的观念来说，他是不务正业的阔少爷，一味玩票，后便没有定他为资本家。他由票友而成京剧编剧，也算歪打正着。他长期在上海京剧院任编导，著有《老生流派讲话》《海瑞上疏》《七侠五义》《东郭先生》《红旗魂》《劫皇纲》等40多种京剧剧本，是我国京剧界的名宿。也就是说不当老板当文人去了。

只是因为《海瑞上疏》这个剧本，他没有当老板吃苦头，却后来吃足了苦头。我见到他是他平反之后回温州，这时他已上了年纪，但精神矍铄。

如今温州解放街、五马街一带，依然保留着浓郁的西式风情、沉稳大气的近代商业建筑，就与许漱玉先生有关系。当年他跑上海滩，开了眼界，仿照上海的西式风格洋楼建设，最先在这里营建一幢幢标志性的商业大楼，俨然上海大店气派。许漱玉的举动，引领五马街诸商家，五马街就成为今天的模样。

许漱玉娶有两房妻子，元配夫人生育了一男三女，许兆鸿是长子。二房有一子一女，即许思言和许玉钗，许玉钗后嫁入温州大户叶德昌家。到了20世纪50年代，政府每月发给100元，孙辈是得不到多少物质上的"余荫"了。孙辈中也没有经商做老板的，但大多得到较好的受教育机会，其实这就是"祖荫"，与一般人家庭还是有区别的，大户人家出身，眼界格局就不一样。

许兆鸿一家中，大儿子、大女儿、二女儿分别毕业于南京大学、西安交通大学、浙江大学，后来都成为高级工程师；三儿子许世树1964年高中毕业后就"上山下乡"，到临近的丽水地区龙泉县一林场工作，1971年调到龙泉工具厂当了一名工人。后来自学技术，担任厂里的技术科长，之后又担任龙泉县物价局局长、副县长、丽水地区办公室副主任。在担任 10 年的丽水地区工商局局长后，调往浙江省工商局工作，现已退休，一家人居住在杭州；二儿子因为患脑膜炎而成了聋哑人，在温州艺雕厂退休；四儿子许世滋在恢复高考后的第三年，通过自学，考上了温州师范学院，曾担任温州市瓯海区教育局局长。

许漱玉次子许思言一家一子三女，情况也相近。儿子许世开 1942 年出生于上海，毕业于北京航空学院，后调到浙江省计委信息处任处长，2002 年退休后，到苏州的一家公司担任总经理。

与许漱玉同一时期的大老板还有李毓蒙（1891—1961 年）。李先生是裁缝学徒出身，与上述的吴、许二位如同一辙。18 岁时在瑞安东头村开设小裁缝店，同时试制 10 锭纺纱机等机器，26 岁时终于发明了一台铁木弹花机，不久即办了"李毓蒙制造絮棉机器厂"，从此结束裁缝师傅的生涯，专心致力于机械工业生产。1922 年春他携带弹棉机机样和麒麟牌商标图赴北京向中央农商部申请专利权和注册商标，获得照准之后当年即生产弹棉机 200 余台。此后该产品相继在上海国货展览会、西湖博览会上获奖，声誉鹊起，同时开始试制内燃机、碾米机。也就是说他几乎与吴百亨先生同时起步。所以我将此时至抗战前为止，称为温州的第一次"工业革命"，当时兴起的还有机织革席厂、纺织厂、酿造厂、瓷器厂、针织厂等。

1925 年，李先生在上海、南京开设"毓蒙弹棉机器发行所"，通过上海将自己发明的产品推向全国。第二年又在温州小南门外创办"毓蒙铁工厂"，生产内燃机、碾米机、轧糖机、切面机和锯板机，全厂有工人百余人。1933 年在上海成立"毓蒙联华公司"，1926 年在湖北产棉区创办"汉阳毓蒙联华分厂"，年产弹棉机 1400 多台。抗战爆发，他将温州的工厂迁至丽水，汉阳的厂迁至重庆。1941 年，又在湖南衡阳创办毓蒙联华分厂，后又在湖南湘潭等地办了 6 个分厂。其间因抗战的战线推进和变迁，他的工厂或迁建，或因被炸而关闭，几经损失又几经重建，李毓蒙先生真是吃足了战争之苦，但他痴心不改。抗战胜利后在武汉开设"毓蒙联华分厂"和"大中棉机制造厂"，在上海建"毓蒙棉机厂"、在温州建"毓蒙铁工厂"。

李毓蒙先生在致力于工业的同时，又很重视教育。1937 年在瑞安东山创办"毓蒙小学"，入校学生不需交学杂费；1942年又创办五年制的私立"毓蒙工业职业中学"，1946年该校迁至温州近郊太平寺，改名为浙江省立高级工业学校，1949年后并入杭州化工学校。

与吴百亨先生的工厂一样，温州毓蒙铁工厂公私合营，后又改成地方国营，成为温州最大的企业之一——温州冶金厂。吴百亨先生的西山瓷器厂也发展成为温州最大的企业之一——西山陶瓷公司。李毓蒙先生于1961年逝世，未受住牛棚之苦。

温州的大老板如吴百亨、许漱玉、李毓蒙这般富有的，子女都无法继承财产，不再是"富二代"或者继续当老板，更何况那些等而下之的，所以温州在中华人民共和国成立后没有"现成老板"。后来的老板百分百白手起家。

温州的华侨老板

如果长辈是华侨，子女倒是可以去继承遗产当老板的。但这种现成老板也不多，一方面是过去的温州人外出当苦力的多，后来发家致富的人也不多。倒是改革开放后出去的年轻人中，不少人发家致富，有的还成为大老板。因为他们有文化、有思想，又有胆识。20世纪60年代前，据说温州华侨中的首富是在日本的一位林姓老板。当然这里的"首富"并非福布斯排行榜，也没有权威机构去验证，只是传闻而已。这位林姓老板在温州的银行存款最多，有20万元人民币。紧接其后的是一位郑姓华侨，17万元人民币。在当时，温州地委书记王芳的工资最高，也不过100多元一个月的工资，这个20万当然是天文数字。那时的伙食费每人每月10元左右，生活水平是非常低的，并且即便是号称"首富""二富"的老板的儿子也找不到工作。他们只能自己集资建华侨中学，集资办华侨针织厂，林老板、郑老板的儿子都在这个厂工作。"文革"时我在纺织部门工作，与他们都相熟。正因为这些华侨子女在一起工作，富有的程度相互之间大致也了解，可见这个"首富"与"二富"还是比较确切的。

提起这位林老板，有一个传奇的发家故事。既然是"闲说"，也在这里说一说。林老板是温州江北岸人（现永嘉县瓯北），因为家里穷，于20世纪30年代到日本去当苦力。温州是著名的侨乡，出去的华侨集中在文成的玉壶、瑞安的丽岙、永嘉的瓯北和七都岛。但这些地方都很穷，玉壶是穷乡僻壤，丽岙有"女儿勿嫁丽岙底，一锅薯丝一把米"之说。正因为穷，才会飘洋过海去冒险，并且是亲带亲、戚携戚，出去的人越来越多。林老板在日本当苦力，赚不了多少钱，当时的通讯又不发达，妻子在家生活无着，丈夫一去又无音讯，为了一口饭吃，只好改嫁到藤桥山底去。林老板后来到一个餐馆打工，这个餐馆的老板与老板娘是老夫少妻，老板去世，老板娘见这位伙计勤快，脑子灵活，样子也不错，后来就嫁给他，他便真正成了老板。第二次世界大战结束，日本成了战败国，美国来管理日本。当时规定与军事有关的企业一律取缔，但如果股东中有战胜国的公民，并占 51% 的股份以上的，可以保留该企业，改为生产民用品。据说这样规定是美国人为了保护美国资本家的利益。这规定却让日本企业有空子可钻。中国也是战胜国，有人就找林老板，将自己企业的 51% 股权送给他以逃避取缔，林老板除自己的餐馆之外，一下子又成了4 个企业的大股东。

日本战后，百废待兴，企业发展很快，林老板的头脑又灵活，分到利润后再去投资，没多少年便成华侨中屈指可数的大老板、东京华侨联合会的副会长。可惜膝下无子，餐馆的女老板又先他而去。他在参加归国华侨观礼团时乘机回温州寻亲，找到了已改嫁到藤桥的老妻。好在老妻育有两个男孩，长子名叶通，他将叶通过继为自己的儿子，在叶通上加林姓，便名林叶通。将他送到温州华侨中学读书，又花 4 万元买了一幢华侨新村的别墅，并在温州有 20 万元的存款，供老妻与继子用。老妻与后夫生活的年头比他长多了，他一走，就将后夫接到温州的别墅里来。这位出身农民的藤桥山底人，种惯了蔬菜等作物，到城里来也闲不住，在别墅的前后种了不少蔬菜和瓜果，成熟时自己吃不了，还挑到菜场去卖。

林叶通的结婚典礼在温州华侨饭店举行，在 20 世纪 60 年代初是非常轰动的事。我的朋友王铸迪因为父亲在日本，与林老板相识，也去参加了这个典礼，曾经跟我说起这个盛况，使得我记忆犹新。王铸迪从上海第一医学院毕业后，曾短期在温州的兴无棉纺厂任厂医，林叶通的妻子正是兴无棉纺厂的职工。王医师与她素有来往，知道她在婆婆的逼迫下，也曾挑着家里种的菜蔬去菜场卖。"首富"的媳妇卖小菜，足作茶余饭后的谈资。后来因为"海外关系"被抄家，是"纺织系统红卫兵"执行这个任务的。其中有我认识的来告诉我，林叶通的钱真多，抽屉一拉开，七八百元现金就放在那里。

七八百元是人家两年的工资，当时 10 元票是最大的面值，当然看得那些个"红卫兵"眼一亮。他还告诉我，就是可惜了这么好一幢别墅，里面摆了好几只腌咸菜的桶、腌海蜇的缸和收摘来的南瓜、丝瓜等。

后来，形势稍有好转，林叶通先生便带家携口去日本当他的老板去了，与他同时或前后出国去当老板的人也有不少，如意大利著名的华侨林华鑫也是那时去的。林华鑫先生是混血儿，长得特别好看，当时是温州有名的"半番"。"半番"就是半个番人（洋人）的意思。记得他去意大利后第一次回国，我朋友潘嘉兴去上海见他。他那时住上海华侨饭店（即如今南京路上的金门大酒店），老门童不让潘嘉兴进去，且态度非常差。林华鑫一下来，那门童立即低头哈腰了，恨得潘先生咬牙切齿，称狗眼看人低，还在我面前发过一

何朝育（1912—2008），温州市瓯海区三垟乡池底人。早年经营纺织业，曾任温州正大针织工厂厂长，1949 年去台后继续从事工商业，1962 年开办正大纤维工业公司，从事进口尼龙丝及加工伸缩尼龙丝业务。1965 年创建正大尼龙工业公司，生产尼龙丝、伸缩线，为台湾化纤工业先驱。曾任祖国织袜工业同业公会常务监事。自 1991 年以来，何朝育资助家乡温州累计已逾亿元，先后在温州市建成原温大育英图书馆、温医附属育英儿童医院、瓯海啸秋中学和啸秋小学等一系列工程。是迄今为止向温州市捐款数额最多的温籍乡亲

通感慨。为此我后来有条件后去住过几次金门大酒店，按当时的眼光看还不错，现在就不大愿意去住了，因为除了厚实的花岗岩里面还透出一种历史的厚重感之外，其余便不足取了。

但华侨老板的子女也不是每个人到国外或港澳都是一去就是老板的，很多去了之后还是靠自己白手起家。我的朋友何纪椿先生是 20 世纪 70 年代初去香港的，时间与林叶通、林华鑫他们差不多。何先生曾经与我彻夜长谈，讲他起家的经过，足可在此说一番，因为具有典型意义。何先生的父母和叔叔均在早年定居台湾，他的父亲在台湾开针织厂，叔叔开尼龙丝厂，都是老板。特别是他叔叔何朝育先生和婶婶黄美英女士，在台湾省和祖国大陆都有一定

的知名度。黄美英女士是国民党第二兵团中将司令邱清泉的外甥女，何朝育先生是与台塑集团王永庆先生密切交往的企业家。他们捐资兴建了温州大学育英图书馆、温州师范学院育英大礼堂、温州医学院附属一医育英门诊大楼和附属二医育英儿童医院，另外还有啸秋中学等许多项目。是目前为止温州侨胞和港、澳、台胞中对家乡捐资最多的人，他的实力由此可见。

何纪椿先生毕业于杭州大学（现已与浙江大学合并）体育系，在温州一中教体育。由于其华侨背景，又活泼好动，温州第一个骑进口的蓝翎自行车的便是他。那时的国产自行车百来元人民币一辆，进口的蓝翎自行车上万元人民币一辆，骑这种车比现在开豪车还出风头。20世纪70年代初，何先生凭单程证到香港，就住在他叔叔何朝育所开的公司香港办事处里。下面就引用他的话，向大家传达他初到香港时的一段经历：

我叔叔公司驻香港的办事处不大，楼下办公，楼上住人，我初到香港时就住办事处楼上。那时香港也不是很景气，我又不会说香港话，一段时间找不到工作，希望叔叔在办事处给我安排个工作，叔叔没同意。叔叔的公司在台湾生产尼龙丝，有些货运到香港办事处再分发给香港的订户，需要打包，而打包是雇临时工干的。我搞体育出身，身强力壮，我就要求让我来打包，好赚点钱，办事处的人又不同意：你是老板的侄子，是少爷，怎么能干这种苦力活呢！我百无聊赖，坐在叔叔的办公桌前给家里写信，办事处的人又摇手：这是老板的位置，你不能随便坐的。我没办法，只得天天查报纸的招工广告，然后东奔西走去应聘，好不容易找到一家工厂愿意用我，条件是必须集资五万元港币。我兴冲冲地回到办事处借钱，电话请示台湾的叔叔，叔叔还是没同意。我心想，我们大陆的报纸说得对，资本家就是这么残酷无情！我非常后悔来到香港这个资本主义社会，但我知道，我在大陆的工作已经辞掉，回去能干什么？再说又怎么向亲戚、朋友、同事交代？只好硬起头皮再想办法……

后来，办法终于有了，何纪椿先生找到一个开布厂的亲戚，向他赊购了一些零头布、残次布，拿到市场上，卖给穷人。这些布是布厂的下脚货，价格便宜，但如果裁剪、拼凑得当，做的衣服还是跟好布一样。他这时很穷，也知道穷人的需要，这些零头布、残次布卖得很快，卖完了去结账，然后又赊购一批去卖。慢慢地赚了一笔钱，就去租屋开自己的贸易公司，生意由小到大。后来他还成了他叔叔所生产的尼龙丝的经销商，并远销到祖国大陆，他的公司也逐渐成为对台贸易的大公司之一，他被推举为温州旅港同乡会会长。这时，他才理解叔叔当时的做法。如果叔叔安排他在办事处工作，或许至今仍是一个职员，直至退休为止。如果让他来打包，拿计件工资，更不知现在会如何生活，只有逼上梁山，他才会走出一条致富路。

海外温州老板如何纪椿先生这般白手起家的人占了绝大多数。特别是早年出去的，几乎少有例外，只是所从事的行业不同而已。有的是从在餐馆打工开始，勤奋努力，省吃俭用积累了经验和一些钱财之后，盘下人家的小餐馆自己来做老板，再慢慢做大。如荷兰皇家中国饮食业公司名誉主席、荷兰中国商会会长胡志光先生走的就是这条路。从餐馆打工开始，发展到成为涉及餐饮、经贸、农业技术设备等多种行业的大老板。有西班牙"中餐馆之父"称誉的陈迪光先生走的也是这条路。他从江苏农学院毕业之后在北京农科院工作。因为父亲早年去西班牙谋生，便于 20 世纪 70 年代初到西班牙，先在人家餐馆打工，后自己开餐馆并逐渐发展，到 1987 年，他全家人开的餐馆就达 8 家之多，并大多取名为"长城饭店"。随后又发展国际贸易，回国投资。如杭州的五星级酒店"五洲大酒店"便有他的股份。他曾任西班牙华人总会的荣誉会长，还是西班牙温州同乡会的荣誉会长。

有的海外温州老板从小职员做起，积累了经验、积累了一点钱财之后自己开小公司，然后慢慢做大。巴西的"黄豆大王""石化巨子"林训明先生走的就是这条路。他在 20 世纪 50 年代初去巴西，先在一个油厂当职员，负责黄豆原料的供应。积累了经验和一些钱之后购入一家小油厂，自己当老板，以后又连续购入三家企业，到 1972 年创立了巴西植物油公司。由于他既重视植物油的生产，也重视黄豆原料的开发与生产，公司发展非常快。到 1975 年，他的"巴油公司"就被评为全巴西出口额最大的民营企业，他也被誉为"黄豆大王"。随后他又转向石油化工行业，从事聚合物的深加工和无纺布的生产。到 1989 年，他的无纺布产量便居巴西第一位，成为"石化巨子"。巴西圣罗荷这个地图上找不到名的小镇也因为他的成功而崛起，授予他"荣誉市民"的称号。连美国《时代》周刊也报道了他的业绩。

梅旭华先生是荷兰华侨华人百年历史上第一位获得"皇家骑士勋章"的温州人，也有一段白手起家创业的历史。他大学毕业之后留校任教。1963 年辞职到荷兰。先当职员后开餐馆，并且从一家餐馆发展到四家。1974年又在奥地利创办梅氏企业有限公司，做进出口生意。到20世纪90年代，他转向国内，投资多处房地产项目，参与故乡的经济建设。由于生意规模，也由于在侨界德高望重，他曾经担任旅荷华侨总会会长、欧洲华侨华人社团联合会副主席。著有《试述荷兰早期华人移民》一文，是研究欧洲华侨历史不可多得的资料。

看来还是日本华侨的机会比较多，有可能接到天上掉下的"馅饼"。我的中学同学王铸育的父亲王文通先生早年去日本，一直在做贸易。虽然我们认为她家很富有，但以现在的眼光来说也不能算是大老板。他老先生购进了东京郊区的一块地建住房，当时因为那里偏远，价格便宜。后来东京发展飞快，城市迅速扩大，这块地成了新宿区的中心。在寸土寸金的东京拥有一块地，价值非同寻常，后来此地被征用，使得他拥有东京闹市一幢大厦的整整一层楼面。类似这样的例子，当今我们国家也是很多的。

当然还有经济上的回报。王铸育兄妹三人以及大姐姐的儿子相继去了中国台湾和日本。但是他们并未去继承父亲或外公的产业，也如何纪椿先生一样靠自己打拼。哥哥王铸军，牛津大学医学院毕业以后曾任牛津医学院皮肤科研究室主任，后被台湾荣民总医院聘为皮肤科主任，荣民总医院应当说是台湾最好的医院。姐姐王铸迪是台北市立医院妇产科医师，王铸育在日本东京开诊所，以针灸为主。

王文通先生买地一事看似天上掉馅饼，其实也是思维方式问题，他抓住了一个机遇。何朝育先生也有类似的一件事。他为办尼龙厂，在台湾买了一块很大的地皮，后来高速公路从他的地上过，土地增值不少。那年，旅居荷兰的华侨杨建民先生与其姐姐杨少云来我公司收购我们开发的两处楼盘未出售的所有地下车位，引起了一阵轩然大波。亲友们大多反对，说他们是傻瓜。但他们还是坚持做了这笔1000余万元的生意。事隔一年，车位升值不少，他们稳稳地赚了一笔。这也是眼光问题，不是守株待兔。

前面提到的林先生也是一样，如果他没有经营头脑，在竞争非常激烈的日本，也早已被淘汰，轮不到继子林叶通先生继承产业。林叶通先生现任日本长野县华侨总会会长。国外华侨社团的负责人是民主选举的，而且只有两个条件：一是有经济实力；二是热心社团工作。能担任这个会长说明林叶通先生继承父业之后经营得很好，没有在激烈的竞争中被淹没。

　　在本书前面篇章中有记述让·平的文章，我提到了他的外甥徐恭德先生，徐先生的故事也是很典型的温州人做法，在此值得一说。

　　1987 年 2 月，作为加蓬总统办公厅主任的让·平随总统邦戈访华，对徐先生来说是一个改变人生走向的机遇，但如果徐先生胸无大志，格局平庸，才能平平，也就没有了后来的故事，也就可能只是一个感人的认亲故事。让·平（程让平）和总统私交甚好。加蓬也是一个富有的国家，邦戈总统私下里称呼让·平为"毛"（邦戈总统曾 9 次访问中国，非常崇敬毛主席）。徐恭德先生立即抓住了这个机遇，去加蓬发展。徐恭德并没有托舅舅搞什么关系，而是老老实实到一家台湾人开的杂货店打工，边学加蓬的官方语言法语。不久开了自己的第一家杂货店时，也会说简单的法语了。生意日渐红火，有温州亲友随后到加蓬发展，他将自己的杂货铺转让给了亲友，自己则另起炉灶，开一家商店。如此成熟一家转让一家，数年之间他组建起了一个拥有十几个连锁店的商业集团。他的生意也由单一的零售转向批发，并开始拓展进口业务。就这样，在异国他乡，徐恭德先生的旗下有了一个

　　西非加纳库马西市与温州市结为友好城市，近几年每年都来温州访问，对温州非常感兴趣，联系紧密。该市是加纳的一个经济中心。目前温州有数万人在非洲创业。2016 年 3 月，该市市长一行来到温州，温州市外侨办组织在非洲经商投资的温州企业家参加座谈，交流非常务实和深入，气氛热烈，取得了具体而实际的效果。本图为会后参会者合影（海　云　摄影）

温州老乡的群体。

徐恭德后来开始经营非洲木材的大宗出口贸易，经营管理方法也早已超越了初始阶段的家庭作坊模式，跃升到现代企业管理的高级阶段。他聘用了法国经理，从岗位定制到责权利定位，从决策、管理、经营的科学化到用人选才的现代化、知识化，都为他的企业集团带来了蓬勃的生机。如今他不仅成了商界巨子，也成了社会活动家。

1999 年 11 月，世界市长大会在加蓬首都利伯维尔召开，全球 300 多个市长受邀，中国只有北京市和温州市受到邀请。徐恭德与他的舅舅让·平部长一同去机场迎接来自世界各地的市长们，当然，温州受到邀请是因为让·平从中促成的。

一下飞机，停机坪上呼呼啦啦地排列着几十位温州人，他们打着"热烈欢迎钱兴中市长访问加蓬"的大红横幅标语。原来，只有 60 万人口的加蓬首都有好几百温州人，那当然又是因为徐恭德的缘故。

在加蓬的温州人，有的人在做他开创的连锁杂货店，也有的自己开创事业主要做贸易，把中国的小商品转运到这里来做批发生意。也就是说，徐恭德先生将自己接到的馅饼分发给了众多的温州人，而这些温州人也抓住了这个机遇。这个例子非常典型，温州人在一个国家或地方的发展，极少是单枪匹马的，都是这样亲带亲、戚带戚的，逐渐发展成为具有实力的老板群体。理所当然地，徐恭德成为加蓬温州人众望所归的商界领袖。

在此摘录徐恭德先生的回忆文章《我在加蓬创业》供读者参考，看看他是怎么说的：

1987 年 10 月 8 日的早晨，我怀着惊喜、好奇和试探的心理飞到加蓬，踏上了这块地处中非西部、大西洋几内亚湾的东岸，号称"绿舍夕国"的国土。映入眼帘的是一派赤道上的热带风光，而印在脑海里的却是陌生和神秘。到处是大致差不多的黑色面孔，比舅舅黑得多。

"发展"信心是在考察了近三个月后才确定的。我飞回温州，安排处理好善后工作，辞去了厂长职务，又返回了加蓬。虽然已解除了后顾之忧，却同样地没有了退路。毕竟从北京到加蓬首都利伯维尔市的直接距离是二万五千里，乘飞机就完成了"长征"，但对于我，"长征"才刚刚开始。要学会法语，要学会开车，要获得"绿卡"，要了解并深入这个国度……总之，必须切实地投入，才可能有所发展。

我找到了一家台商开的杂货店，在那里打工。晚上，请在加蓬任教的北大的林老师教授法语，自己做饭洗衣服，只能自己搞定自己的工作、学习和生活。

打拼了六个多月，开始盘算自己开店之事。其时，台商在加蓬市场上占据了很大优势，大陆的轻纺产品很难吃香，我只得开一家副食品店，既是老板，又是店员。上货、运货、售货"一把手"，直到店有了起色，才舍得雇黑人做家务。

从早上七点一直忙到晚上六点，天天如此，没有节假日，更说不上度假。有人说，温州人会做生意，墙上有个针孔大的洞，他们也能把里面的钱弄出来，依我看，首先是勤快，不怕吃苦，然后才是开动脑筋。那时我32岁，身体不错，硬拼了两年多，积累了些经验和资本。

1990年我找到了一个香港供货商（华润公司），开始做进口生意。由于经验不足，进口中国轻纺品，亏了一些钱。随后，改做进口副食品生意。接下去的三年，生意较顺利。本想用钱生钱更好。1993年在与几位海外同乡合作，向国内投资。在杭州创办了中外合资的"杭州超亚电缆厂"。由于中方总经理经营不善，年年亏损，最终血本无归。总结教训，对国内相关政策，投资环境了解不够；合作用人的机制不到位；加上市场情况难以把握，还是应当将发展的重心放在加蓬。

扩展冷冻食品的进口生意：从印度进口牛肉；从比利时进口鸡腿、鸡翅；从荷兰进口奶制品；从法国进口罐装蔬菜。加蓬本国人口总数不多，市场小，但其无自己的工农业，进口需求量却不小。那时，店面开得多了，自己创办了加蓬GADICOM公司，专营批发业务。

偏偏这个时候，即1994年，加蓬流通的货币西非法郎却大幅度贬值了，我的公司和其他许多家大公司一样，损失重大。随着萎缩的市场调整部署，渐渐地使生意稳定下来。

1995年下半年，我受朋友所托，在加蓬接待了从大陆来搞非洲木材的商人，利用我这几年在加蓬上上下下的关系，陪同他们上山看林，帮他们用法语谈判，甚至通关，等等。实际上，在帮助了朋友的同时，我自己是"学习又实习"。于是1996年我开始介入非洲木材的市场。尔后，创办了木业发展有限公司。

从小批量到大批量，滚雪球式地向前发展。然而，1997 年，以泰国发端，席卷东南亚的金融风暴，使东南亚的木材市场急剧萎缩，甚至波及欧美木材市场。全球木材市场竞争更趋激烈，而中介市场尤剧。直到 1999 年初，全球木材市场渐趋恢复。

尤其是国内贯彻执行国务院为保林护林而二十年禁伐林木的政策，与此同时，国家建设的加速发展，急需相当大量的木材进口。我随即迅速调整向国内市场发展。

后来，为了适应加蓬鼓励加工木材出口而限制原木出口的配额政策，介入了非洲木材在加蓬的原地加工企业并组织加工木材出口。2004 年，进一步介入在加蓬林区的开发、采伐。

2005 年上半年，我利用回温州度假的机会，以外资投资商的身份，在温州申请创办一个中型木材加工实体，计划年产量为 12 万至 15 万立方米加工木材，定名为"德嘉木业股份有限责任公司"。注册资金为 1200 多万美元，总投资额为 3000 多万美元。

其实，早在 20 世纪 60 年代初，我的父母就和我的外叔公程志平老先生有书信等联系，我们兄弟姐妹五人，当时都很小，生活颇艰难，外叔公时常汇钱来周济我们家的生活。自然，"文革"时期，我家因"海外关系"等因素受到了冲击，和外叔公的联系中断了十年。直到拨乱反正、改革开放以后，才能有联系，而加蓬的外叔公却已经谢世了。

他的儿子让·平先生继承其遗志。在钓鱼台国宾馆见到了我们之后，非常兴奋，后来携其夫人赴温州家乡寻根祭祖。我们真实地感到，是血的锁链牵系着舅舅的心。

记得我是在加蓬首都利伯维尔市已经自己开店之后，才到舅舅府上拜访的。我毕竟需学会些法语才能进行交流，而且我的自尊心告诉我，总得做出点有出息的事来让舅舅高兴。那是个星期天的下午，舅舅在家里热情地招待我，请我吃法式西餐。席间，我向他介绍了一些温州家乡的风土文化等。连说带比画地表达，他认真地听，微笑着谅解我讲得既不流利又不规范的法语，看得出来，他对中国及其一切都感兴趣，我也体味到了在异乡才有的"回家"的感觉。

随着我法语水平的进步，我们的交往增多，感情可谓亲密无间，他给我讲他父亲在加蓬落地生根的历史，讲加蓬、讲非洲；我给他讲亲人、讲家乡，讲中国悠久的历史、璀璨的文明和中国的进步。

后来，他以加蓬国务外交部长的身份访华时，我们国家领导人向他赠送了一具秦兵俑（复制品），他非常高兴和珍惜，至今仍然将它摆放在客厅里。应该说，他对兵马俑并不陌生，因为他知道秦始皇、万里长城等。

1999 年初，我在他府上后花园中，为他建造了一座典型的中国传统风格的六角亭，石木结构，琉璃瓦顶，颇为美观。请国内的朋友在檐下内外的横壁上作了六幅中国画和六幅不同风格的书法作品。此亭正面的匾额为"博雅亭"。匾下左右柱上的柱联为：博古通今心藏天下风云，雅形周游意识世情寒暑。黑底涂漆，字着石绿，颇觉静雅。我和他坐在亭中石几上，暮云披霞，清风徐来，共同玩味着暇时之快。

中华血统必然铸刻着中国情结。

俗话说："师父领进门，修行靠自身。"这些国外的温州老板，都在被引进"佛门"之后，靠自身的修炼而成"正果"。

第十四章　还是胆大包天

——温州的老板（三）

"胆大包天"与"胆大包地"

海外的温州老板白手起家，国内的温州老板更须白手起家。因为在海外还有可能继承先辈的产业，在国内，你先辈的产业已经消失殆尽了。而且，海外温州老板的发家大多有迹可循，方式大同小异，从白手起家发展到具一定规模，非十数年或数十年不可。国内的温州老板发家往往更富传奇色彩，有时一种机遇，你抓住了，企业很快上来了，几年之中可以发展得很大，知名全国。究其因由，海外，特别是欧美国家，发展较早，竞争有序，出奇不易。加之这一代温州老板的文化水准，还不能在高层面驰骋，所以无法一蹴而就。而国内市场广大，起步阶段竞争尚在从无序走向有序的过程之中，可以出奇制胜。温州人起步较早，思维敏捷，抓住机遇，或利用一个概念，鲤跃而起，企业就上来了。温州许多知名企业，历史不长，二三十年时间就算长了，可以为证。

我年轻的朋友王均瑶的"胆大包天"，已经成为一个经典故事。王均瑶是温州苍南县人，16岁就跑出来了，成为温州十万供销大军中的一员。王均瑶三兄弟当初做的就是苍南人擅长的徽章、旗帜、招贴画这些生意。1990年亚运会是一个机遇，他们赚到了第一桶金。

1991年春节前夕，王均瑶和二弟王均金、三弟王均豪在长沙和一帮温州老乡聚在一起，聊如何回家过年的事。长沙离温州1200公里，回家的火车票难买。温州机场1990年刚刚建成开通，没有长沙到温州的航班。乘火车可以到达浙江中部金华站，最快需要十五六个小时；从金华到温州苍南只能换乘汽车了，顺利的话也还要乘坐八九个小时到达苍南，主要的还是路上堵车成常态，要经过崇山峻岭的丽水地段，堵上三五小时算正常，堵上十来个小时是经常，路上走得很烦心。大家都是归心似箭，提议包大巴车回温州。就这样一路长途颠簸，个个灰头土脸到了温州。在车上，王均瑶无意中感叹："汽车真慢。"当时就有老乡取笑："飞机快，你去包飞机呀。"但王均瑶就记到心里去了：车能包，飞机为什么就不能包呢？长沙那么多温州人做生意，乘飞机这么方便，一定有人坐。

春节过后不久，三兄弟赶紧回到长沙，跑到湖南省民航局，找到运输处处长，这位周处长惊讶不已，要知道，当时乘飞机需要县团级以上单位开具介绍信。但当时人们的思想已经有了开放意识，答复"可以考虑，可以商量"。三兄弟满心欢喜回到了温州，要赶紧做客源调查。大家听说此事，都很惊讶，也有人背后质疑："飞机能包吗？真想得出来。"飞机似乎代表了国家层面，民航好像也不需要做什么生意，飞机离普通人的生活好遥远。民航当时是政府严格管制的行业。但温州人的性格是不看别人有没有做过，而是看能不能做。公路客运运输公司不也是放开可以做了吗？

有人劝他别搞，温州人做生意习惯远离"政治"，当年都是到远离政治的地方做生意。亲友们的劝告可能知其然但不知其所以然，实际上有其道理，因为风险难以把握，比如政策风险。

当年均瑶25岁，均金22岁，均豪19岁，但均瑶在社会上已经闯荡了近十年，思路超前，对国家的政策走向趋势有自己的直感见解。王均瑶几次跑到湖南省民航局、浙江省民航局，写可行性报告。当时在长沙有一万多温州人。于是周处长起草了合同，上级领导看了后交给他。王均瑶对合同一字未改就同意了，一是觉得没有必要，生意能否做起来才是关键，做起来了什么都好说；再说他就是搞懂合同里面这些复杂严谨的术语，也不会有太多意义。

但这还不算，周处长带了两个人去温州调查，民航方面需要王均瑶出具资信方面的材料，苍南县居然开了一个担保，这也说明当时温州地方领导敢于担当。类似的例子在温州很多，温州的发展和地方政府的开明分不开。在盖了100多个公章后终于与湖南省民航局达成了包机协议。湖南省民航局领导嘱咐：试试看，别声张。

王均瑶的天龙包机公司是全国第一家民营航空包机公司，一个农民改写了中国民航史。1994 年 10 月 5 日，龙港镇举行建镇 10 周年庆祝活动，王均瑶包租飞机在空中抛洒彩带助兴。本图为他用对讲机与飞行员联络（萧云集　摄影）

　　但是包机一飞起来，立刻轰动了，立刻让三兄弟感受到媒体巨大的力量——全国各地的媒体纷纷报道，"胆大包天"的标题把三兄弟吓得不轻。王均豪后来回忆说："民航总局要来复查，问为什么把飞机包给农民，自己不飞？但他们自己确实也不飞，还差点把我们的项目停下来。后来是 1992 年小平同志南方谈话，才使得我们这个业务继续发展下去。"

　　首飞长沙到温州就爆满，这架飞机是只有 48 座的小飞机。原先三兄弟准备乘这次航班到温州，说不定做不多久不让做了呢，这次要风光一回，最后因为满员，把自己的位置也让了出去。后来成立了天龙包机公司，成为全国首个民企参与一向由国家经营的航空运输的特例。这个写报道的记者很有创意，用了"胆大包天"的成语，非常形象地表述了王均瑶的这种商业行为，其影响力之大，超过我的想象。可惜 2004 年王均瑶不幸病逝，年仅 39 岁。

　　后来王均金出任集团董事长，王均豪任副董事长。关于这兄弟俩也有一段佳话传说：均瑶和均金初中辍学，老三均豪还读书。二哥均金去看均豪，将自己身上仅有的一毛钱给了弟弟。均豪说每人吃一个 5 分钱的馒头，可二哥硬是塞给弟弟一个馒头和一碗 5 分钱的豆浆，理由是他正在读书，需要营养。

　　"均瑶集团"从"包机公司"算起，至今不到 30 年，企业多种经营大多做得不错。温州的民营企业历史都不长，30 年就算是很长了。如今集团名下的吉祥航空有了自己的第 10 架飞机，加上控股公司的飞机，已经超过 20 架。做生意不能否认有运气的成分，也就是说有"市场的随意性"。敢于冒险就抓住了先机，"谋事在人，成事在天"，要谨慎还要有魄力，能赢还要输得起。温州人都很爱比，比谁挣钱多、比谁生意做得好，包括聚会请客抢着付钱，不大会害"红眼病"，少有人说风凉话，做好了常常会说自己是身边的人给逼出来的，不会暗里吹自己多有本事。嘲讽嫉妒心态的人不多，其实这种人往往能力也不怎么样，也不能从别人那里学到东西。温州人对那些有成就的人更多的是敬佩赞叹。温州民风在这方面比内地很多地方都要好。

有一年洪波来温州，他是个爱热闹的性情中人，喜欢唱歌，我与几位朋友陪他去浦发 KTV 唱歌。我这人古板，从未开口唱过，他们唱得热闹，我与包厢服务员聊天。这位湖北籍的女孩子说起自己正在念高中，家里穷，农村又重男轻女，父母想让她辍学。她看到了那篇有关王均瑶的报道——"胆大包天"，就萌发了退学到温州打工的念头，此前连温州在哪里都不知道。我问她对温州有什么感受，她说自己跟着老乡懵懵懂懂地坐汽车来了，一来就在浦发上班，白天黑夜的，也没有出去玩过，只觉得温州人大把大把地花钱。别说一个农村来的服务员，对温州人在 KTV 花钱我也不理解，包厢费、酒水费、服务费，在当年一个晚上没有一千多块下不来。我坐着没事，对她说，我打电话请王均瑶过来。她不相信，王均瑶那么有名气，你打个电话他就过来？

我就给王均瑶打电话，那晚他刚好有空，很快过来了。但服务员说什么也不信来的就是王均瑶。那篇报道说他是农民，眼前这位白白胖胖的，是个小白脸，王均瑶哪有这么漂亮？她想象中的农民跟她自己的父亲一样，黑黝黝的，表情木讷。我们怂恿王均瑶拿出名片来，她看到那有着天龙包机公司标志的名片方才相信，两眼立即放出异彩来，那种喜出望外的表情，让我至今不能忘怀。她赶紧给均瑶倒水奉茶，只围着他转，我一下子感受到了王均瑶的巨大影响力。平时我们很熟，我只当他是小弟弟，没想到他在人们心目中的地位有这么高。

不过我对他的经营能力一向很是佩服，我认为他不仅仅利用了"包机"这一概念，他的聪明在于由此开始，不断地产生新的思维，他的概念在不断地延伸。比如与航空公司的结算有三个月时间，这段时间他手中所掌握的资金不是个小数额，可以利用时间差来进行新的投资，而且只要包机还在继续，他们手中这笔资金就可以长期利用，于是他发展了牛奶业、出租汽车业等。至于王均瑶发展牛奶业，缘于他读到一则消息：当时中国是唯一一个白酒年消费超过牛奶的国家，"均瑶牛奶"曾经是江南地区家喻户晓的品牌。我跟王均瑶开玩笑，你的牛奶广告可以这样做："均瑶牛奶好不好，请你看看王均瑶。"他说："老吴，这广告词可不是你的专利，早已有人建议了，他们的广告词是：'喝了均瑶牛奶，像王均瑶一样胖胖白白'。"我们都哈哈一笑。因为事业的发展，王均瑶将均瑶集团的总部搬到了上海，投资更加多样，而我在外省投资房地产，也常常得往外地跑。虽说他办的均瑶宾馆和我们的国贸大酒店近在咫尺，我们几乎没有见面的机会。有一天，我从加拿大回来，由上海浦东机场坐车往上海市区，看到了坐落在肇嘉浜路的均瑶商务大厦（均瑶国际广场）的招租广告，方知他又开拓了一个新领域，进入房地产业了。后来听说，是收购了处于停建状态的金汇大厦，也可说是烂尾楼，楼高32层，看中后三四个月就办妥了收购手续，耗资3.5亿，包括装修费用。后来一半出租一半出售，出售部分差不多也有3.5亿的回款。

"胆大包天"，特别是在社会发展的转型期，胆大能成其大业。

我在20世纪90年代开始做房地产，那时温州房地产公司不多，几十家而已。开房地产业会议，一个不大的会议室即可。会前大家握手打招呼，似乎都认识，会议开得热烈而又温馨。后来房地产公司如雨后春笋，一下子发展到数百家，开会大呼隆，我便不去参加了。偶尔一次，被业界的朋友拉着去参加，发现与会的人我几乎都不认识了，再仔细打听，发现第一批在温州搞房地产开发的老板，几乎都销声匿迹了。据说都是被温州高昂的地价吓住了，有的跑到外地去开发，有的在第一桶金之后干脆改行，做别的生意去了。

确实，温州如今的地价贵得令人咋舌。

先说说在本世纪初，我曾经参与开发的市中心的一个小地块，总共只有5.9亩地，市土地局核定的地价是6040万元人民币，也就是说每亩地价超过1000万元，当时可谓天价。也不知道这个价是怎么算出来的，土地价这么贵，房价不可能降下来。高昂的地价，把第一批老板吓怕了，要知道他们当时拿到的土地价仅仅一二百万元一亩呀！记得我做的第一块地地价每亩超过300万

温州房地产行业协会会长邵武访问缅甸，与缅甸工商联官员会见

邵武在著名旅游胜地缅甸蒲甘一座佛塔里的留影

元，在当时来说已经是最贵的地价之一了。当时土地尚未进入拍卖程序，土地是通过谈判取得的，也就是说，温州的地价贵，首先是政府炒上去的。

胆小的吓住了，胆大的却不怕。有意思的是好几位胆大的房地产老板将自己的公司也取"大"字号的名，如"大发""大诚""大自然"等。他们买了第二批、第三批土地，正赶上了温州的房价暴涨，很快变成了温州房地产界的"大佬"。他们这叫"胆大包地"。

当然，这个胆大应当不是盲目的，是源于他们对温州房地产业走势的正确估计。自1998年起的3年时间里，温州房价以每年20%的速度递增，市区房价由每平2000多元飙涨到最高7000元以上。一度，温州几乎无房可炒。就是源于温州民营企业发展很快，手上握着大量流动资金无处投，四处为钱找出路所致。如我辈的房地产商眼力不济，前瞻性不到位，吓得落荒而逃，跑到地价相对较低的外省去做房地产了。我在上海的郊区、广西、山东的几个地级市开发了几个项目，至今在山东还有一个项目，是二期开发。在外地，当时土地价几十万元一亩，市中心也不过一二百万元一亩，在我们这些相对胆小的老板的承受力之内。

要说明的是并非去了外地做房地产的都是小老板或胆小的老板，有许多人是一种规避风险的战略转移，做得依旧非常大。如"新湖集团"，当年是以杭州为基地，全国好几个省都有他们的开发项目，如今是中国业界领军企业。原市检察院副检察长邹丽华、原市委秘书长叶正猛，下海后都是加盟"新湖"集团的。又如温州城市建设开发公司，光在杭州的一个项目就达20万平方米。"新湖集团"的老板黄伟先生我不熟悉，据说是一个很朴实很低调的人，

2018 年的胡润榜他是温州首富。温州城市建设开发公司的总经理王忠浩先生与我可以称朋友。我提到的那个市中心的小地块，就是与他们公司合作的，我们投了 40%，"城开"公司投了 60%。没有他们的精确计算和苦心经营，这么贵的地价是很难成功的，这就体现了企业家的眼光和魄力。温州的报纸评选温州十大城市运营商，温州城市建设开发公司荣登榜首，也是对王忠浩先生的能力与魄力的一个恰当的评价。

还有一部分老板去外地开发并非胆小，而是因为初入行，先到地价较低的地方小试牛刀。如曾经与我在其他项目中合作过的陈定华先生、杨望鸣先生等便是如此，先练成熟手，一旦外地的房地产业成功，便又"杀回老家闹革命"。陈定华一口气在温州以及安徽、江苏、上海等地连办了五六家房地产公司。

房地产这个行业与其他行业不同，因为它是高风险产业，大投入，大产出。有时一个项目下来，老板发家致富，立定脚跟，继续前进，进入良性循环。有时一个项目套住，老板从此一蹶不振，万劫不复。所以房地业界老板变化较大，不断有人进去，也不断有人出来，很难统计一个比较准确的数字。

温州京都城如今依然是大手笔，看老板邵武的微信，2016 年 6 月瓯江路"外滩一号"江景房仅仅一两个小时就清盘，8 月初 5.58 亿成了温岭新地王，8 月底又以 12 亿多竞得温州"中央绿轴"，短短几个月，连下五城，打出广告语"五子生辉""王者归来"。2018 年 5 月，邵武被推举为温州房地产行业协会会长，协会早在 1990 年成立，如今已有 28 年历史。

包天包地，温州老板的胆子大哉！王均瑶"胆大包天"是一个时代的符号。媒体的推波助澜，也使得均瑶三兄弟声名大振，

吴明华（左）与来访的外地企业界朋友在温州家中合影。郭永刚（右）懂五国语言，他从事汽配外贸生意，他在美国有自己的分公司。在上海创办有"上海北美国际学校"，任校长。就读生可获美国学籍和高中学历直升美、英、加、澳大学。目前在全国各地共创办了 20 所同类学校

等于是免费广告、免费形象包装，促使他们大步向前进，事业很快发展到包括香港在内的 50 条航线，每周 200 个航班；包括找上门寻求合作的，促使多元化发展，大大激发了他们的自信心。

一个地方的经济发展，领导很重要；一个家族的发达，"大哥头"很关键，头带好了，弟弟们跟随，精神的激励作用非常大。一个人头带好了，一个家族、一个村都带出来，这些事在温州有普遍性。"二人同心，其利断金"，三兄弟互相鼓励，生意越做越娴熟，越做越专业。

大浪淘沙，不断有人出局，能够留下来的，都是久经考验的精英。都说现在生意难做，其实是社会发展的必然规律。

"鞋佬"及其他

温州还是"鞋佬"最多。"鞋佬"是温州人对做鞋师傅或补鞋师傅的昵称，后来又引申到皮鞋工场或鞋厂的老板，都被称为"鞋佬"。在温州的老板群体中，"鞋佬"无疑是最大的群体，也是最有实力的群体。因为鞋革制品是温州的传统产品，发展早，从业人员多。清末民初流传一句话：台州有杀不完的头，温州有杀不完的牛。台州"绿壳"（流寇）多，常有被抓住杀头的。温州制革行业发达，天天在杀牛。明嘉靖年间，温州"胖袄裤鞋"被列为贡品。清光绪《浙志便览》称温州的"锡器牛皮，为浙之冠"。鞋革制品的丰富，带动了鞋革贸易的繁荣，从 20 世纪 30 年代到 50 年代，温州市中心的府前街是鞋革制品的专业街，鞋店林立，装潢讲究。我至今还记得好几间鞋店的橱窗里摆放着一支支大大的鹿角，鹿角的权枝上摆放着一双双漂亮的皮鞋，特别是小巧的女鞋，很引人注目。现今的皮鞋店未有这么讲究，摆放的方式也缺少这种创意。我那时还小，对皮鞋不感兴趣，我到府前街只是因为想看那摆放皮鞋的鹿角。

以后，人们大多穿解放鞋，特别是 20 世纪六七十年代，军装、解放鞋大行其道，府前街的鞋店不复存在，温州商业街少了一道美丽的景观。直至 20 世纪 70 年代，形容人时髦，又用上了"皮鞋尖顶，衬衫硬领，裤脚笔挺"的词语。温州的鞋革业又开始发展兴旺。国营鞋厂和集体鞋厂是主力，有手艺的"鞋佬"打游击，开始在家办工场。后来，鞋厂职工白天到厂上班，晚上为个体鞋厂做私工；再后来，国营、集体鞋厂纷纷关门，私企民企鞋厂取而代之。20世纪70年代，温州市区有鞋厂十多家，80年代发展到100多家，90年代更发展到2000多家，加上做鞋底、鞋革、鞋材等与之配套的企业，温州满街都是"鞋佬"；90年代初，温州的市政还未严格管理，马路上的摊位不少，人们说："鞋摊摆路头，鞋佬满街走。"发展到如今，温州成了"中国鞋都"，鞋革企业4000余家，从业人员30多万人。据说温州鞋的国内市场占有率为20%。我向鞋革协会的人打听：这些个数字包不包括温州人在外地办的鞋厂？他们直摇头，"那就无法统计了"。

温州鞋厂的老板，由于鞋革起步早，已经换过两茬了。第一茬的老板大多做鞋出身，文化不高，从家庭作坊开始，随着业务的拓展，一步步扩大。他们肯干，吃苦耐劳，但生产与运输的方式还比较传统，因而当时的鞋厂虽多，规模却不够大，加之政府还在遏制和打击私企的发展，淘汰率很高。有的小富即安，见好就收；有的未能跟上形势的发展，因款式、质量等原因而关门；也有的赚进一笔钱之后自暴自弃。这一茬人有一个共同的特点：热情、豪爽、对生活充满自信，那时的歌厅、餐馆，经常看见他们的身影，听到他们一掷千金的豪举。人们带笑说："这帮鞋佬！"这茬老板跟上形势，至今做大的不多。佼佼者有"康奈"老板郑秀康等老一辈，"康奈"现在依然做得不错，儿子郑莱毅、女儿郑莱莉接的班。

第二茬的鞋业老板就大不相同了。他们大多出生于20世纪六七十年代，无论读书多少，总算受过现代教育，生产营销都是现代化的方式，企业动辄几千人，是名副其实的企业家，人们也不再以"鞋佬"称之了。如"奥康"老板王振滔、"红蜻蜓"老板钱金波、"东艺"老板陈国荣都是这一茬老板中的典范。

我与钱金波都在温州，但我们的相识是香港朋友介绍的。那是2000年，钱金波到香港开展销会，这位朋友在香港的活动能力很强，帮他们张罗着请明星、邀媒体等。她很欣赏钱金波的品位和能力，便给我打电话，让我与钱先生相约见面。那时我对"红蜻蜓"已经耳熟能详，对"钱金波"的名字也已"如雷贯耳"。因为温州知名的民俗学家叶大兵先生正在与钱金波一起编《中国鞋履文化辞典》，而叶大兵先生是我在文化局工作时的局长，至今仍有联系，他们编的辞典也由叶先生亲自送到我的公司。并且我的学生取得"红蜻蜓"

在新疆的经营权，也常跟我提到钱金波。但我当时认为他无非是想标新立异，玩玩文化而已。见面之后，印象大变。他白皙的脸庞，戴着一副秀郎架眼镜，说话不疾不徐，年纪虽轻，却有学者风度。再读《中国鞋履文化辞典》，参观他的鞋文化展馆，方知"红蜻蜓"能在短短七八年时间，由白手起家到在全国有六七百间专卖店，年销售额近 10 亿元，并非偶然。有学者称，"红蜻蜓"作为品牌，清新自然，唤起人们的童心，富有活力、诗意，带有东方民族的特点，这反映了温州企业界对品牌文化的理解走向成熟。我忽然悟及，"红蜻蜓"公司自 1995 年建立之日起，钱金波已经在用文化来经营他的企业了，他不是在玩文化，而是从众多的鞋革企业中走出一条自己的独特的路。钱金波自小喜欢赶场听故事，会唱鼓词，自小心里就应该藏着这个文化梦。最近听说，钱金波投资办学校，要办一所东西方教育理念相融合的"K12 贵族学校"，投资 10 个亿，学校规模 300 亩地，自幼儿园、小学到高中。2018 年内动工建设。

提到独特的路，我不由得想起了东艺鞋业有限公司和它的老板陈国荣先生。有一年东艺鞋业公司在全国民营企业 500 强中排名第 9 位，应当说是个规模很大的公司了。但"东艺"的牌子在国内远远不及一些二三流的品牌，原因是他们基本上做出口业务，极少在国内销售。俄罗斯和中东诸国是他们产品的主要销售国家，他们很少在国内媒体上做广告，所以"东艺"的牌子在国内知名度不高。陈国荣个子不高，脸圆圆的，平时言语不多，没有给人一种叱咤风云的感觉。但也许正是这种沉静的个性，使他走出了有别于温州其他鞋革公司的路。我与他时有见面，大多在会议上，平时甚少交往，但我能感觉到他的"宁静致远"的人生取向。

除了鞋革业老板之外，服饰业的老板也是温州老板的主要群体之一。从品牌这个角度来讲，比之鞋业并不逊色。"法派""夏梦""高邦""美特斯·邦威""雪歌""报喜鸟""华士"等品牌在全国有很好的知名度，经营的规模也不比鞋业小多少。但奇怪的是当 20 世纪 80 年代，个体鞋厂蓬蓬勃勃发展的时候，服装业却大多停留在家庭作坊的阶段，大的企业很少。倒是纽扣、领带、拉链、丝织商标这些与之配套的服饰业搞得红红火火。温州桥头的纽扣市场在山沟里，知名度却响在全国。

我进文化界之前在纺织部门工作，有这方面的技术。20 世纪 80 年代末，我便利用自己的技术悄悄地办了一个丝织商标厂。我那时已经萌生了退意，想从文化界退出，下海办工厂了。别看每件衣服仅仅在领头或袖口处订了一个小小的丝织商标，却起了画龙点睛的作用，是服装上不可或缺的配件。而丝织商标是丝织业中技术性比较高的行业，我夫人全家人都从事这个行业。她爷爷、父亲、叔叔、弟弟都办过这种企业，而且技术上都能配套。有做纹织设计的，有做保全工的，也有做挡车工的，大家自己动手，既是老板，又是技工。我办的厂叫双龙丝织商标厂，由我做商标设计兼管技术，我夫人做纹织设计，她弟弟负责金工及保全，她妹妹和几位工友来做挡车工。工厂的规模很小，仅有几台机，由于小，产品换档灵便，正适合了那时服装业的需要。来我们这里订货的服装厂规模也都不大，倒是有几个鞋厂来订丝织商标的，数量较大。说明当时的鞋厂规模比服装厂大，这也是我对服装业和鞋业比较熟悉的原因。

一不做，二不休，既然已经萌发退意，除了办丝织商标厂之外，我还办了个专做出口的软包装食品厂，与后来是"中联图书公司"的老板李湧合作的，他的哥哥作家李涛也是这个企业的股东。我当时还在文联应卯，又办了这么两个企业，小孩还在念书，繁忙的程度可想而知。并且因为要拿文联这份工资，办企业的事还需半遮半掩，不能在单位公开，对领导欲培养我入党的好意，也只能敷衍敷衍了。直到我开始做房地产，这两个企业才停办。也算在此暴露一段隐私，顺便请我的领导和同事原谅。

说远了，再回到服装业上来吧。因为我做商标，知道在 20 世纪 80 年代，温州服装业还没有能与鞋业相比的旗舰级企业，温州服装业的大发展开端是在上世纪 90 年代。

当年温州服装业老板中，朱爱武的年纪不大，起步却是比较早的。毛主席有一首诗词《为女民兵题照》，其中一句是"不爱红装爱武装"，她的名字是不是由此而来？爱武家住木杓巷，到了 20 世纪 80 年代中期位于木杓巷的服装市场已经发展起来了。她辞去在国营企业温州电池厂的工作，打开自己的家门开服装店。一开始还不好意思，看见熟人路过都要躲起来。我认识她时，她已从卖服装转到生产服装上来，并且在市区的吴桥路拥有自己的大楼，厂房挺气派的。但那时她的企业还没有自己的品牌，而是与上海合作，打着上海春秋服装厂的牌子，生产高档西装和休闲装。当时市场向绅士高档西服和完全休闲服饰两极发展，曾经流行的休闲西服有退出潮流的趋势。她带着我们在工厂大楼里跑上跑下，举止利索又高雅，我还以优惠价买了她的服装。后来，我还带着外地的朋友到她的企业参观顺便买服装。再后来，在饭局上也碰过几次，她仍然是一袭黑色的衣裙，只是样式和用料不同而已，秀气中透出干练，真是人如其名，人称温州美女老板之一。

"高邦"组建和品牌亮相是在 1996 年下半年，受国际连锁模式的启发，彻底改变了原有产销结合的营销模式，卖掉机器、厂房，将资金用在刀刃上，投入设计、广告和营销领域，走向虚拟经营的道路。温州乃至全国服装生产能力很快就显现出过剩，而不足的是品牌和设计、营销等，生产方面交付协作工厂代工。年销售额从一年前的一千多万上升到 3 亿元。2000 年，高邦集团跻身全国服装行业双百强企业行列，年销售收入排名第 54 位。连锁店有400 多家。与"高邦"同时期的还有"美特斯·邦威""森马"等，都是相近的模式，走着休闲服连锁的路，虽是从国外学过来的，却行之有效具有前瞻性。先前温州人的仿冒很出名，现在的温州人也仿却不"冒"，仿的是世界上最先进的营销理念，"高邦"与"美特斯·邦威"等的成功之道就在于此。

关于这种"仿"，朱爱武在接受中央电视台《半边天》栏目组的采访中有个精辟的说法："明天是一个不可预知的世界，会有更多更新的发明呈现你面前，要想做一个与时俱进的企业，唯一的秘诀就是学习，学习，再学习。几乎所有温州产业，从皮鞋、服装、电器到打火机，创业之初都是在模仿中长大的。我觉得模仿并不可怕，我们知道学毛笔字，一个最快的捷径就是临摹……"

提到服装老板，特别是女装，不得不说到"雪歌"和"雪歌"的老板陈迷丽。朱爱武是从卖衣服开始的，将自家的门一开，挂上衣服就卖了。陈迷丽是从做衣服开始的，也将自己家的门一开成为一间小裁缝铺。朱爱武称自己 300元起家，陈迷丽靠一台缝纫机、一把剪刀、一条裁缝师傅的软尺，顶多 200元起家。两人的年岁也差不多，又都是"美女老板"，异曲同工。我知道陈迷丽的名字比较早，因为我手下的一个职员那时就住在市区龟湖路那边，与陈迷丽开的缝纫铺很近。她有时穿件别致新颖的衣服，说是隔壁迷丽做的。温州话"迷"与"美"同音，我心想，这女孩的父母胆子真大，孩子取名美丽，如果长得难看的话这名字不就难堪了？我公司的那位员工说是"迷"，不是"美"。我记住了这个名字。她的头衔是温州雪歌服饰有限公司的董事长兼首席设计师，还曾获得"中国十佳服装设计师"荣誉，"雪歌"的大广告牌就曾立在温州市区到机场的路上，那上边写着：如风、如雪、如歌……

还有温州的"升球"服装企业美女老板郑湖燕，服装质量非常好，主要是给国外企业做代工。

服装界并不是女老板的天下，"美特斯·邦威"的周成建、"华士"的曾旭光，以及"报喜鸟""法派"等的老板都是男士。但其他行业没有如此多的女老板，我是作为一种独特的现象来闲说一下。

小镇里这一批大老板

虽然鞋革业、服装业、眼镜等行业的老板群体很大，很有实力，但在全国500强民营企业中，排在前面的温州企业大多是机械电器业，也就是说最大、最有实力的老板是机械电器业方面的老板。

"正泰"集团、"德力西"集团在全国的知名度不必说了，如今每年销售额都有几百亿，在全国民营企业500强中排名前列。有意思的是正泰南存辉以前是以补皮鞋为生的，而德力西胡成中是做裁缝出身的，但他们没有能成为鞋业或服装业的大老板，却成了机械电器业的领头人，这就不得不说到乐清柳市镇了。

当年柳市镇开始发展时只有3万多人，也就是说在全国几万个镇建制中，是很普通的中等大小的镇。除了"正泰"与"德力西"之外，"人民电器"集团早在本世纪初年总产值已超过50亿元人民币，如今全国各地有3000多家销售公司，是全国500强企业之一。董事长郑元豹学武出身，在温州被评为"温州功勋企业家"，这是一个确有含金量的荣誉。他办武校期间曾经带出3000多名学徒，大多成为温州的老板，温州这个地方是有尚武的传统。

还有"天正集团"、"长城电器"集团、"新华电器"集团等数家，也进入中国民营企业500强。但在全国民营企业界500强的名单中，曾有一年这个小镇共有8家企业入榜。柳市的老板群体真是又大又强，可谓我国经济界的一大奇观，这就是"柳市现象"。2016年柳市镇位居全国百强镇第15位、浙江省第一位。

其实，这就是一个产业规模效应的问题，我在讲"温州模式"这一章中提到过的"一村一品、一镇一业"就是指产业氛围。有一个"众人拾柴火焰高"的效应，在数量庞大的中小企业中，就会出现航母级企业。胡成中与南存辉还是柳市小学同班同学，南存辉学习成绩好，当了班长，胡成中是体育委员。同样是辍学后，一个当裁缝，一个做补鞋。如果当初南存辉在柳市办鞋厂、胡成中在柳市办服装厂都不可能办得很大。

柳市发展很快，刚刚还是洗脚上岸的农民，转眼间就做起了低压电器和相关零配件的生产销售，胡成中到各地跑供销、推销柳市产品，

1992 年，乐清柳市到处都是手绘的电器广告

南存辉则瞒着父亲偷偷与三个朋友合伙摆柜台卖电器。就这样，在大潮流中他们都无意中改行了。

1984 年 7 月，南存辉和胡成中合伙集资 5 万元创办乐清县求精开关厂。也是这年春天，"八大王"获得平反。多年后，南存辉对袁芳烈说：你平反了"八大王"，我才敢申办"求精开关厂"。

在这个商品短缺时期，商品不怕出不去，只要价格便宜、能用的都可以出手。"一村一品，一品多营"，以柳市镇为中心形成了十个规模较大的专业村和专业乡，如翁垟矿灯配件、茗东乡电压交流互感器、吕庄村自动空气开关、蝉西村的胶木配件、东皇屿村的电瓷配件等。

柳市的低压电器就以价格低、规模大、流通快取胜，甚至挤走了属于国营企业质量过硬产品的市场，用现在流行的话讲就是"劣币驱逐良币"。市场流通首先是经过经销商，他们选择营销方式灵活、利润空间大的商品；其次，购买使用的企业，习惯上采购价格低的商品。这个时期的柳市，是没有能力

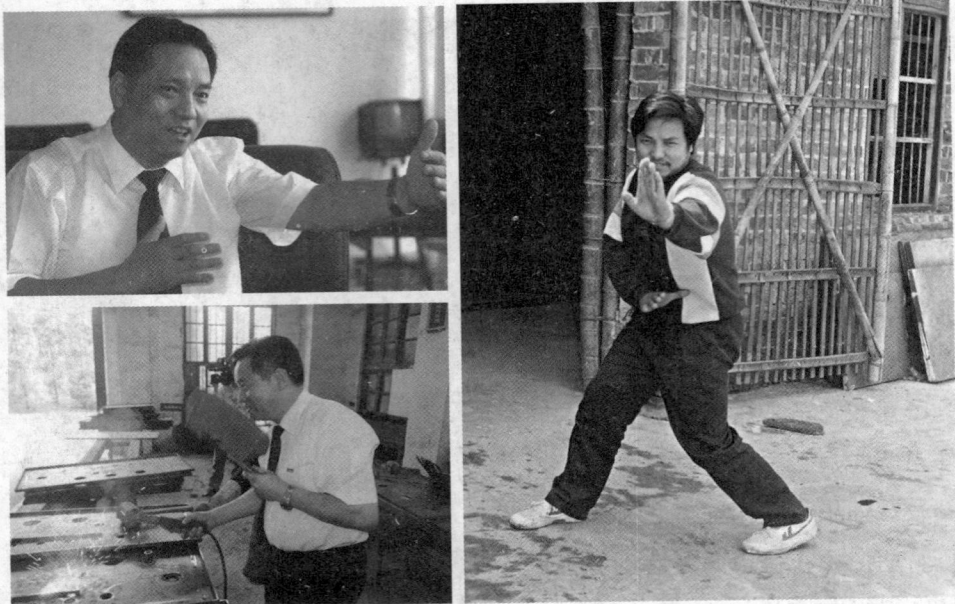

人民电器集团董事长郑元豹（上左）；郑元豹还是一个不错的电焊师傅，图为在江西公司生产一线为员工示范电焊操作（下左）；郑元豹年轻时习武的珍贵留影（右）

生产高质量的产品，模仿出来的质量普遍较差。但有十万供销大军和专业市场做后盾，占据了国内很大的市场。

各地经常发生一些因柳市低压电器质量造成的事故，媒体声讨，部委通报。这样子，政府对这些小工厂采取措施是迟早的事。

柳市大多数工厂都是无证生产的，上千家工厂和作坊，没几家有证。很多企业暂且先做着生意，他们不知道何时又被取缔了，"八大王"事件记忆犹新。但当时胡成中、南存辉的眼光就不一样，没有随大流苟且偷生。1986 年从上海人民电器厂挖来退休工程师，借来高利贷，求精开关厂办起了当时国内民营企业第一家热继电器检测室，并在 1988 年拿到温州第一张由机械工业部颁发的生产许可证。

终于在 1990 年，国家六部委联合发文在柳市展开全国少见的打假行动，历时 5 个月之久。上千家低压电器门市部被勒令关闭，一时间柳市鸡飞狗跳。相比之下，由于质量得到保障的求精开关厂，有了一个迅速发展壮大起来的机会。1990 年企业产值为 500 万元，1991 年产值达 1000 多万元。名声开始在温州响起来。

也就是这个时候，求精开关厂一分为二："第一车间""第二车间"，实际上也就是分家了，只是暂时还"住在一起"。合伙创业容易，企业步入正轨再守住就难了，亲兄弟长大后也是要分家的。

柳市人阵痛之后开始了二次创业，政府的措施就是让电器产业逐渐步入正规发展轨道，低小散企业必须被整合，生产许可证成了企业联合与兼并的纽带。上面对许可证的把关甚严，大量无证小企业成为大企业的分厂或车间。

后来南存辉成立了"正泰集团"、胡成中成立了"德力西集团"。柳市镇一批企业集团集聚了数以百计的配套企业，"消灭了二级法人"，集团企业市场竞争力大大提升了。

后来南存辉成了全国人大代表，胡成中是全国政协委员。

"神力集团"也是从机械行业起家，虽然没听说它在全国民营企业500强中排上名，但在温州的老板中，"神力"集团董事长郑胜涛具有强大的影响力，他能担任温州总商会会长一职便是明证。所以说温州最大的老板在机械电器业。

有的行业并不是很大，其影响力却是非常大的，如宾馆业、餐饮业、娱乐业等无不如此，因为它关联到社会每个行业和每个人的生活。在这一点上我深有体会。作为老板、商人，以往我在温州做得不大没有名气，人家提到我是因为我曾经是作家。但自从与朋友一起开了温州国贸大酒店之后，便被视为正式进入老板行列，开始小有名气。因为酒店有员工近千人，每日可以接待上千人吃饭、娱乐与住宿。酒店有30余层，金色玻璃幕墙，在温州可谓地标性建筑，我作为酒店董事长，俨然成了老板。其实这房子是国家的，我们仅仅包租下来开酒店罢了，其投资远没有房地产大，真是徒有虚名。但如温州国际大酒店老板倪铁成先生等却又不同，虽然同属四星级酒店，他们的房产是自己的，那才是真正的老板。

温州的娱乐业规模也不小。

餐饮业在温州也是个大行业，并且许多酒楼是连锁的。有"阿外楼""云天楼""五马美食林""溢香厅""凯悦"等酒楼，规模都很大。老板我大多见过面。其中"阿外楼"最具代表性，应当在此述说一下。

"阿外楼"这个名字很土也很怪，但这个名字在温州叫得很响，几乎是无人不知，无人不晓。老板是周宗权、周宗友兄弟姐妹一家。20世纪70

年代时，市区华盖山外边环城路有间酒家叫山外楼。周家由老母亲领头，带了几个子女在旁边开了另一家酒家，房子比山外楼还矮，便起名"矮外楼"。温州话"矮""阿"同音，大约认为矮的是房子，不是经营手段和能力，所以后来写成"阿外楼"，由于经营得法，菜鲜价廉，"阿外楼"生意一直非常好。几年之后又开了一家"新阿外楼"，又过几年开一家"东阿外楼"，以后陆续有"西阿外楼""南阿外楼"等，连锁店越来越多，兄弟姐妹几个也分别当各自的"阿外楼"老板。各个阿外楼的生意都很好，历 40 多年而不衰，可说创造了温州饮食业的一个神话。周宗权、周宗友我都认识，黑黑的肤色，敦厚的样子，从来不要大牌。我以前常光顾阿外楼，有两次因找不到包厢，他们将自己的办公室腾出来让我们吃饭。只是国贸大酒店开业之后我极少去其他饭店吃饭，与他们按温州话说是"生份"（陌生的意思）了。

第十五章 敢想还有敢做

——温州的老板（四）

做官不如做生意

叶康松这个人在温州，但对全国都有巨大的影响。之所以有名，是因为他是中国第一个辞官务农的镇委书记（1986 年），第一个经政府批准在美国创办私人公司的农民企业家（1991 年）。他还有许多别的"第一"。

叶康松 18 岁参军，1978 年转业到地方，曾任永嘉县上塘镇委书记，口碑不错。在仕途很看好的时候，萌发了退意。"镇委书记"下海，是当时中国的轰动性新闻，他也是温州干部队伍中第一个辞职下海经商的。他的下海对温州对全国干部触动都很大，对我也是很大的触动。那是我正在办《文学青年》杂志。

叶康松辞职后先是创办瓯北水果试验场，后来在苍南县马屿养对虾。一场台风大水潮冲毁虾塘，20 多万元的投资血本无归。叶康松急于寻找出路，他曾听说过国外搞农产品经营的事，于是决定到美国创业。经过一番漫长的等待和曲折的手续，终于在 1991 年到了美国洛杉矶办公司，是中国大陆第一家在国外办的私营股份合作企业。同去的有水产养殖、种菇专业人员等七人。但事情没有预想的那么简单，先是养鱼，但带去的技术不适应而收场；接着做空运香菇，利润是很可观，但保鲜技术不过关，做了几次后放弃；于是与一位在美华人合资经营种菇场，想不到由于他们的出现影响了另一个人的生意，最后含泪把菇场卖给了对方。

但关了一扇门，就有新的一扇门打开。正当叶康松困在家中的时候，得到打火机贸易的信息。叶康松拿着打火机样品调查市场，很快做成了一宗1万只打火机的生意，赚了1万美元，从此做起了温州打火机生意，与在美国的温州商人林光合作（林光赴美前是浙江中医研究院研究员，后4次成功应对美国的贸易壁垒，现为全美浙江总商会会长和发起人），很快就占了美国市场很大份额。叶康松的"康龙公司"成为美国最大的防风打火机供应商，在几大城市设立分公司网络式经营。两年时间不到，为温州出口了2000万美元的产品，直接把垄断市场的日韩产品挤出美国——真是"有心栽花花不开，无心插柳柳成荫"。叶康松来美国遇上了这个机会。这种依托温州产业资源的温商，依托在国外的温商网络做温州产品的出口贸易——"侨贸"，有一个较长的时期，温州的外贸相当程度上还是依赖这种"侨贸"。

可是具有戏剧性的事情还在后头，1994年美国实施CR法规，打火机要安装一个防止儿童开启的安全锁，因为小孩子玩打火机出了几次火灾事故。叶康松吃进了600万只打火机出不去，一下子就压住4000万元人民币的货物，货款大部分还没有付给温州的厂家，催款的电话一个接一个……温州这边甚至传言康龙公司这回完了。

慌张是没有用的了，亏损也是一定的。上一扇门开得似乎是天意，下一扇门如何开，就要靠自己了。叶康松这个名字好像与中医药有联系，这也是天意。他想，中国货可以卖到美国，美国货是否可以卖到中国呢？可不可以卖美国西洋参呢？叶康松早就意识到美国正宗西洋参的高品质，早就有做这个生意的念头。浙江人进补意识强，尤其是温州这些地方先富裕起来了，讲究品质。国内市场上西洋参大多品质一般，价格也不高，或者价格较高的，品质也不是很好，大部分还是国内培植的，哪怕是美国进口的，顾客也常常抱有疑虑。

把美国西洋参弄到温州来，就可以大卖，那也是不可能的。要让人信服，需要恰当的运作。

叶康松是怎样做的呢？"天时地利人和"都具备，叶康松还是温州口碑不错的知名人物。

他马上到美国西洋参生产基地威斯康辛州参园考察，与参农协会联系，经参农协会介绍与州主管副州长磋商探讨。

1995年3月31日，美国威斯康辛州副州长麦克凯伦启程来华，还带来威州参农协会的五位会员。次日，世界上第一家美国西洋参专卖店在温州信河街开业。蒋云峰副市长、麦克凯伦副州长等出席开业庆典并剪彩。副州长在庆典上说，感谢叶康松为美国西洋参进入中国市场所做的特殊贡献，说这是全世界第一家威州西洋参专卖店，特别强调这里的西洋参全部来自美国威州。

叶康松将美国的州长请到温州为自己做广告，也算是温州人的一大创举，在温州搞得家喻户晓。后来，温州城区不少地方都可以看到叶康松西洋参专卖店，或者是药店里的专柜。凡是用过的人都有体会，品质确实很好，名声也就传开了。浙江人历来把人参作为馈赠佳品，尤其是孝敬长辈的，这种有来历的西洋参礼品包装成了很多温州人的首选，所以生意长期稳定。最多时，浙南地区有近百家专卖店。叶康松同时也是中国大陆最大的美国西洋参进口商。

叶康松下海这件事当年上了《人民日报》并引起大讨论，当时国家正为如何精简机构而费神。几年后，国家制定新政策，允许和鼓励公务员辞职经商或者停薪留职经商。这里有叶康松的历史性贡献。

叶康松的经商经历具有温州人的典型性，敢想还有敢做，争的是第一，有这个"第一"就有了空前机遇。他最难得之处是"勇敢做自己"，追求自己的理想，要实现自己的价值。他所做的，是前面没有人先做过的，是"第一个吃螃蟹的人"。生意的成败有运气的成分，特别是像他这种开创者，成功也因为是第一，机遇好机遇多；失败也可能是因为第一，没有现成的路子可以借鉴，未知因素多。之后叶康松经营起"康麦斯"营养保健品（卵磷脂和深海鱼油）全国连锁店，也是具有开创性的事业。

叶康松得到了许多荣誉，克林顿总统接见赞赏了他，威斯康辛州也褒奖了他，在温州还被评为温州改革开放二十年风云人物。他在慈善方面也做出了贡献，创办了全国第一家民办慈善基金会。

改革开放之初，类似这种机遇就多。赵章光曾经是温州首富，他的"章光101"生发酊就有一次千载难逢的发展机遇。1987年邓小平访日，得知日本首相竹下登很为斑秃苦恼，就建议他用中国的中医药治疗。时为全国人大常委会副委员长的王光英受邓小平委托，经调查后选定将"章光101"生发酊送往日本。3个月后竹下登斑秃治愈，一时成为日本媒体竞相报道的新闻。日本轰动了，中国也轰动了。

我认识赵章光，他是一个憨厚老实的人，他也不喝酒，喝酒过敏发痒的缘故。大家说起往事，他倒是很实在。他说："如果竹下登首相的头发不长出来呢？""章光101"也不是什么情况下对什么人都有效。但首相的头发就是长出来了，这就成全了赵章光。这个机遇，奠定了赵章光"温州首富"的地位。

"好汉不赚有数的钱"

叶文贵这个人也是一个令温州企业界敬佩的人，他是一个有抱负的人。

当年台州的李书福说要造汽车，很多人暗暗窃笑。台州挨着温州，两地的风气也有许多相似。李老板接受媒体采访，在报纸上说，也在电视上露面，大家看到这个李老板个子不高，年纪也不大，甚至表情有点木讷，憨厚农民的样子。但李老板说，汽车不过也就是把沙发装在轮子上而已，这话说得好有自信。说这话时还是在20世纪90年代中期，我想当时不以为然的人居多，没有想到李书福的吉利汽车有如今这个局面。

还在李书福说这话时，温州叶文贵已经动手造出了电动汽车试验车。说起叶文贵，常常把我们思绪带回到那个激情创业的年代。

叶文贵也是1969年去往北大荒的四千温州知青之一，到黑龙江七台河插队，我的妹妹也是知青，当时去的是黑龙江佳木斯连江口国营农场。据说，插队不久他就做生意，他首先发现关内关外土特产差价甚大。后来发现一个商机，组织8个知青合资生产铁锹柄提供给有三万工人的七台河矿务局，挂靠于集体企业，部分收益归集体。所用的材料就是林场改造伐掉的杂木，正好废物利用。生意做得不小，后来用整个车皮运进关内卖给其他厂矿，为此还在所在地修建了6公里公路便于运输，站名就叫"金乡"，苍南县金乡是叶文贵的老家。他在1978年回到温州，头尾有十年，我妹妹只五年就回来了。区别是他回来时已经腰缠万贯（有回忆文章称叶文贵回乡时从东北带回七八万元，当时还没有"万元户"的说法），我妹妹则在我和朋友合办的一个厂里上班，我们也是挂靠于集体企业。

我比较早知道叶文贵，他联合17位亲友合资办了一个轧铝板厂，一年赚不少钱。分红时大家都高兴，但大家对以后怎么办意见不一，不愿意再投入，有说以后政策变了呢？叶文贵不担心政策如何变，但觉得这个厂技术含量低，干脆选择退出。"好汉不赚有数的钱。"金乡当时兴起了徽章、塑片"四小件"产业，他就办起了PVC薄膜厂。PVC原料很紧缺，要从外地长途运来温州，价格也很高。而在金乡，家家户户的工厂一角堆满了边角料。他筹集一二百万资金购置了设备，一千元左右一吨购进边角料，加工后二三千元一吨卖出，利润可观。

他又在技术方面下功夫，原来外地的几家企业占据市场，现在纷纷退出金乡，从此叶文贵独霸金乡市场。

苍南县委抓住这个典型，号召学习叶文贵，理由是宣传叶文贵就是宣传党的政策。当时温州人对今后的政策怎么走心里还有疑惑。《人民日报》还转发了评论。中央党校邀请叶文贵到京演讲，他不肯去。市委领导就说，你现在是代表温州了。他在北京演讲的内容有自己的创业经历，有对国家大政方针的看法理解。那时企业家的意见看法很少见，大家都觉得新鲜接地气，都有兴趣。后来演讲稿还在杂志上刊登了，反响很大。全国评选100名优秀农民企业家，叶文贵是温州的唯一一个。

到了1988年，叶文贵的苍南县压延薄膜厂成为苍南县第一家产值超千万的企业，他办有6个厂，自有资产超1500万。当时还是讲"万元户"时代。

叶文贵这个人有一种情怀，他的这种情怀能代表温州人的情结，很多温州老板心里都有这种意识。

他在厂里办起了文化补习班，职工免费食宿，工资待遇也比较高，所以不少人慕名到他的厂里打工。当时懂英语的人很少，他嘱咐英语老师，就是只剩下一个人来上课，也要坚持到最后。

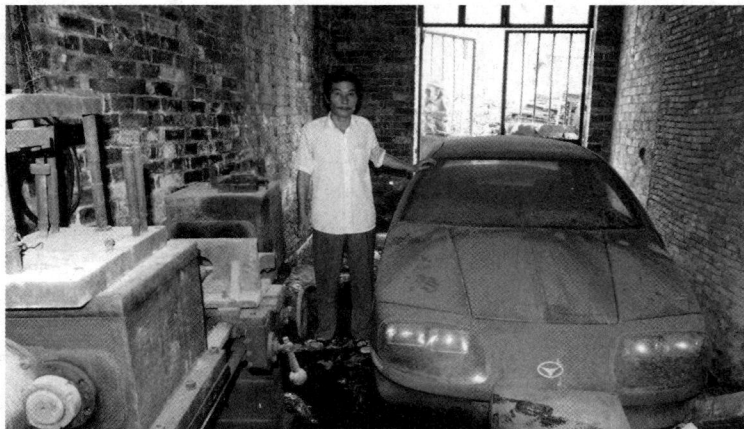

20世纪八九十年代，叶文贵倾其所有投入到电动轿车的研发当中，由于种种原因没有商品化。图为时隔多年后，萧云集于2008年摄于其库房。

叶文贵要造电动汽车，可以说是有眼光的。我这里不说环保之类的意识。电动汽车具有制造相对简单、操作简便、噪音小、无排放等优点，应该说是一个趋势。燃油类汽车，我们的制造技术无法与国外相比。我们国家当时是通过合资获得了国外先进技术和设备，门槛不低。李书福也是如此这般做大的。现在我们就看清楚了，电动（自行）车大体上取代了摩托车，只是在山区和远距离行驶，还不能取代摩托车，电动（自行）车的制造比摩托车要简单得多。现在电动汽车使用范围逐渐扩大，首先购买电动汽车有政策优惠，公共汽车、许多城市的出租车也逐渐被电动汽车取代，用于租赁的共享轿车也是纯电动的（如果是燃油车用于共享租赁，管理漏洞和操作风险都很大）。

叶文贵的想法可能是直接制造电动汽车，来一个"弯道超车"，直接超越，或者至少在一个范围内领先。"人无我有，人有我好"，既然燃油汽车门槛高，我们就干脆做国外也同在探索阶段的电动汽车。当时万向集团鲁冠球劝告他不要冒险，不如投入做燃油汽车，认为造电动汽车还不到时候，但叶文贵没有听从。叶文贵这个人是很有抱负的，有一种造福桑梓的"英雄情结"。当时温州的大大小小数以百计的汽车配件企业翘首以待，希望他给温州带来一个新产业。就叶文贵内心来讲，他也知道自己未必能够成功，创业也不必就是为了赚钱。我们如今不能以成败论英雄。

电动汽车的核心技术中关键是电池技术。当时，他在金乡用简陋的工具敲敲打打，配件也是用温州本地的产品，用普通的机床就造出了一辆样车。第一辆样车的电池组就有400公斤，改进后的第二代也有200多公斤，充电一次需要一夜，可以开二三百公里。好像看到了希望，为此还获得了国家级新产品证书。

如今电动汽车已经投入实际使用，首先是电池技术有了巨大的进步，据说其他的关键技术如电机、电控技术也还不是十分成熟。

叶文贵投入大量资金，最后把其他的几个厂也关了。财经作家吴晓波曾经拜访叶文贵，叶文贵穿着一双破皮鞋，他们两人在金乡的一家酒馆喝酒。酒后，叶文贵用力跺着地板说："这家酒店原来是我的产业，为了造车筹钱，卖了。"当时如果电池技术能有较大进展，或者在其他方面运作好，他的混合动力的电动汽车在小范围里生产使用是可以达到的，相比于燃油汽车，价格也会低许多。当时三轮摩托车"天目山"遍布浙江城乡，是那时县乡的"出租车"，很不安全，但也维持了十几年时间，我想全国各地情况应类似。电动车是可以作为取代"天目山"的升级版，舒适度和安全性能也高出许多。这个市场是非常巨大的。不能说叶文贵做事太固执。相比于李书福，也不能说谁更有眼光。总之，做的过程中有很多变数，都可以影响到结果。

叶文贵对此并不后悔："做事，就要做别人没有做过的事情。""长江后浪推前浪，我很高兴为后人当了梯子。"

叶文贵有一子两女，学位都不低，儿子清华汽车专业毕业，现自主创业。

叶文贵之后，温州涌现出一批批可圈可点的企业家，不乏惊天动地的人物，但叶文贵这个坐标谁都无法取代。

"总统替我做广告"

彭星是一个轰动温州的人物。1988年他毕业于温二中，来到大连做服装批发生意。先是从瑞安拿布料到瓯北加工，再运到大连。干了差不多十年后成立"法派服饰公司"，此时温州已经出现一批服装品牌企业，"法派"是一个默默无闻的企业。浙江省内的宁波，就有雅戈尔、杉杉和罗蒙等全国著名品牌，名气整体上盖过温州。后来法派先是请梁家辉、张柏芝等加盟演绎"法派情人"，内部管理正规化，拿到了"中国驰名商标""中国名牌产品"称号。彭星就在动脑筋如何把名气做大。他在报纸上读到克林顿总统陷入莱温斯基案，为此还拖欠了数百万美金诉讼费的报道。彭星心里一亮，没有想到美国总统也缺钱，就想请克林顿总统在即将卸任后为法派做代言。彭星觉得，克林顿先生有着一种时尚浪漫的气质，是个帅哥；但克林顿的形象毕竟有点不光彩，又是一个政治人物，会不会弄巧成拙，心里还是有点纠结的。好在彭星下了决心邀请克林顿。其实，克林顿总统，尽管被桃色事件困扰，但对他有好感的人还真不少。法派通过关系获知克林顿的邮件信箱，在几个月内连发了两份电子邮件，都没有收到回复。到了2001年1月，克林顿总统卸任这一天，又发去一份电子邮件。这次终于盼来了消息，克林顿的夫人希拉里回函了，表示克林顿先生对此很感兴趣，并表达谢意。温州的媒体首先披露了消息，各地媒体纷纷转载报道，全国轰动。大洋彼岸的美国也很轰动。无论国内国外，认为这是商业炒作的人居多。但从彭星的初心来讲，这真不是刻意的炒作。

可是，不是刻意的炒作却有这么好的一个宣传机会。温州这边继续锲而不舍邀请克林顿。2003 年春，克林顿准备来中国，温州这边翘首以盼。但天公不作美，受到非典和伊拉克战争的影响，故而未能成行；到了下半年，应我国有关方面邀请，终于在北京相见了。克林顿见到彭星，很惊奇：想不到这么年轻！十几个西方国家记者纷纷来到温州采访法派，这时候，彭星就出言谨慎了。两年之后克林顿卸任后再次访华参加一个国际会议，特意约见彭星。克林顿表示还不方便来温州，但很欣赏法派的国际化。就在这一年，法派的年营业额从初创时的 3000 万增长至 14 亿，跻身全国民企 500 强。

克林顿没有来温州，但全世界都知道了"法派"，从当初默默无闻的企业一举成为国际知名企业。下台后的克林顿依然是有背景的政治人物，他的言行首先是出于政治的考量，"来或不来"都是出于时势需要。彭星需要克林顿，为此伸出橄榄枝；克林顿热情回应彭星也是出于某种"需要"，当然不会是仅仅为了这点"出场费"。后来，随着克林顿夫人希拉里成为美国国务卿，邀请克林顿代言的事情也就只能搁置了。

2007 年法派十年庆典，请来了德国前总理施罗德。这在温州算得上是个破天荒的事情。温州市政府非常重视，指示作为"温州盛事"来对待。有关活动很隆重很热闹，施罗德参加了法派国际工业园的开园庆典，在主题论坛上发表演讲，与民营企业家对话。在法派与央视合办的晚会上，施罗德的演讲，人气魅力盖过了参加演出的一批明星。

作为彭星，这件事也是对自己的"总统情结"、对社会各界对法派炒作质疑的一个交代。

对于法派品牌的传播和成长，怎么估量这件事都不过分，克林顿与彭星，精明的美国政治家遇上了精明的温州商人，碰撞出火花，是彭星难得的人生际遇，也是一段商界佳话。

说到温州人善于借势、"懂政治"，我又想起了当年"八大王"之一的胡金林。温州人一方面"远离政治"，改革开放之初都是跑到"天高皇帝远"的偏远地方做生意，如今在全国各地的温商，也不像许多地方的人那样政商关系搞得非常紧密；另一方面温州人对政治又比较敏感。新华社驻温州记者丁雪萍与胡金林有旧交，就是缘于当年胡金林在感到形势处于微妙变化时期潜回老家，他的家属给丁记者去信，引来丁记者上门调查，最后发了新华社内参，并汇报给时任市委书记袁芳烈，"八大王"终于得到了平反。胡金林是一个关心政治的人，当年他特别注意看《人民日报》，嗅觉非常敏锐，还爱读书。当时逃跑选择潜伏在黑龙江牡丹江市的夹皮沟，就是因为读了小说《林海雪原》，那是"座山雕"的老巢。如今他在柬埔寨的生意仍然做得很稳健。

伴娘也有出嫁时

　　媒体有很多的报道，说温州人如何善于把握商机，如何手到擒来，我就说说我身边有这么一件事。我作为温州国贸大酒店董事长，部门里有一个来自温州泰顺的小伙子叫吴跃春，他发现了一个商机，后来做成了一家连锁酒店集团。

　　起步的时候，他的品牌是"锐思特汽车酒店"，这个品牌名称似乎在倡导新时代的一种生活方式，名字取得不错，说明年轻人的敏锐，但与汽车关联也不是很大。在开了三四家后，我看看不错，就投资了，做了大股东，二三年时间里就达到上百家的规模。那还是在 2006 年，吴跃春在电视里看到经济型酒店品牌"如家"上市的消息，就邀四个朋友集资组建了一家"酒店管理公司"，每人出十来万元。到处去考察这类经济型商务酒店，取经学习。这个公司当时其实就是一个筹建机构。

　　我的国贸大酒店是四星级，有一些人出差来到温州，甚至干脆是背包客来旅游的，就觉得我们的酒店价格偏高了。这种经济实惠、安全卫生、管理规范到位的连锁酒店就有了巨大的市场，实际上是取代招待所、小宾馆的升级版。"锐思特"第一家样板店在 2006 年开业，也在黎明西路，国贸大酒店附近。在这家店可以开业时，资金早已用完。可是吴跃春并没有来找我。他用了什么方法呢？他把这家旅店的股份转了一部分给一个老板，算他投资，但是旅店经营由他们的"酒店管理公司"来做。这个老板省去了经营管理的麻烦，是个清水老板，同时酒店管理公司可以练练手，皆大欢喜；另外还有一个条件是这位老板还要借一笔不多的资金给他们滚动。条件不高也就谈成了。吴跃春如法炮制，一年时间在温州城开了三四家，一家比一家好，一家比一家成熟。在我投入资金后，单单在温州本地就一口气开了 20 多家，企业开始向全国各地发展。温州老城区不大，开车所到之处就能看到我们的旅店。

逸柏酒店集团 CEO 吴跃春

吴跃春虽然年轻，已经不是第一次做生意，早些年和朋友合伙在中俄边境做边贸，交了学费回来的，但学费没有白交，学到了经验，知道如何合作做生意交朋友，他在为人处世方面很好。来我们国贸工作前还在银行工作过。他说银行教给他严谨的态度和重视数据的观念，凡事细致谨慎。再加上他有胆色，选对行业了，生意就这样发展起来了。他以前写的一个材料我摘录下来给大家看看：

这个选择其实我是顺势而为，一方面我在酒店上班，了解这个行业虽不是一个暴利行业，但是收益很稳健。另外也有国外的数据可以参考，欧美国家的酒店连锁率高达 70% 以上，而中国只有 15% 左右，无论从成本效益还是发展空间来考虑，单体酒店迟早要让位给连锁酒店，所以这是一个趋势；另一方面，作为和老百姓息息相关的民生消费类产业，国家是有规划的，作为与旅游业紧密相关的酒店业，无疑将会从中分一杯羹。所以我毫不怀疑自己再次倾囊而出投资方向的正确性。

在我创业之初，国内百元连锁酒店市场并没有一个龙头性质的品牌主导，基本呈现鱼龙混杂的格局，于是我们便推出了易佰酒店这个品牌，目标便直攻超经济市场，并且做大全国。这一领域是我们的强项，像7天、如家、锦江之星这些品牌都是无法与我们竞争的。

如今有近千家连锁店的规模，四年前成立了逸柏酒店集团，注册资本就有2.7亿。易佰连锁旅店是平价酒店的定位，易佰酒店和锐思特汽车酒店定位高一些。酒店的整个档次已经升级了几次，现在推出的最高一级是"途客中国酒店"系列，有途客"玩儿"酒店、途客"电影"酒店等。这个品牌讲究文化情怀、时尚，商务氛围和个性化设计很不错。集团 2017 年还接受了格林豪泰酒店集团和境外私募股权公司的 1.5 亿元战略投资。格林豪泰是一家美国企业，现在更名为"格美集团"，在全球 400 多个城市有 3000 多家酒店，算得上是行业前几名的酒店集团。

格林豪泰 CEO 徐曙光与吴跃春的想法、做法都很投缘。吴跃春说："酒店的本质不是一个歇脚的驿站，更是出门在外的第二个家。另一方面，加盟商是一个酒店集团最重要的客户。"酒店这个生意无论是对旅客还是合作伙伴都要做出情怀。

发现机会还要抓住机会，温州人的合作精神特别是在开创阶段是很好的。都说合作很难，要合作好，就要懂得"对手其实是自己"。做生意的本领学校里不容易学到，新生代温商很善于学习。

他们让我当公司董事长，但我对具体事情基本不管。公司总部搬到上海也已有六七年，考虑到我在温州，几年的董事会都在温州开，还有在我家里开的。开会时有人说，"伴娘也有出嫁时"。我愿意去投资，因为我就在酒店这个行业，一说我就能懂，有兴趣。"头三脚难踢"，一开始要说服一个人来投资，特别是不是这行当的人，可能就不那么容易。而这个时机十分关键，有对自身团队的信心影响，还有在这个时间段商机的把握。做老板思路要对。

在大家印象中，温州新生代，以及"富二代"，好像不如老一辈那样出色。

上一代温州老板是泡在苦水中长大的，挨过饿，受尽委屈。一旦可以做生意赚钱，还不拼命干？也没多读书，就是比谁会赚钱。"富二代"没有这种体会，进取的动力会弱一些。这样反差就大，老一辈亮点就多。再说，如今这个时代，做生意创业还需要文化，单单是靠一些经商智慧已经不够，专业性要求更高了，暴发的机会也不比当年"一个灵感""一个概念"来了就有的。综合比较起来，新生代温商综合素质不低，但内地商人与我们比较起来差距在缩小。新生代温商在进步，内地商人也在快速成长。就地域来讲，温商还是领先的。实际上，温州"富二代"有不少不愿意接班，是看到了父辈的不足和行业的烦恼，或者对行业不感兴趣——作为子女来讲，距离太近，看法也有可能是偏颇了，更多地注意到不足之处，没有看到更多的优长之处；但年轻人本来就心高气傲的，眼界也高，愿意自己去闯，他们都需要自己去感受成功或失败。他们会说："二代的传承不能只是在产业和物质上。"这句话在温州年轻人中颇流行，有代表性，说是有几分强辩也不为过，我们也要让子女明白传统行业还是有生命力的，起码是个自己熟悉的平台。

杭州出了个阿里巴巴淘宝创始人马云，温州出了个唯品会创始人沈亚。沈亚是我老朋友沈克成的小儿子，沈克成把生意交给儿子，自己专心做学问了，他的兴趣还在学问这边。沈亚就是在管理父亲交给的小企业，自主转型做成唯品会的。沈亚自小博览群书，他家书多，后来考上了上海铁道学院。在创业过程中，他还拿出 50 万元的学费去商学院学习深造。唯品会创立至今 10 年，据媒体称，已经位居浙商 500 强第 19 名，2017 年收入 700 多亿元。

新生代继承了温州商人的基因，一代胜过一代，但"光芒"可能不如上一代。老一辈温商闯世界，时代的大机遇也很明显。新生代温商在很多领域都有建树。比如在文化产业领域，这就是上一代温商难以企及的。最近就有温商王焱磊出品了电影大片《超时空同居》，票房近 8 亿。故事梗概是他自己提供的，电影剧本也是自己的团队完成的，算得上是"温商出品"。此前温商的文化企业参股出品的院线电影也有不少，但只能说搭车合作。比如进口电影大片《血战钢锯岭》，联合出品方就有温商的影业公司，有四五亿元的票房，还有《西游记之大圣归来》《老炮儿》也都是，都有近 10 亿的票房。

王焱磊今年 42 岁，但他不像以前的温商那样一下子闻名温州，最后全国都知名，时代变了。这类投资制作门槛不低，文化水平、专业知识和商业运作等方面都有要求，风险也很大。对商人的综合素质要求是很高的。与上一代温商相比，就不再是"敢为天下先"赋予的机会，而是实实在在的实力，有创意、有制作，有对社会思潮的把握，有对市场的判断，同时还要面对巨大的风险，超越了当年开放之初温州人的"直觉"和"韧劲"。王焱磊是新生代温商的一个坐标。

2018 年 8 月福布斯公布全新的 2018 年中国"30 位 30 岁以下精英"系列榜单，温州 5 人上榜，都是 90 后。这些温州青年创业的领域涉及零售与电商、企业科技、消费科技、医药健康、艺术与时尚等。

第十六章　男人不武　女人不爱

——温州的男人

男人不武，女人不爱

　　写下这个题目，颇费一番踌躇。男人是相对女人而言的，必定要写到男女关系、婚姻恋爱，也要对诸如情人之类的现象进行一番闲说。问题是我这个人属于老古董之列。既不会饮酒作乐，也不会唱歌跳舞，交游虽广，应酬不多。文艺界的朋友说我：你这个样子，真不知道是怎么做生意的！企业界的朋友又说：你做生意这么多年，还端什么文人的架子。其实做生意也可以不必整日应酬，沉浸在灯红酒绿之中。而文人早已无架子可端，几十年的穷酸相，还剩什么架子？只是因我个性，不大适合于闲说"饮食男女"，但闲说温州人，如何能不说饮食男女？还要硬着头皮说下去，如若隔靴抓痒，诸位姑妄听之。

　　温州的男人高大魁梧的不多，这是南方百越的族种关系，非不想而是不能也，所以温州的男人极少显现出英武威猛的。但这种瘦小文弱的外表，往往会起到迷惑人的作用，其实温州的男人是尚武好胜的。记得是 20 世纪 80 年代初，我陪上海来访的几位作家逛五马街，那时的五马街还未辟为步行街，两个骑自行车的人撞到一起，一言不合就拳击脚踢，打得凶猛无比，仅两三分钟，一方稍显力拙，"不打了，后会有期"，推上自行车就走。另一方也没有去追，骑上自行车也走，街上烟消云散，没有过这回事似的。看得几个上海朋友目瞪口呆："这两个人都瘦瘦小小的，这么厉害！"我笑着说："不是这两个人厉害，温州的男人都厉害。"我没有接着说，温州的男人看不起你们上海男人，你们自行车撞到一起，两个人会停下来理论半天，旁边围了一大批人看热闹，温州人是拳头上见真章。当然，这是 20 世纪七八十年代的事情。后来大家都很忙，街头打架的事就渐渐地看不见了，两车一撞，相互看一眼，一笑就走了，有这闲工夫打架还不如去多赚几个钱，时间就是金钱。

温州男人尚武是历史上形成的，也是特殊的地理状况造成的。我在前面提到过，海盗、倭寇、洋人随时入侵，中央政府的援救往往姗姗来迟，温州人只好靠自己。武人习文想做官，文人习武便是为自救。温州的文官大多办团练，如我曾经说到过的孙衣言、黄体芬等人，就办团练御外敌。光绪十年（1884年）中法战争开战，法国军舰进攻福建，福建水师全军覆没，9 艘军舰与 19 艘运输舰沉入水底。为防御法舰沿海北上，温州地方官和富绅积极筹办团勇。大儒孙诒让组织团勇，驻守瑞安南门江边，擂起了他自己发现的铜鼓。这面铜鼓是诸葛亮七擒孟获时彝人首领孟获所铸，孟获为感谢诸葛亮的不杀之恩和教化之功，送给蜀军的，不知何故会落到温州。孙诒让那日与朋友同游江心孤屿，为避雨躲入古寺，听见雨打地上发出一种不同于别处的响声，断定此处埋有什么特别的物件。雨停后雇人挖掘，果然掘出一只大铜鼓。孔武有力的鼓声震撼人心，法国走私商船因之帆折船摧。关于这件事文友胡小远、陈小平夫妇在《末代大儒——孙诒让》中有生动的描写，我信手拈来无非是想说明温州人的尚武，如孙诒让般的大儒也不例外。文友汤一钧打南拳虎虎有声，可惜英年早逝。作家吴琪捷（王手）身形如健美先生，一身肌肉孔武有力。

金庆池（1898—2003），永嘉三垟（今瓯海区）人，1949 年迁居（鹿城区）南浦街。童年师从瑞安名师戴如志学习温州南拳虎鹤法。平生未曾读书，但精通拳理，编撰《温州南拳攻防招式》的拳谱。18 岁开始执教，传授学生数以千计，温州人素有习武传统。图为金庆池先生百岁高龄时，赤膊上阵为街坊邻居表演。其子金文平为温州知名学者（黄瑞庚 供图）

文人如此，一般人当然更加尚武。我写到过，南宋朝温州有武进士 305 人，其中武状元

14人，比例之高，别个地区无法比拟。过去温州拳坛很多，特别是平阳县，几乎村村有拳坛，抵御外敌时一致对外；无有外敌，内部不免争斗，平阳（包括现在的苍南）不断有宗族械斗便是尚武的结果。温州将技不如人的唤作"黄馒头"，来源就是打擂台。打擂比武，胜者有赏，失败的只发给粗面粉做的馒头充饥，俗称"黄馒头"。再有就是端午节前后，划龙舟时也时常发生械斗。直至如今，一到端午划龙舟，市府与各县行政机关均如临大敌，紧张异常，生怕出事。

中华人民共和国成立后，械斗的事逐年减少，但一遇某种气候，不免露出马脚。如"文革"的武斗，两派打得天昏地暗。武汉第一，温州第二，但武汉是大城市，又系心脏地区，武斗牵涉到大人物。温州偏向东南隅，武斗之激烈，时间之长，全国少有，那纯是温州男人尚武所致。现今，武斗之风偃旗息鼓，尚武表现在竞技体育方面。温州在全国的武术比赛、散打比赛、拳击比赛、柔道比赛、摔跤比赛、举重比赛中常有上佳的战绩。在浙江省不用说，常常是这些方面的总分第一。

问题是温州的男人外表上往往显得文弱，有江南的才子气，常常让人走眼。我听一位当年在北大荒插队的知青说起当年年轻人打群架的事，打得对方对温州知青刮目相看："这些温州人真会打！"我在部队当兵也有类似的经历。我们连队的兵以上海兵与温州兵为主。那个年代上海人看不起温州人，温州兵便与上海兵较劲。文艺演出一向是上海兵的强项，温州兵在这方面也不错，编、导、演的人才都有。温州人不乏文艺才能，与上海兵势均力敌。但温州兵在文艺演出中配以剑术、棍术以及拳术的表演，常常会得满堂彩。后来在温州非常有名的拳师金德舆，那时便与我一个连队当兵，他的舞剑表演是晚会中的保留节目。再加上温州兵的连队团结出名，得罪一个即得罪一帮，上海兵没有温州兵团结，只好让温州兵三分。

不过如今社会风气起了变化，温州男人的尚武已经不再重要。现在不是靠武力或体力，要靠能力和财力。这两者温州男人大多不缺，所以温州男人仍旧具有男人气，可能这种男人气比之过去更足。外地人也少有走眼的时候，因为他们一听到"温州人"三个字马上会联想到能力与财富，不会因为温州人显得瘦弱而忽视。

我太太与几个朋友在我家闲聊，聊到"小蜜"与"二奶"的事情。因为其中一个人的丈夫在外地做房地产生意，大家就开她的玩笑：小心你丈夫在外养小蜜。她说："他有钱养，不怕麻烦让他养去。我怕什么，有房子，有儿子，吃饭也不成问题。"显出了一种自信和对自己男人的相信。后来大家再掐指计算，老板养"小蜜"包"二奶"的人数并不多，她们所认识的人中仅有两位。一位曾经包养过"二奶"，现在解决掉了。一位自称没办法，人家跟他跟了十几年，并说，你们千万别学我的，又费钱又麻烦，两头兼顾，疲于奔命。也就是说温州的男人比较顾家，比较传统，养"小蜜"、包"二奶"的人并不多。这并不是说温州的男人就那么专一，温州的男人聪明，他们知道，人家现在看中你的是腰包，并非别的，何必要做"泡妞变老公"的傻事。

不过，温州男人的聪明是历练出来的。市场开放的初期，温州男人赚了些钱，又不知道社会以后会如何发展，万一认定这是"资本主义复辟"，谁知道会不会吃官司什么的，那几年的运动温州人都搞怕了，不如"今朝有酒今朝醉"，便表现出了一种暴发户的心态。养"小蜜"的有之，包"二奶"的也有之，在歌舞厅一掷千金的更有之。

记得是 20 世纪 90 年代初，温州市环城路口有个夜总会叫"丽晶宫"，天天灯红酒绿，熙来攘往。我曾陪洪波先生去看一场歌舞表演，那场面之热烈，至今记忆犹新：那是一位当红女歌手在搔首弄姿地唱一首流行歌曲。歌声刚停，主持人便宣布，有陈先生给李小姐（指那位歌手）献上一个价值 188 元的花篮，点李小姐唱一首邓丽君的《甜蜜蜜》送给他的朋友王小姐。唱过《甜蜜蜜》之后，立即有位杨先生以 288 元的花篮点李小姐唱了一首流行歌曲《秋水依人》。于是陈先生觉得没面子了，又以 588 元的价格点了另一首歌曲，杨先生就以 788 元再点一首歌……随着花篮价值的飙升，歌手的歌声更嘹亮，台下捧场的掌声便更热烈。陈先生随即开出了 1588 元的价位，台下开始有人吹口哨，有人喝彩了，杨先生随即又开出了 2888 元的高价。我看了看那几个被拎来拎去的花篮，做得确实不敢恭维，几根竹篾子编的，上面托的只是一些绢花，因为使用得久了，花都变了形，叫价竟达 2888 元。要知道这还是 20 多年前，这几个花篮真是生逢其时，何幸之有！陈先生、杨先生刚斗完法，又有何先生、刘先生斗起法来……那晚的高潮是有位"鞋佬"送上的价值 5888 元的大花篮，尖叫声、掌声、口哨声和鼓乐声响成一片。我不知道这些老板是个什么样的心态，但那位歌手和歌厅老板喜逐颜开。难怪一位湖北的女孩子在温州唱了

这两张照片是温州男人聚会时随意拍摄的，温州男人高大威猛的不多，有男人味但缺少男子汉气概，但温州男人的眼神不乏深邃和精明，表情随和，重乡情，衣着不花哨但很体面。酒桌上的男人言语时有带脏话的，那是因为兄弟之情不见外，温州人讲人情重义气，出手大方，聚会抢着付钱。或许其貌不扬，但内心强大（海　云　摄影）

几天歌之后即拍电报给她的女友："这里人傻，钱多，速来。"那时手机未流行，拍电报是最迅速而又最省钱的通讯方式。也许这个细节很典型，后来被一些媒体反复引用，地方也变成了深圳、广州等处，而不知道首发的出处在哪里了。

　　随着小平同志南方谈话的发表，"姓资""姓社"的争论不再出现。随着市场发展由无序到有序，温州人看到了社会发展前景，心理稳定了许多，温州的男人也逐步成熟，这种现象就少见了，温州女人对温州男人很有信心。

　　我太太她们后来又在掐指计算，在所认识的亲戚朋友中有没有离婚的。数来数去离婚的也就是两对，情况几乎相同。原先夫妇关系很好，男人的洗脚水都是女的倒，其中一位还常替丈夫剪脚指甲——这是她在与丈夫吵架之后向我们夫妇诉苦时说的。她们适应不了改革开放之后男人们上娱乐场所活动。有句顺口溜：一等男人家外有家，二等男人家外有花，三等男人下班就回家，四等男人老婆下班不回家。她们希望丈夫下班就回家，一家三口和和美美地过日子。偏偏他们的男人不甘寂寞，不愿意过"三分地（温州人均只有三分多地）一头牛，老婆孩子坐炕头"的日子，他们要去体现自己的价值，就辞掉"铁饭碗"下海办公司。一办公司事情就多，应酬也多，还未到什么"家外有家"或"家外有花"的阶段，她们就受不了啦，就与丈夫吵闹。吵闹的结果是离婚。但她们都后悔，其中的一位就对我太太说过，早知道社会风气会变得这个样子，当年我也不离婚了，离婚了对小孩没好处，对我们自己也没好处。问题是男人离婚了找女人容易，女人再婚就难了。现在前夫都已再婚，自己仍孑然一身。

说起倒洗脚水，我觉得至今在一些地方，男人做不做家务好像是衡量是不是男人的标志之一。譬如，有些地方人说上海男人"娘娘腔"是因为刷马桶、做家务。东北的男人之所以是"大老爷们"，是因为不做家务。但在温州，这方面从来不是问题。男人做家务是有的，似乎就停留在干重活和炒菜。女人不做家务也是有的，也仅仅不炒菜烧饭而已。洗衣服、搞卫生是女人的事。因而分工明确，极少有为家务事而争吵的，不以做不做家务区分是不是"爷们"。如今在温州，即便是工薪阶层，家务事许多也是由钟点工来干了。说起钟点工，我们家还有个笑话：我们家的地板一向由我拖干净的。那时房子比较大，楼上楼下近300平方米，独立成幢。我太太负责烧饭、洗衣，我负责整理花园和拖地板。我每天起得很早，从三楼拖地板到楼下，权当是锻炼身体。我太太好心，钟点工流行之后也去请了个钟点工负责拖地板、整理房间。把我从"繁琐的家务事中解放出来，一门心思办公司"。并且宣布，明早你好好睡个懒觉。可第二天早上我仍旧6点起床，去拿拖把时才想起自己已经被"解放"，只好放下拖把，楼上楼下团团转不知干什么才好。我太太后来将雇钟点工改成雇保姆，把她自己也从"繁琐的家务劳动中解放出来"。

至于买菜烧饭，如果是工薪阶层，一般单位中午管饭，晚上下班顺便带点菜回来自己做着吃。所以做不做家务在温州从来不是"爷们"的标准，不像北方男人，动不动就喊："大老爷们，干那些做啥！"

温州男人还有一点特别让温州女人倾心或放心，那就是温州的男人似乎天生就认为养家糊口是男人的责任，娶了老婆、生了小孩就要设法去养活他们。无论多苦多累，就是跑到天涯海角，男人都会设法挣钱，养家糊口。女人愿意不愿意跟到天涯海角，与男人一起受苦受累，那是女人的事，但男人绝不会逼女人这么做。女人只要愿意持家教子，男人极少不负责任。在温州，婚嫁有一个取向是在本地找，长辈多希望晚辈找本地人。相对而言，温州的男人娶外地女人较多些，温州的女人大多只愿意嫁温州的男人，还因为温州的男人有责任心。

在这里我扯远一点。温州话对于温州人来说是母语，而且是很古老的语言，同样的意思，用普通话讲，实际上会丢失一些细腻微妙的意思，表达情感也是有所不同的。温州的父母以及爷爷奶奶对会说普通话不会温州话的孩子对象，心里就会有几分不爽。也可以说是排外心态，如果都是本地人就会知根知底，说起话来都方便。用书面一点的话讲，不同地方的人文化不一样，观念不一样，生活态度和习惯可能也不一样。如果对方是本省人，差异会小一些，比较接近。

"文化"的差异，如果不是那种志趣相投的，说起话来就可能不投机，父母只有心焦了。温州又是一个文化很有特点的地方，很多家长自然也就希望子女的另一半是温州人。"二人同心，其利断金"，再说也多一门本地亲戚。孩子还在上大学，就有父母警告子女，对象必须找本地人。也就不难理解温州这边为什么男方娶外地人相对多一些，女方嫁外地人甚少。龙湾那边甚至有生了儿子以后再办婚礼的习俗。都说温州是最早改革开放之地，但许多温州人这方面至今还是有些放不开，似乎可以说是温州的奇葩。温州话十里不同音，人家一开口就知道你是哪里人。瑞安人就希望找瑞安人，乐清人就希望遇上乐清人。我感觉到，这方面温州的保守，其实对家庭稳定方面的维护也有一些好处，任何事情都一分为二。温州人高大俊朗的少，还与历史上通婚的圈子狭小有关。

男人不武女人不爱，温州男人的"武"就是这份责任心，他要养家糊口，温州女人爱的就是温州男人的这一点。

温州的男人不浪漫

尚武、护家的结果是温州的男人往往粗枝大叶、不细腻、不注意细节，更无诗意，缺少浪漫的色彩。温州的男人永远生活在现实之中，这就造成了温州男人的一些通病。如果某个女人看多了琼瑶小说，读多了普希金的诗歌，或有太多的想象力，她便会对温州的男人不满意，感到失望。无论如何，女人总带点浪漫的色彩。

温州人讲究实际，大多数从事经商做生意的人，每天都是面对现实，强调功利，在精神生活方面，是不是就缺少了某种情怀？

阿琼是我太太的一位很要好的女朋友，是个又聪明能干、又漂亮贤淑的女人。因为她的年纪比我们小得多，属于忘年交，我们都很喜欢她。她先生是某单位的中层干部，带着眼镜，很斯文，书生气十足。两人平时感情很好。前两天她过生日，他先生却忘了，没有送玫瑰，没有送蛋糕，她生气了，打电话给我太太诉苦，有同学给她做生日，偏偏对她很好的丈夫却将此事忘记了，还是大学毕业的知识分子！这就是温州男人的毛病。我结婚很多年，也从来未给太太送过花，也经常忘记她的生日，既粗枝大叶，又不浪漫。有人说：还是个文人呢！文人照样粗枝大叶。平时家中的垃圾都是我太太倒的，有一天我去公司上班，我太太拿着一袋垃圾让我顺便扔掉，当时我手中还有另一袋资料，那是公司的文件，文件当中还有一万人民币，是人家向我借用的。我将垃圾扔掉之后到公司上班，人家问我钱呢？我才发现，我将钱还有文件也当垃圾扔掉了。我赶紧回家，去门口的垃圾筒里寻找，东西早已无踪无影。公司的人笑我，拾破烂的老头让你害苦了，他拿着这一万元正不知所措。我还有位朋友，平时忙得团团转，非但没给老婆买玫瑰，连孩子的生日也会忘记。那天老婆提醒他，明天是我的生日，可得好好陪我们母女俩玩一天。那是她和女儿商量好的，他也有点歉疚的心理，便满口答应。第二天他驾着车，带老婆女儿去郊区的茶山"五美园"游玩。上午，他们玩得很开心，他也感到欣慰。吃过中午饭，公司的电话一个接一个，要他回去处理一件要紧的事。看老婆孩子玩也玩过了，就把这件事跟老婆说了。她也很通情达理："你能陪我们玩整整半天，我们也心满意足了。小天（她女儿小名叫天天），我们给爸爸放半天假。只是让我们先去一下洗手间。"可等她们从洗手间出来，却找不到车子，大声呼唤也没人答应。好在通讯工具发达，赶紧给他打手机，他一看是老婆的手机号码，奇怪地回头一看，却发现老婆和孩子都不在后座。原来他急着赶回去，把老婆和女儿都丢下来了。

温州男人粗枝大叶，缺少浪漫色彩。

还有是温州的男人不精明，大大咧咧，很少算细账。不是说上海人精明而不聪明吗？温州大男人正相反，聪明而不精明。其实上海的男人既聪明又精明。上海人肯学、刻苦，做起事来大手笔，算起账来又很精细。温州的男人实在是聪明而不精明，温州的男人会挣钱，却不会精打细算，花起钱来哗哗如流水。所以外地人喜欢和温州男人打交道，温州男人不吝惜，出手大方。作为太太的就心疼了。昨天抽屉里还有两万块钱，怎么今天就没了？她们也知道男人不大计较。所以尽管如此，她们对温州的男人还有信心。会说："我有房子，有儿子，又不愁吃，怕什么。"即使走到离婚这一步，温州的男人还是不会斤斤计较。我的一位邻居与老婆离婚，老婆还在计算着如何处置财产而不吃亏，他却已经走了，将房屋和流动资金全部给了老婆。"斤斤计较算什么男人。"这是温州男人的观点。其实这正是温州男人的缺点，缺少现代理财意识，不免会有因负债过多而致企业破产的事发生。诸位或许会有疑问：这里不是有数学之乡、"数学家的摇篮"之称吗？其实这两点并不矛盾。数学家不等于锱铢必较，也不等于一定会理财，要不你拿钱交给陈景润先生去用用看。而且锱铢必较也不一定能赚到大钱。温州人有句话，叫作"天下钱财天下人用"。正是温州男人这种喜欢扎堆、抢着买单的性格，让人觉得温州人大方、可交，因而温州人做生意有人帮衬，会挣到大钱。其负面结果除了上面提到的负债过多之外，就是"这里人傻，钱多，速来"了。

再有就是外表上的先天不足，温州男人缺少高大威猛的阳刚之气，也缺少奇装异服所谓"酷毙了"的现代感，什么"朋克""嬉皮士"之类的在温州都无法立足。温州男人最多是个"雅皮士"，这个是外地朋友告诉我们的。他们来到温州都要说说对温州和温州人的印象。他们说温州的女孩子不错，个个打扮得漂漂亮亮，也很有现代感，相比之下温州男人就逊色多了，缺少阳刚之气，也缺少现代感。我生于斯长于斯，司空见惯也就感觉不到了。仔细想想朋友们的话还是对的。有时我在外待久了，乍一回到温州，也觉得温州的女孩挺漂亮挺有形的，因为有与外地的比较。但对温州的男人没感觉。我以为这是因为我是男人，对异性注意些。朋友的话提醒了我，方才觉得温州男人确实不如温州的女人。我想造成这种现象的原因有三方面：一方面是温州男人作为古百越民族的后裔之一，在身材上确实不如北方人高大，这是温州人的先天不足，但现在条件好了，加上体育活动，温州的年轻人身高增加了；第二方面是温州的男人太忙了，忙得有时间与朋友聚会交流，但没有时间去注意自身的修养和打扮。在事业上进取，太过于务实，是"酷"不出来的，忙忙碌碌产生不了"嬉皮士"。第三方面也要怪我们的影视剧、媒体的女广告模特，女主角大多娇小妩媚；男模特和男主角却必定英武高大，充满阳刚之气，这形成了一种社会取向。其实，温州的男人与温州的女人是很般配的。

第十七章 娇小玲珑 刚柔并济

——温州的女人

养在深闺人未识

"米脂的婆姨绥德的汉"，陕西的女子漂亮是历史上有名的，拜月的貂蝉就是米脂人。沉鱼落雁，闭月羞花，她就是能"闭月"的中国古代四大美人之一。与温州不很远的诸暨市，高速公路边上有个大广告牌——西施故里，诸暨便是浣纱沉鱼的中国古代四大美人之首西施的故乡。"铜雀春深锁二乔"，二乔指的是乔国老膝下的二位娇滴滴的女儿，一个嫁与吴王孙策，一个嫁与吴王孙权手下的大将、大败曹操于赤壁的周瑜。因为乔家是扬州人，赢得了"扬州出美女"的好名声。米脂、诸暨、扬州我都去过，我为温州的女人叫屈，我不是说这三地的女人不漂亮，我只能说温州的女人比之她们毫不逊色。但温州在历史上没有名美人，也没有女名人。这是我在查了《温州市志》的"人物传略"一栏以及有关书籍得出的结论，但这并不说明温州的女性不出色，赵潘氏优美的诗词便是一例。古代温州又是闭塞的地理环境作怪，"养在深闺人未识"。温州人怎一个"瓯"字了得！

在《温州市志》"人物传略"的"近现代人物"栏中，介绍的第一位女性是蔡巽，并且还是作为附录，附在她父亲——温州清末民初名画家蔡英传略之后的。有意思的是，这位蔡巽蔡笑秋还是我的老师，我曾经跟她学过一个月的画。

那年我19岁，常跟温州的一位书法家、时在统战部工作的温弈辉先生过从，并学书法。温先生专门负责联系温州的文化名人，我便跟他到几位著名的文化名人家中看他们收藏的书画。如著名的书法家马公愚先生的父亲马祝眉先生、民国

蔡巽，字笑秋，温州平阳人，是清末"东瓯四大画家"之一蔡英的长女，北洋女子师范学堂首届毕业生。1908年，蔡巽随父南下广州从教美术，1912年受邀回平阳创办"平阳县立女子高等小学"，是温州近代新式女学的开拓者。蔡笑秋擅长花鸟国画，驰名温州，1956年受聘为浙江省文史研究馆唯一的女性馆员。20世纪60年代，蔡巽应邀参加筹建温州市工艺美术研究所，专事花鸟画创作，并致力于培养美术英才，德艺双馨，被誉为"温州第一女国画家"（黄瑞庚　供图）

初年的国会议员刘景晨先生，均是那时拜识的。一日来到省文史馆馆员蔡笑秋老师的家中，我感兴趣的是她的人与画，而不是她收藏的书画。那时她78岁，人已经很苍老，瘦瘦小小的，却透出一种很有内涵的大家闺秀风采。她画的菊花非常美，柔美之中透出一种大家风范，真给人一种秋菊傲霜的感觉，虽然画面上没有霜。我一时激动，希望能向蔡先生学画。蔡先生打量了我一下，便笑着应允了，大约她认为"竖子可教"吧。现在回想起来我那时只是被蔡先生的气质所打动，心血来潮罢了。我那时正失业在家，靠给温州一中和中苏友好协会俄文学校刻写英文、俄文的蜡板纸为生，刻写一份讲义或考卷四毛钱，一天只有2到4张可刻。于是约了朋友刘燕秋，隔日下午去蔡先生家学画。先看她作画，后临摹，再后来自己画。临摹过几次后便找到了工作，蔡先生因为年事已高，晚上无法作画，我的学习便中止了。我自己明白，如不中止我也不可能成为画家。但我还到蔡先生家走动，听她谈画与画坛掌故。我还记得她说起一件事：她从北洋女师毕业时，校方曾推荐她去时任军机大臣的袁世凯家任家庭美术教师，父亲蔡英令她拒聘。后来有一天她不慎跌倒，摔断了腿骨，从此卧床不起。她的妹妹蔡锐（墨笑）同为画家，后专攻刺绣，作品曾得巴拿马国际博览会奖项。

与蔡先生同时代的女画家，也是她儿时同学的张光（红薇老人）是上海文史馆馆员、上海中国画院画师。张先生曾任上海美专教授、杭州美专教授，与徐悲鸿、张大千、吴湖帆、黄宾虹等大师过从甚密。她能诗善画，所作百花长卷，名噪一时。

温州的女画家还有孙孟昭、曾淑英等人，比蔡先生和张先生稍晚，我都认识，晚年时给我的感觉有如蔡先生的俊雅。特别是曾淑英，我曾与她同在温州印染厂工作，那时她的年纪已经很大了，做花型设计师，所画"百蝶图"栩栩如生。人的样子也具大家风范。她们都代表了上一代温州女性。

在她们之后可圈可点的温州女性便有黄宗英，黄宗英出生于1925年。黄家是瑞安的望族，我在"温州的文人"一章中曾提到过黄氏兄妹。黄宗英既是美女，又是才女，是著名的电影演员，1946年与赵丹合作出演电影《幸福狂想曲》。又是著名的作家，作品有报告文学《特别姑娘》《小丫扛大旗》《天空没有云》《没有一片树叶》，曾轰动一时。2016年第六届"徐迟报告文学奖"授予黄宗英"中

琦君（1917—2006）原名潘希真。著名作家、散文家，文学畅销书作家。晚年创作以家族早年生活为背景的小说《橘子红了》，被改编为热播电视剧。温州瓯海瞿溪人，父亲潘国纲酷爱中国古典文学，在她年幼时请家庭教师教她。她以优秀的成绩直接升入之江大学，成为我国"一代词宗"夏承焘（温州人）的得意女弟子，琦君诗词造诣极高。散文《春酒》入选人教版八年级下册《语文》；《桂花雨》入选人教版五年级上册《语文》

黄氏兄妹。前排：大姐瑞华（中），二姐燕玉（右），三妹宗英（左）；后排：三弟宗洛（左一），老大宗江（左二），二弟宗淮（左三），四弟宗汉（右一）（黄瑞庚 供图）

国报告文学创作终身成就奖"，这年黄宗英已是 92 岁高龄。

"书声传百年"，这是瑞安黄氏家族的美誉。前辈"五黄先生"黄体正、黄体立、黄体芳、黄绍箕、黄绍第都是通晓韵律的诗坛高手，除黄体正被列为副榜外，其余四人都先后中进士入翰林，黄绍箕被晚清名臣左宗棠誉为"一代伟人"。后世又走出蜚声海内外的艺坛名家——黄宗江、黄宗英、黄宗洛三兄妹，黄体芳是黄氏兄妹的曾祖父。

随着交通的发展、资讯的发达，现时的温州女人不再是"养在深闺人未识"了。她们脱颖而出，在各个领域大放异彩。她们事业有成，人又漂亮，同时又是贤妻良母。这就是温州女人与别处女人不同的地方。她们没有那种女强人的色彩，好相处，既有女性的温柔，又个个能独当一面。我在"温州的老板"一章中说到的几位美女老板就是这种女人。现在再让我信手拈来几位杰出的温州女性，来证明我的观点。

诸宸，1976 年出生于温州，继谢军之后的中国第二位国际象棋世界棋后。她读小学时就得到了世界少年儿童国际象棋锦标赛 12 岁组冠军。当时她就读于温州著名的瓦市小学，我妹妹吴小圭是她的班主任。她得冠军回到温州，我妹妹去机场接她，《温州日报》头版发了她们在一起的照片。我看到过那照片，诸宸是位很有灵气的漂亮小姑娘，她得冠军连带作为普通教师的我妹妹也风光了一回。后来诸宸得了青年组世界冠军，再后来便是世界棋后。长大后的诸宸越来越漂亮，不像一位国际象棋运动员，像节目主持人或影视明星。她和一位卡塔尔优秀棋手结了婚，当了妈妈。诸宸妈妈两姐妹我都认识，她们都属于典型的温州女性——身材不高却具有大家风范，而诸宸更是青出于蓝而胜于蓝。

诸宸，温州人，被称为世界美女棋后。1994 年、1996 年两度获女子世界青年冠军，并创造 13 局得 12 分的最高胜率纪录。2001 年获得女子世界冠军，是继谢军之后的中国第二位国际象棋世界冠军。她是世界上第一个在少年、青年、成年赛事上都获得世界冠军的棋手。图为 2011 年 9 月参加"雪花杯"国际大赛的照片（谢　悦　摄影）

陶慧敏，影视演员，以电视连续剧《杨乃武与小白菜》

中的小白菜一角而成名，人长的很漂亮，古典美型。她是瑞安越剧团演员，据剧团领导说她不仅会演戏，也很听话，是个乖女孩。后进解放军前线话剧团，在反映部队生活的电视连续剧《DA 师》中与王志文演对手戏，也有上佳的表现。2017 年在颇为轰动的电视剧《人民的名义》中饰演厅长夫人梁璐——曾经的校花，虽然不是主角，演得很入味，角色演技也似有突破，与电视剧浑然一体，真是一个不能或缺的角色。我很少看电视剧，听人说起她，特意看了几集。

陶慧敏，1966 年出生于温州瑞安，12 岁那年，就进入瑞安越剧团当上了一名小演员。1989 年出演电视剧《杨乃武与小白菜》成名

　　有一年我们公司开发的一个楼盘在热卖的时候，我朋友的女儿带着她的女朋友一同来买房子。我朋友姓戴，是在部队当团长的任上离休的。典型的军人一个，两个女儿却长得如花似玉，都很漂亮。小女儿戴芳十几岁时便跟我去一个纺织厂上班，与我很熟悉。来买房子的就是她，因为关系熟了，不拘小节，我说："你自己漂亮，带来的女朋友也那么漂亮。"她笑着对我说："你知道她是谁吗？"我摇摇头："你的女朋友我怎么知道？""你跟体委的关系这么密切，不知道她呀，她就是大名鼎鼎的李爱月！"我大吃一惊，李爱月我知道，国家柔道队队员，女子柔道全国冠军、亚运会冠军，并在许多国际柔道比赛中得过金牌，确实鼎鼎大名。我以为她一定是粗胖的类型，五大三粗才搞柔道。吃惊的是她竟那么漂亮，显得娇小玲珑，根本没有我想象的那种柔道运动员的样子。我又问了一句："就是国家柔道队的运动员李爱月？"我朋友的女儿点点头："如假包换。"李爱月反问我："怎么样，我不像柔道运动员？"确实不像柔道运动员，我们公司的人都说不像，都说她倒像影视演员或电视节目主持人。还有全国 52 公斤级健美冠军、国家健美队队员陈少华，全国艺术体操冠军、国家艺术体操队队员周小菁，也都很漂亮。至于分散在全国各文艺团体的温州籍的舞蹈演员，其漂亮程度更是有名的。北京舞蹈学校曾每年都专门来温州招收学员，在以

前光温州一地的学员数字几近每年他们所招收的一半。我在文化局工作时曾听他们的招生人员说过，温州的学员漂亮，基础好，也肯吃苦，最难能可贵的是温州籍的舞蹈演员不容易发胖，不像北方一些地方的演员，年纪稍大一点就发胖了。可惜的是温州的女孩子一般都显得娇小妩媚，缺少高挑的身材，少有成为名模大腕什么的。温州女人漂亮是不争的事实。许多外地朋友第一次到温州，谈起的都是温州的女人漂亮和温州的市容糟糕这两个截然相反的观感。当然经过这几年的建设，温州的市容市貌也赶上来了，开始如温州的女人一样漂亮。但我以为温州的女人最大的优点不是漂亮，而是能干。也就是说温州的女人不是花瓶，不是绣花枕头。

电视剧《温州一家人》开播不久，我看到这个饰演少年周阿雨的小演员，就觉得她演得像是我们温州人。后来看到报道，她真是温州人，名字叫戴佳佳，永嘉瓯北人，和鹿城区一江之隔，按照温州的习惯也就是市区人。感觉这个演小周阿雨的演员，虽然在北京学习了几年，但基本还保留着温州女孩样子。另外两个主要角色，饰演麦狗和林玉琪的演员演得都挺像温州人，特别是这个演林玉琪的，不仅长得漂亮，样子也像温州女人，而且真是把温州女人干练的一面演出来了。读者想有一个温州女孩的质感形象，看这个林玉琪就可以了，连名字都是温州人的样子。

漂亮的温州女孩子不是凭漂亮吃饭，而是凭自己的能力与苦干精

一方山水滋养，温州女性不但漂亮，还很能干。本照片为1994年摄于温州的一条摆渡船上，经商的姑娘已经用上了手机（萧云集　摄影）

神创业。自 20 世纪 80 年代开始，女孩子自主创业的门路还很狭小，开服装店是很多女孩子的选择。对服装不仅有感觉，人还可以露个脸。温州的市场有些是对外地人的，有些是对温州人的。譬如温州商贸城，所卖的服装大多运到外地去。而温州的城西街也是批发一条街，这里的服装一般是分散到市区的一些零售服装店。在这里来来往往的大多是女老板，她们在寻找与自己所开的服装店性质对号的服装。这些女老板不是大老板，所以自己来进货，但是她们都穿得很光鲜，很有品味，有的也很新潮，使这条街成为一道亮丽的风景线。同时她们又都在努力地工作着，许多人是大包小包地，然后伸手拦住一辆出租车或温州独特的人力三轮车，扬长而去，既美丽，又自信。

在温州，服装、鞋帽、日用百货、化妆品、美容院、鲜花礼仪店等商业项目，女性经营的何止半壁江山？而且做得都很好。除了城西街，你在号称"女人街"的纱帽河走走，更能体会温州女人的能力。纱帽河满街都是新娘子，美容美发、换婚纱、化妆都在这里，走到街上，抬头一看就是新娘。

还有些温州女性，你无法给她归类。她也不一定是什么大老板，但她们总在不断地努力着，在各自的岗位上尽自己的能力在做，并做出了骄人的业绩。

戴丽丽，乒乓球女子双打、女子团体世界冠军，温州的第一个世界冠军，在温州是个知名度非常高的人物。她在退役之后回温州做过不少事，如经营健身俱乐部，牵头实施国贸公司二期开发工程，其间还去意大利担任乒乓球教练。似乎从未见她闲过。后来戴丽丽重新出山干起老本行，任八一乒乓球女队领队和主教练，为培养八一队新队员而尽心尽力。期间还添了个可爱的儿子。

陈丽丽曾是一个追梦的文艺青年，年轻时憧憬着"诗与远方"，从小就有浪迹天涯、漫游世界的浪漫情怀。她一步一个脚印，最后实现了自己的梦想，开创出属于自己的一片事业天地。

陈丽丽上大学学的是农业机械制造与设计，毕业后在温州的一所机械厂技校当教师，是个"理工科"。那年公开竞选，陈丽丽成为共青团温州市委常委，担任《温州青年》杂志编辑。几年后，成为温州市旅游局属下的温州旅游总公司副总经理，这几年算是开了眼界练了手。1998 年，组建温州海外旅游有限公司，任总经理。

当年我办《文学青年》杂志的时候，有多少热血沸腾的文学青年，而后的商海大潮袭来，已是没有多少人还牵挂着当年的情怀。陈丽丽工作起来雷

厉风行，但内心又有柔情的一面，她会在工
作之余在古老的街巷里寻觅，享受心灵的宁
静和感悟。她爱好阅读，爱好朗诵。曾获得"浙
江省普通话比赛第二名""温州市朗诵大赛
第一名"等荣誉。

陈丽丽近照

　　在她自立门户的时候，温州有大大小小
的旅行社七十多家，因为行业门槛不高，做
的人就多。好像有那么几个人，有联络、有
接待、有导游、有接送，旅游目的地有对接，
生意就可以做了。凡是门槛不高的生意注定
不会长久，很快就会做滥，创新升级才是正
道。赶上了机会就要赶快完成各方面的积累，
才可能在以后更上一层楼，否则不进则退，创业比的就是眼光。

　　陈丽丽一开始就决定把"出境游"作为企业的努力方向。二十年前，当
时的限制也多。如航线不多，机票、签证等问题，但问题的另一面就是发展
空间大，当年没有几家旅游公司做出境游。旅游业讲究旅游体验，企业能走
多远，取决于企业文化，而企业文化的关键在于老板的修养和情怀。陈丽丽
引进软件进行规范化管理，"没有规范化就没有规模化"，很快就在温州各
县市区开了几十个门店。如今她是一位华东地区旅游界的知名人物和温州知
名企业家。

　　2012 年，陈丽丽包下了三个航次的国际邮轮，组织了 7000 多名游客。
2018 年，温州国际邮轮港正式投入使用，拉开了温州母港常态化运营的"东
海时代"，这里有陈丽丽的贡献。

　　还有一位女医师冯湘君值得一提，她浙医大毕业后在国有的温州市中医
院工作，后升任副院长。我们香港世海公司与温州市五交化集团合办浙南心
血管中心医院时，她毅然辞职下海来担任这个温州第一家合资医院的副院长。
要知道，在当时我们医院房子是租的，规模又小，与温州市中医院不可同日
而语。作为女性，她却能下辞职的决心，让我这个医院的董事极为敬佩，有
意思的是她也属于娇小妩媚这一类型的。

　　郑茶妹这个名字很土但也有温州特色。如今她有好多身份：新疆维吾尔

自治区工商联副主席、新疆维吾尔自治区政协委员、新疆温州商会会长、新疆海大集团董事长、乌鲁木齐锦江国际酒店董事长。高中毕业后，她在苍南一所学校当代课老师，后来转为公办教师。1993 年加入到温州的百万推销大军之中，1996 年以一个服装代理商的身份进入新疆市场，销售的是报喜鸟、庄吉等温州本土服装品牌。

郑茶妹近照

从此开始大发展。温州的女人很能干，不张狂。郑茶妹也为新疆地方的扶贫事业做出了贡献。

挺宇集团在温州是知名度很高的企业，并且是温州最早创办的企业之一。那年夏天，在我们酒店里，有人拉了一位娇小玲珑的女孩子向我介绍：潘佩聪，挺宇集团总经理。我大吃一惊，一副邻家女孩的模样，怎么会是一个大集团的总经理。认识之后，我与她聊了许多，发现她很有思想，知识面很广，对企业了如指掌，对文化产业也有独到的见解……

我与在温州知名度也很高的中宇集团商谈合作投资一个新项目时，又认识了一位美女经理胡依静。她也属于娇小玲珑而又具有大家风范这个类型的。她在中宇集团这个大企业中颇具影响力，不是"花瓶"。我真觉得奇怪，这个类型的温州女性怎么会这么多！

这些都是温州的女人，并且都是我所熟悉的，我要说下去，可以再举很多的例子。她们的悟性、她们的坚韧、她们的能力，比温州的男人毫不逊色。但我认为这还不是温州女人的最大优点。我认为温州的女人除了美丽、能干之外，还有一种最优秀的品质，那就是不张扬，不狂妄自大，她们秀外慧中，很有涵养——"慢着"，有人打断我的闲说，"杨秀珠可是现今温州最有名的女人了！"

不错，杨秀珠确实是温州女人，虽然她让人厌恶，历来颇多争议，但与她同期的温州市女性领导为数不少，如市委副书记兼政法委书记陈艾华、温州市人大常委会副主任陈莲莲、温州市委统战部长陈笑华、温州市副市长徐育斐、温州市委副秘书长张晓美等，个个都能干而正直，值得称道。所谓瑕不掩瑜，杨秀珠的特例并不掩盖温州女性的优秀。

写到这里，忽闻今年 2018 印尼雅加达亚运会"温州军团"获 10 金 4 银 1 铜，中国军团里还有"温州军团"的说法也是一奇。有意思的是女子体操队温州籍队员黎琪在开幕前两天意外弄伤脚，另一位温州小姑娘罗欢作为替补队员从国内赶往印尼参赛，也获得了银牌，金牌还是为我国选手所得。

温州的男女关系

有一次我趁去成都办事的机会，顺便去重庆玩了两天，一方面去看看旅居奥地利的温州文友林肃，他在重庆有个投资项目；另一方面也想去看看从未去过的重庆这一大都市。林肃先生问我对重庆的观感，我说了两点：一是重庆的房屋密度之高出乎意料；二是重庆的女孩子很漂亮。他哈哈大笑，他说自己第一次来重庆时回答当地朋友的问题也是这么回答的，可见人同此心，心同此理。后来他又问，比之温州的女孩子如何？回答这话令我踌躇。我想了想才说："总体水平差不多，但重庆的高分比温州的高，低分又比温州的低。温州的女孩子均匀些，但从平均分来说两地差不多。"林肃现在将重庆当成了第三故乡，当然喜欢重庆，他认为这个评价比较中肯。我下榻的酒店是重庆市中心解放碑边上的渝都大酒店，我们说这些话时就在渝都的房间里，在这儿可以看见解放碑，我指着外边补充说："如果就这个圈子来说，温州的女孩就不及了。"林肃笑着拍手："英雄所见略同。"我说的是实话，我的一位表外甥女就在重庆经商，做汽配生意的。温州的女孩以瑞安女孩最为漂亮温柔，她就是瑞安女孩，长得挺漂亮的，平时自信心很足，那天来看我，聊起重庆的女孩，有点自叹不如的感觉。重庆女孩身材高挑，她的不如就是身材，一米六在重庆来说矮了点。

说起渝都大酒店，总台的背景几幅木雕作品至今使我记忆犹新。每幅都有标题，描述的是重庆市井风情，如《棒棒军》《重庆妹》等。"棒棒军"指挑夫，重庆是山城，道路忽高忽低，人力车无法拉，过去运东西靠挑夫，他们手拿"棒棒"（扁担），上头套着两根绳索，在朝天门码头等处兜揽生意，被重庆人呼为"棒棒军"，这是陪都重庆的一大风情。郭沫若先生在回忆录《洪波曲》中有所描述，那是我知道"棒棒军"之始。重庆妹的漂亮和能干也是世所称道，在我们温州，在我们国贸大酒店，当年重庆妹的比例也很高。她们不怕路途遥远、不怕吃苦，满世界捞生活，她们很漂亮，给各地的人都留下了深刻的印象。但渝都大酒店的那幅木雕却似乎过分夸张了，那主人公重庆妹形象高大漂亮，气宇轩昂中带着妩媚，造型非常成功。在她的背后是一个矮小的男人，还佝偻着背，形象猥琐，与重庆妹形成鲜明的对比，反差极大。作者的用心可以理解，想突出重庆妹这个主题，客观效果却是贬低了男人。我问总台服务小姐："重庆的男人见了这幅木雕有什么感受？"她回眸凝望了那幅木雕，笑着说："我们天天看见这幅木雕，从未想到这一点，您这一提醒，才觉得这个男人太那个了。不过您是第一个提这个问题的人，还没有重庆男人提什么想法。"看来重庆的男人真是虚怀若谷，愿意为了树立重庆妹的形象而贬低自己，做一个陪衬人。如果在温州，这幅木雕会引起男人的抗议。我们男人怎么啦？就这么猥琐、这么窝囊？这可不行。也就是说，温州男人有大男子主义，而且大男子主义还挺严重的。

那么温州的男人与女人关系不好啰？有人也许会问，但事实恰恰相反，我在上一章已经说过，温州的男人与女人很般配，男女关系非常融洽。因为温州男人的大男子主义不是表现在摆架子、打女人上，在温州极少有男人打老婆的。他的大男子主义表现在认为男人天生要养家糊口的，他要承担起这个责任。女人做不做事无所谓，男人非有事业不可。如果他的女人去做了，并且做得很成功，他绝不会去掺和，他做他自己的，那绝不是他的风光。温州的女人正相反，如果丈夫的事业做得大，她会觉得很开心，她愿意去辅佐丈夫。或者她自己就干脆不做了，在家享享福。让男人去忙乎他的事业吧，那是他们的事。如果她自己做事业，并且做得很成功，她也不愿意摆女强人的谱，不会像那幅《重庆妹》木雕里的形象，昂首挺胸的，要站在男人的前头。温州女人仍旧讲究她的衣着，她的女人味，如果男人愿意插手，她一定会让他做董事长。如果男人不愿意加盟，她也会把他侍候得很好，她们会说："谁让我们是女人呢？"温州的女人对上海的女人有看法，上海的女人喜欢对丈夫颐指气使。

"为什么要将老公弄得灰头土脸？老公灰头土脸对你有什么好处？"温州的男人可能会忘记老婆的生日，女人却总能记起丈夫的生日来。她不一定在酒店里摆宴席，也不一定会送花，但她一定会在男人回家时端上一碗面条，上面放着两个油煎荷包蛋，这是温州人最传统的贺生日方式。送蛋糕和吹蜡烛是舶来品，在年轻人中流行。所以温州的男人自我感觉很好，有女人宠着他，温州的女人也觉得自己很幸福，有一个可靠的、负责任的男人。在两性的问题上，温州的男人和女人都心态平和，不大会演绎出影视剧中那种爱得死去活来、爆出生死情仇的轰轰烈烈的场面。因此男女双方都省了不少心，少了很多麻烦和尴尬事，温州的男人女人都讲实际。

还有，温州女人最优秀的一面是宽宏大量，经济虽发达，离婚率却比较低，温州的家庭结构非常稳定，"七年之痒""八年之痛"之说在温州几乎没人能懂。

我记得，朱爱武最初办的公司，董事长是她的先生阿烽，她会很好地处理好事业与家庭关系，因为她是个温州女人。

瞿建琴和我既是同事，又是邻居。她先生在温州市某局当副局长，收入当然远远不及她。她平时言谈之中常常会说起我家家彬如何如何，家彬是她先生的大名。

前世界冠军戴丽丽总算是女强人了吧？在她结婚前我曾经跟她开玩笑，将来你说了算还是你先生说了算？她随口而出：当然他说了算，我大包大揽干什么？多麻烦！她先生是温州电视台名主持。

我的几位合伙人都是军人出身，都是心直口快的性格，也都是急性子的人。如做房地产的刘总刘定海、马总马绍华，和酒店的陈总陈建国，个个的性格都很倔。他们的夫人又都谦让他们。特别是身为市府副秘书长的马夫人，也没有端起架子和马先生对着干。有时马先生在电话里对夫人说话高声，我会笑着说："你对夫人说话就这个态度？人家还是纪委副书记、副秘书长呢。"他的夫人当了好多年的纪委副书记，在温州也是有名望的女人。

我和我太太的性格正与他们相反。我太太心直口快，想到哪里讲到哪里，不大会留情面，我却比较木讷。但似乎也没有"妻管严"的美誉，一旦我下决心要做的事，她就会三缄其口了。她会说："我不过讲讲而已，总是你说了算。"

"不是东风压倒西风，就是西风压倒东风。"这话本是王熙凤就家庭关系说的一句话，后被毛主席引喻为东西方的关系，原意就不大为人所知了。在温州的一般家庭中，男人大多是"东风"。例外当然也有，如杨秀珠家就是相反，她先生忍受不了杨的专横，结果便是离婚。

这就是温州人的男女关系。

第十八章　温州总是走在时尚的前头

——穿在温州

穿在温州，引领时尚

　　温州的时尚最主要的表现是在衣着上，"穿在温州"说的就是温州人的时尚。温州人在一定范围内"引领时尚"，这一点在 2000 年前特别明显，先在温州兴起，由少数人引领，继而形成温州的时尚，以后为东南沿海各地崇尚仿效。甚至在浙江省内其他地区接棒"温州时尚"都要晚温州两三年。温州前两年的流行已经退潮，在该地正开始兴起，就有了后文讲到的回收"梦特娇"旧衣翻新的生意。

　　如今，温州每年都举办时尚博览会，市里主要官员都出席开幕式，档次高场面大。这几年的时尚博览会，韩国和意大利都组团参加，参展规模不小。这两个国家都是时尚大国，温州与他们联系交流很密切。比如在瓯江口产业区还专门开辟有"韩国产业园"，温州到韩国仁川有直飞航班，距离近。与意大利的交往就更密切了，早有直飞罗马的航班。温州在意大利的华侨有数万人，据说意大利一些几千上万人的小镇（他们称"市"）大半是中国人，以温州人和浙江其他地方的人为主。意大利是一个传统的最能体现"工匠精神"的国家之一，温州也是"百工之乡"，温州人特别适合在意大利谋生发展。"二战"前有上万青田人来到意大利，战后大部分未婚的年轻人就娶了意大利妻子，许多原先在中国有妻室的华侨，也把国内的亲属带去了意大利。1949 年以前也有个别温州人把意大利妻子带回温州山区定居，过着艰难的生活。十几年前浙江电视台还跟拍过他们的后代回意大利寻亲的多集纪录片，当时他们的经济仍然很困难，得到意大利的温州商人集资资助。我记得电视纪录片播放时间晚，都半夜了我还在看，寻亲故事很感人。

话说远了，如今单单青田华侨在意大利的后代人数就近10万。有了这么多中国人，中意两国警察也就有了合作，浙江省每年派出10名警察去意大利。在罗马、米兰、威尼斯、普拉托4个城市街头可以看到两国警察联合巡逻。2018年赴意大利的温州警察一男一女，女孩叫王亦梦，前年刚刚毕业于浙江警察学院涉外警务专业，大学期间赴美刑事司法学院攻读双学位，还是国家二级篮球运动员。从发回的照片看，戴着墨镜巡逻，英姿飒爽，多了街头一景，有不少华人特意跑去看。在温州，几乎每年都有意大利的地方政府组团前来参加活动，意大利的皮鞋皮具、服装都曾经在温州引领时尚。

温州的"夏梦服饰"也值得一说，既与时尚有关系，还与意大利有关。电视剧《温州两家人》中有个剧情：侯三寿选择与 MGX 公司合作各出资一半，成立合资公司，就是以2003年夏梦服饰与意大利杰尼亚集团合资成立"夏梦·意杰服饰有限公司"为蓝本的。夏梦是"全国十大男装品牌"，杰尼亚是世界闻名的意大利男装品牌，百年老店。

夏梦老板陈孝祥1998年去巴黎参加服饰文化展，一去就感觉天外有天，好像迎面泼来一盆凉水。大开眼界的同时，一股危机感涌上心头。此时意大利的杰尼亚也在中国寻找合作伙伴，它的对手是登喜路、BOSS 等品牌。于是两家谈起了恋爱。几年时间，陈孝祥大刀阔斧忍痛改善了很多软硬件后终于被杰尼亚认可，合资成功。一件西服380道工序，合资品牌的产品线完全和杰尼亚一样，但销售对象不重合。"就像走钢丝节目下面的保护网，有人往下掉了一个层次，也能被杰尼亚的合作品牌接住"，夏梦算是站在引领时尚的高端。现在夏梦西装便宜的也要6000多元，出口后的市场价可以卖到一二万元人民币。

在一个啤酒瓶与三个啤酒瓶之间

我知道，在古代，由于地理环境的原因，温州从来没有引领过时尚。子曰：质胜文则野。由于文化发展的相对滞后，温州先民的时尚就显得"野"。"断发文身"便是当时野性的时尚。康王南渡，建都临安，跟随而来的文人贵族，带来了中原时尚，温州人才算真正跟上了潮流。明迁都北方，温州又远离了时尚中心。对温州来说，几乎没有时尚的历史。我现在要说的时尚是 1949 年以后，特别是改革开放以后的事。20 世纪 50 年代初期的列宁装、苏联式的布拉吉、六七十年代的军装像章都不能算，那只是全国统一的潮流。

说的是 20 世纪 70 年代中后期，打打闹闹的红卫兵作为知识青年去了黑龙江"上山下乡"，企业也开始恢复了生产，军装逐渐成了过去式，现在该穿什么呢？年轻人有点无所适从。正在相对平静的时期，华侨中胆子大的开始回到温州探亲，华侨的着装便引起了年轻人的注意。记得大约是 1971 年下半年，天气正好转凉。那天是个大晴天，一位华侨带了他的十六七岁大的女儿出来逛五马街。那女儿穿着长统袜，超短裙，大腿白白的，人长得很标致。走在灰衣黑裤的人丛中非常抢眼，渐渐地人们便将她围了起来，年轻人惊异于女孩子竟可以穿得这么漂亮；年老的惊异于这女孩子胆子真大；也有些积极分子在动脑子怎么把这女孩抓起来，竟敢如此有伤风化；当然也有人用猥琐的目光专看那双白生生的大腿……

这女孩子从小在巴黎长大（事后知道的），初始并不介意人们的围观。后来影响到她走路了，父女俩才觉得事情不妙，好不容易挤出人群，赶忙坐上一辆三轮车仓惶逃走。那时候，大小字报是媒体，小道消息成电波。随即有人贴出大字报："别让资本主义的妖雾，轰倒无产阶级的温州！"就是指这个女孩子穿裸露衣服，在五马街招摇过市的事，要人们提高革命警惕性，带着批判的眼光看待这个问题，否则会被资本主义的妖雾轰（熏）倒。看来这个写大字报的人"革命性"很强，只是文化不怎么样，将"熏"写成"轰"。好在当时还强调华侨政策，没对这个女孩怎么样，女孩后来上街也不穿超短裙了，穿起了"笔管裤"，就是裤腿细细的、长长的那种。对于看惯了宽大的军装类衣服的人，看见这种裤子也觉得耳目一新。国外的温州华侨之间就传开了这条消息，"回温州切莫穿平时在欧洲穿的裙子，笔管裤还可以"。现在回想一下，所谓的"笔管裤"其实是牛仔裤之类。当时的温州人不会叫牛仔裤，看它的样子将人的腿包裹得有如直直的笔管子，所以称它为"笔管裤"。这些穿笔管裤的年轻人回温州多了，一来二去，爱美的温州年轻人就起而仿效，他们脱下千篇一律的军装军裤，自己动手裁制"笔管裤"。有些缝纫个体户也乘机赚钱，打了"专裁笔管裤"的牌子。到当年的春节前后，满街都是穿这种裤子的男女青年了。笔者当时也是年轻人，也穿过这种裤子，只是不像某些大胆的年轻人那样，将臀部绷得紧紧的，裤管子也稍稍大一点。相对于全国其他地方的那种宽大得使人不分男女的衣服，温州的年轻人先走了一步，他们的衣着成了一道风景线。

应当说，这是时尚温州的第一波。

问题是在当时时尚（或者说是标新立异）是不允许的。反帝反修，这种时尚不正是帝国主义和修正主义的坏影响吗？绝不能让年轻人被"资本主义的妖雾轰（熏）倒"。但他们也吃不准，这种裤子到底是修正主义还是资本主义，反正是不好的，两顶帽子戴哪顶都可以，要坚决刹住这股"妖风"。怎么刹住这个坏风气呢？当时的民兵指挥部总指挥想出的办法令人拍案叫绝。不管你现在具有怎么丰富的想象力，恐怕也猜不出他的办法。他亲自带队，让"民指"的人分成几个小组，每组发给一个空的啤酒瓶，到五马街等闹市区巡逻。一见到穿"笔管裤"的人，就拉住他，用啤酒瓶子从人家的裤脚处往里面塞一塞，能轻松地塞过去的，算符合标准。比较紧的，告诫你回去改一改，如果塞不进去，对不起，剪刀的干活！立即将你的裤脚剪开，狠力往上一撕。不由得你不哇哇叫着赶回家换裤子。有的撕得太高了，连里边的内裤都看得见，女青年急得直掉眼泪。一时间五马街、解放路一带弄得鸡飞狗跳。

本书在写作过程中，我女儿听说此事后很惊异，张大眼睛问她母亲，爸爸写的这些都是真的？我太太点点头："当然是真的。"并列举她的女伴为例。当年她见了红卫兵是因为跑得快，没让给剪裤子。她的女伴稍稍慢了一点，让检查的民兵逮了个正着，裤子被一撕老高，急得她直哭，还不敢回家，怕挨父母骂，谁让你赶时髦！

问题是既然称"时尚"，它就不可能一成不变，要"新异趋时"。没过多少时间，大约离撕裤子不到一年，回温州探亲的华侨年轻人不穿"笔管裤"了，穿的是喇叭裤，裤脚处开着大口，长长的，走路仿佛用脚在扫街。又是一个资本主义或者修正主义的花样！年轻人竞相仿效，你们不让穿"笔管裤"，我们就穿喇叭裤！"道高一尺，魔高一丈"，民兵指挥部又定了个新标准：裤脚的大小在一个啤酒瓶与三个啤酒瓶之间。如果不是亲历的事，谁会知道或者听懂这是个什么劳什子的规定！其实，说清楚了也简单，就是民兵小分队上街检查的时候多带几个啤酒瓶，你的裤管子的大小度要在能塞进去一至三个啤酒瓶之间。塞不进一个啤酒瓶的太小，能塞进三个啤酒瓶的又太大，那肯定是喇叭裤无疑，其结果也是剪一个口子，嗤地一撕而开！本身裤子已大，撕开之后更是飘飘扬扬，真让人哭笑不得。我同寝室的一位年轻人，就曾因为穿喇叭裤被撕过裤脚。他家住市中心，离被撕的地点五马街很近，但他不敢回家换裤子，只好步行 50 分钟到三板桥的厂宿舍去换。一路上骂骂咧咧，旁观的人指指点点，其尴尬可想而知。此前他曾经动员我也做一条喇叭裤，我嫌喇叭裤太夸张，没有仿效，

意气风发的青年时代，吴明华与伙伴们一起郊游采风，这个时期的温州已经开始流行"喇叭裤"和"笔管裤"，摄于 20 世纪 70 年代末

被他奚落为老古董。这会儿轮到我笑他："你不古董，现在真好看，一路飘飘扬扬的。"气得他想打我。那年我在松台广场见到他，他正在打太极拳，看见我很高兴，停下来寒暄。有年轻女郎穿露脐装从旁边走过，他摇摇头说："现在的年轻人啊！"我忽然想起喇叭裤这事，心中暗暗发笑。可见时尚是年轻人的专利。

顺便提一下，那位首推"啤酒瓶"的民兵指挥部总指挥后来失势，被另一派隔离审查，上吊自杀，温州老百姓街谈巷议甚多，不大相信。这人一向嘻嘻哈哈，不大干正经事，自杀不属于他的性格，认为他的死也属温州疑案之一。

温州总是走在时尚的前头

20 世纪 80 年代初，大量走私货流入温州，年轻人的时尚就不仅仅是向回温州探亲的年轻华侨学习了。与走私货一起进来的港台杂志也有不少时尚信息。譬如以前提到过的手拎四喇叭，放送邓丽君的《甜蜜蜜》就是其中之一。经常有这样的景象，几位朋友相约，到公园或旅游景点，将四喇叭开得震天响，然后就着音乐跳的士高（迪斯科）。衣着上身大多是紧身衣，下穿喇叭裤，

曲线毕露的上身和宽大的下身形成鲜明的对照。

　　说到这里要向诸位介绍一个裁缝学馆，叫"黄益冬裁缝学馆"。我认为这位黄益冬对推动温州的时尚起了很大的作用。在 20 世纪六七十年代，温州的服装主要有三个来源：一是服装厂制造的，大批清一色的中山装或便装；二是个体缝纫师傅根据顾客要求做的服装；三是从上海等地采购的服装。这些服装除私人缝制的之外，大多整齐划一，无时尚可言。年轻人就动脑子自己裁剪缝纫。诸如"笔管裤""喇叭裤"及紧身衣之类。市场上没卖的，个体裁缝户又不敢做，怕民兵指挥部来砸饭碗，他们便"自己动手，丰衣足食"，技术来源就是这个"黄益冬缝纫学馆"。这个学馆在市中心的石坦巷，地方不大的几间居民屋，摆了一些缝纫机。一两个月一期，来学习裁剪和缝纫技术的人一拨又一拨。其中有的是学习一种养家糊口的技能，将来自己做个体缝纫户。有的来速成一下，自己裁剪从走私的画报上看来的时髦式样，或借华侨亲友带回来的新式衣裤学着做。从"黄益冬学馆"出来的学员有的是后来的服装厂老板，也有的是服装厂设计师。应当说这个学馆对温州的时尚起了推波助澜的作用，这个学馆是温州现时众多职业技术学校的祖师爷。可惜我无缘认识这位"黄益冬"，只知道是位女士。

　　除"黄益冬裁缝学馆"外，还有"朱道生缝纫学馆"，其他许多缝纫培训班，他们为温州的服装时尚产业打下了基础。

　　大约是 1983 年，我任副主编的《文学青年》杂志组织了一次青年作家笔会，来的作家还真不少，有些至今仍活跃在文坛上。如河北的作家铁凝（现为中国作协主席）、四川的作家雁宁（以笔名雪米莉创作了不少作品，曾经引领风潮）和黄放、江苏作家范小青、上海作家张振华、广东作家袁敏、浙江作家李杭育、北京作家郭小琳（名诗人郭小川的公子）等。笔会结束时，我们在当时算比较高级的雪山饭店开了个联欢酒会，也组织了不少温州文学青年参加。

　　也有说法称我们的《文学青年》办成了全国四大青年文学期刊之一。那时还未有后来的专追港台歌星的"追星族"，文学青年要追的是年轻的新锐作家，来参加联欢会的人很多，气氛非常热烈。作家们的即席发言，大部分是赞美温州人的漂亮和穿着时髦的。雁宁说自己很注意，"一个星期几乎没有发现女青年有穿相同花色和品种的衣服"。同是四川的青年作家黄放纠正说："有，我看到过，有三位穿着一样的睡衣坐在弄堂里聊天。"他们的话引起哄堂大笑。

所谓司空见惯，我们编辑部的人生活在温州，并未对温州的着装十分注意，经他们一说，大家都感觉到温州与外地的不同。特别是赴外地组稿或开笔会，看多了那些老古板，或虽时髦却是大家都在穿的服饰，乍一回到温州会有多姿多彩、耳目一新的感觉。也就是说温州人已经注意了时尚的个性化，而不是像以前那样你穿"笔管裤"，我也穿"笔管裤"，你穿喇叭裤，我也改穿喇叭裤的一窝蜂了。那次会议之后，其他作家陆续返回，雁宁与黄放搬住市内宾馆。他们说要好好观瞻一下温州的时髦（这里还是用"时尚"比较合适，可见此词流行有一定道理），有可能的话找到一位漂亮的温州女朋友更好。时尚温州的魅力略见一斑。

自 20 世纪 90 年代开始，温州的时尚已经没有了这种比较分明的"波"，而且不同的阶层有不同的时尚，也就是说开始分化了。

我穿衣服一向保守。前面讲过，诸如喇叭裤之类的新潮货就未穿过。我也不去私人裁缝铺做衣服，怕质量难保证，我只认定上海的服装，端正大气，做工比温州好。记得是 20 世纪 90 年代初，李涛从杭州回来告诉我，许广跃现在穿衣非常讲究，衬衫只认"金利来"。"金利来"当时的价钱是 80 到 100 元人民币一件，而我穿的上海衬衫 20 元一件，于是我对许广跃这位作家朋友肃然起敬。我那时刚下海做房地产，许先生也差不多同时下海做房地产，他已经到了"金利来"阶段，而我还穿上海的"绿叶"。但现在回想一下，只是我个人不会"新异趋时"而已，其实那个时候温州也已流行名牌了。最早的就是"金利来"，接着是"皮尔·卡丹""梦特娇"一类的，而且这种流行还是走在其他地方的前头。有段时间，专门有人来收购已经穿过的梦特娇 T 恤衫，而且价格还不低，总在二三百元一件。开始不知道他们收购旧衣干什么，在温州，旧衣一般都很便宜。后来才听说，外地梦特娇刚流行，温州已经过时了，他们收购过去洗一洗、染一染，然后经过熨烫定型，当新的卖，价格七八百元一件。

再接着是"法国鳄鱼"，温州人指的是鳄鱼头朝外的（头朝内的是香港鳄鱼）。似乎是鳄鱼流行得最广，时间也最长，到后来从工薪阶层到大老板人人都穿。一打听才知道，温州有假冒的，做得很好，能以假乱真，价钱只有百来元一件，仅是真家伙的 10%。我也有过一件，别人送的，洗后缩水，穿了两次就没法穿了。梦特娇后来也是满大街，骑三轮车的也穿上假冒的梦特娇，这个牌子就慢慢地退出了温州。到了本世纪初，温州流行的是BOSS、范思哲，还有更高级的FELE一类的。对于名牌的档次我一向无概念，去了两次巴黎之后才稍微明白了一点。在巴黎的"春天"百货公司和"老佛爷"百货公司之间有个高级服装店，那里的时装分级很清楚：皮尔·卡丹在一楼卖，

温州五马街是温州城的商业中心地带，温州的民众认为，能否在这里开店意味着商家在温州的名望和实力。所以，这里云集着温州著名企业的门面，也是在一个时期内，温州时尚的窗口（小 云 摄影）

鳄鱼一类在二楼卖，BOSS一类在三楼，四楼当然更高级。当时，温州的中产阶级已经到了"三楼"了。

其实，衣着体现着一个人的品味，也体现一个人的品位。我总是跟不上趟，有次在上海还闹了笑话。我与公司几个人去上海，办事之余逛淮海路，在"巴黎春天"看到一件茄克衫，同行的人都说适合我穿，看看价格4300元，我心想虽然贵了点，大家都说好，就买下来吧。拿起这件衣服往柜台上走，一边再仔细看，不对，价格不是4300元，而是43000元，我少看了一个零，赶紧把衣服放回原处。不是买不起这件衣服，而是我的消费观念未到这一步。我的好衣服也不少，名牌手表劳力士、欧米茄轮流戴。那都是国外朋友送的。他们说都什么时候了，你还戴20年前的走私东方表！可见时尚是个观念问题。

穿着还关系到每个人的个性和生活习惯。我的合伙人马绍华过去总穿军装，做房地产之后还未跟上时尚的步伐，穿着比较随便，也不讲究牌子。同样穿了多年制服的陈建国，一穿便装便是名牌，且是档次较高的名牌。我介于他们两者之间。从国外买回来的都是名牌，非名牌不买，那么远，带些普通的衣服没意义，温州到处都有。但在国内买衣服，我就挑便宜货了，两种混着穿，人家还以为你都是名牌。我的一位办企业的朋友，是非名牌不买，非名牌不穿，名牌中还要挑贵的。套用一句广告语，他是只买贵的，不买对的。

腆着一个大肚皮，无论什么样的名牌让他穿着都像是地摊上买的。我常说他，你白有这身好皮。他说你不知道，我要再一穿地摊上的衣服，人家当我是屠夫。我看着他不禁一乐，这也是真话。

女装我不太熟悉，我太太也不赶时尚，她买衣服总是买一大堆过时的，所以我不能明确地讲清楚女装"进化"的阶段。只知道温州的女装变化更多，淘汰更快，也就是说更加时尚。我认识的几位"小老娘客"（少妇），她们的先生都在办企业，家里经济条件好。每年春秋和圣诞节前都结伴到香港买衣服，对铜锣湾的时代广场和中环的太古广场比温州百货公司熟悉得多。对于名牌的档次都是从巴黎和罗马了解到的。而且香水还不愿意买香港的，要从法国捎回来。但这种老板娘毕竟是少数，她们走在时尚的最前列。我曾经提到过的那位香港朋友，即介绍我和"红蜻蜓"老板钱金波见面的那一位，在香港也算是很时尚的。她也说温州这些老板娘真时尚，而且舍得花钱，一买就是一大批。

中产阶级（姑且如此称呼）是温州的大多数，其中包括中青年干部和医师、律师、教师等，都可以划归到这个阶层里来。他们也穿名牌，诸如鳄鱼之类的 T 恤几乎人人有，但以穿国内的名牌为主。

退休佬和一般的市民就不讲究牌子了，但并不见得穿得很差，这与温州的总体生活水平有关。温州人比较富有，温州的成衣制作水平现时是全国一流的，即便不是名牌也不至于很差，而且价钱很便宜，特别是换季的时候，可以买好几件，第二年穿上去也很神气。偶尔也有例外。一天，老朋友沈克

2015 年 11 月 14 日，参加温州时尚博览会的康奈集团展台一景（小商 摄影）

成先生来访，穿的是意大利皮鞋，BOSS 西装，还有鳄鱼衬衫。他常常感慨世风日下，并引《论语》的话："子曰，衣敝缊袍，与衣狐貉者立，而不耻者，其由也乎！"标榜自己穿旧衣服与人家穿狐皮袍的人站着也不觉惭愧。我便笑着说："你今天简直是跨国公司的大老板！"他赶紧解释："都是我儿子的处理品。他不穿我穿，我也不知道牌子的档次，怪不得刚才挤公交车人家都用异样的眼光看着我。"确实，在温州穿 BOSS 挤公交车的人不多。

有年圣诞节前，我携太太及小儿子去香港办事，顺便采购一些打折的服饰。太太与小儿子买了不少，我当然也买了一些。回到罗湖桥的这一边，一看深圳这边的衣服那么便宜，我便后悔了。去买了两件衬衫，每件 15 元。而香港买的衬衫是 1500 元，还是打过折的。我将 1500 元的与 15 元的轮流着穿。因为衣服都在自己的酒店里洗烫，洗烫工说这是董事长的衣服，大约洗烫得很讲究。我开着车，穿着 15 元一件的衬衣，人家还说吴总就是讲究！不过几个月下来，那 1500 元的仍旧一如新买的，15 元的只能淘汰了。俗话说的"一分钱一分货"没错。写在此处博大家一笑。

温州有没有小资

说到时尚离不开"小资"这两个字，在大部分城市，引领时尚潮流的都是小资，特别是上海、广州、深圳这些南方大城市。小资是指一种生活情调、生活品位，所以"小资"与时尚如影随形，同时"小资"又与浪漫两个字紧密相连。

一位曾为《文学青年》做发行的熟人章焕群来温，他说写时尚怎么能不写小资呢？闲说也必须有小资情调。建议我闲暇时去泡泡酒吧、咖啡厅，体味一下小资情调，"你去拉芳舍坐坐吧，温州的拉芳舍就不错"。

我真有点汗颜，作为杭州人，他知道温州有个拉芳舍，我却不知道。约了三位老朋友一起去坐坐。我们一进"拉芳舍"的门，便有了走错地方的感觉，这里虽然装潢很洋气、有特色，可坐着的大多是 20 来岁的少男少女，很少中年人，而像我们这样的老头更是绝无仅有的。虽然品咖啡、喝洋酒的人不少，可有一半人在吃扬州炒饭喝蛋汤呢！甚至还有人在啜螺蛳，螺蛳壳撒了一桌。后来我又去了其他的几家咖啡厅或西餐酒吧，情况大同小异，在温州，我找不到在上海衡山路或新天地的那种感觉。于是突然悟及：温州有没有"小资"？

包晓光先生在他的《小资情调》一书中指出："小资"是大学中有着浪漫情调的大学生、研究生，是大学毕业后到外资公司和其他待遇优厚的国营或私企工作的小白领，是都市中的单身贵族，是在网络上终日游荡进行情感冒险的另类，是靠某种自由职业为生的都市自由人，是自由度相对较高的记者、编辑，名不见经传的艺术家之类……

温州城市不大，大学屈指可数，且学校又搬到了郊区的茶山，没有多少大学生或大学老师去泡咖啡厅。温州又极少上规模的外企，高级白领寥寥无几。温州的记者、编辑为数也不是很多，而且他们闲暇时还去炒房或炒股做生意。在商业氛围这么浓厚的地方，讲究实惠的温州人也极少沉湎于虚拟的网络世界之中，名不见经传的艺术家在温州也不至于穷困潦倒，他们会设法先去赚钱再玩艺术。即便是单身一族、丁克一族，在温州也从未能成为时尚……

所以泡酒吧咖啡厅的只是赶时髦的少男少女，或谈生意的中青年人。既然不讲究情调，也没有突然之间忧郁起来，便会想着啜螺蛳或吃甜饼，一啜螺蛳，小资情调便荡然无存。

那么，曾经在温州引领时尚的是哪一批人呢？经了解我认为是以下三类人在引领着温州时尚潮流：一是华侨，特别是出国之后又回来投资或做生意的年轻人，他们的服装、首饰和生活品位，总是温州年轻一代效仿的对象；二是年轻的老板或老板年轻的太太。因为他们的经济条件好，特别是老板年轻的太太们，还拥有时间，她们可以追求高品位的生活；三是从城市来的为数不多的高级白领以及从事娱乐业的漂亮的女孩子。她们的收入较高，又具备自身的条件，她们的职业又要求她们必须穿着光鲜，具有一定的品位……于是，这三类人组成了引领温州时尚潮流的特殊阶层。但他们不是小资，他们的文化不够，所以应当坦率地说，其时尚的品位也不高。

温州有没有小资，那当然是有的，但温州的小资情调不那么显眼，终至于我这本书也缺少了"小资情调"。

第十九章　天下瓯菜最可口

——食在温州

酒老隆，走广东

民国时期，温州有"酒老隆，走广东，十只皮箱九只空"的民谚。我不知这"酒老隆"（有人谓周老隆）是何人，曾请教沈克成等学者，均未有明确的说法。但意思还是明白的：有位会喝酒的饕餮之徒，叫老隆的，带了十皮箱的钱财去广东，九只皮箱都花空了，说明当时广东的繁华及食风之盛。温州人自叹不如，好吃好喝只能去广东。说来也怪，温州人好时尚，在饮食方面，却从来也没有引领过潮流。"食在广州"是公认的，从来没有"食在温州"之说。即便是在目前，温州人在相对于全国其他地方来说是比较富裕的情况下，在饮食方面仍旧非常保守，既不跟风，也未有独特出奇之举，完全有别于温州人在其他方面的做法。

我在前面已经提及，南宋时，随着康王南渡，将中原的先进文化带入温州，温州人才在衣着、饮食和娱乐方面跟上了中原的步伐。宋时市舶务有侍贤驿、来远驿，大约就是附属于市舶务的"国贸大酒店"，既住人，也供应饮食的。据史书记载，宋时中外商船进出港，市舶务均送酒席，进港是欢迎，出港是送行。这是当时的待客之道，但也从另一方面证明了温州的饮食业在当时是比较发达的。城内开设的八仙楼、思远楼，都是很有名气的酒楼。

曾以承议郎知温州的杨蟠曾有诗《去郡后作》云："为官一十政，宦游五十秋；平生忆何处，最忆是温州。思远城南曲，西岑古渡头。缘艖春送酒，红烛夜行舟……"歌舞酒肆的兴起也可证明。据《武林旧事》记，当时杭州市上出售的名酒有 54 种，其中温州所产的有 3 种：清心堂、丰和春和蒙泉。孙衣言认为丰和即丰湖，瑞安有丰湖，此酒为温州的瑞安所产；而蒙泉在温州城区的华盖山下，盖酒以水得名。劳大舆甚至在《瓯江逸志》中说："昔人有云永嘉及绍兴酒绝佳，胜于苏州。"绍酒中的"状元红""女儿红""花雕"至今闻名中华，将当时的温州酒与绍兴酒并称，可见评价之高。

可惜好景不长，随着陆秀夫、张世杰背着南宋幼主投海，南宋灭亡，蒙元南下，温州的繁荣也随之淹没在汪洋大海之中。

有关元、明两朝温州人的吃喝玩乐我未见史书记载，不敢妄说。但从倭患频仍，海匪、夷人的不断骚扰来看，饮食业的发展不可能是超前的。直至清末民初，温州辟为通商口岸之后，社会有段相对平静的时期。加之海运发展，与外地交往日多，饮食业才有长足进步。意大利（二次大战爆发之后改名华大利）、醒春居、郑生记、味雅、冰壶、松鹤楼等都是当时的名餐馆。特别是意大利餐馆，规模最大，开设于 1931 年，三间三层楼房，就在中央大戏院边上，房子是许云章的，青田归国华侨陈俊民租他的房子开餐馆。陈善于烹饪，其意大利妻子能做西菜西点，所以意大利餐馆中、西餐都有。一、二楼为中餐、中点，三楼为西餐、西点，生意兴隆，名头很响。直至第二次世界大战爆发，陈偕妻回到欧洲，意大利餐馆由另外三位老板接手。由于意大利为侵略国，遂改名为华大利。岁月流逝，华大利餐馆几易其主，地点也由五马街而四顾桥，再由四顾桥而道前桥，但 70 年间名称未变，至今仍在。华大利餐馆在温州的影响可以下面的俗语为证：温州人讥人脸皮厚谓"华大利的板砧"。板砧即砧板，华大利的砧板是整段原木，特别厚。为印证这一俗语，我特地去华大利餐馆看到过。只不知又经过了几十年，如今这一砧板尚存否？

这里顺便说明：华侨回国开餐馆似乎是温州的传统，现在的凯悦酒店系列，五马美食林等餐馆，均为归国华侨所开。青田一直归属温州管辖，只到 1963 年才划归丽水，但青田的老华侨一直认同温州，在外的青田人大多说自己是温州人。

酒店的增多，菜肴的品种也会随之丰富。玉带海参、荚菜蟛蚏（青蟹）、马铃黄鱼等都是这时期的名菜。可惜好景不长，抗战之后，温州百业凋零，市场萧条。

改革开放初期，外地还未开动，温州已经占风气之先，街上摊档连绵不断。有不少作家朋友来温州，我请他们吃饭，他们说温州的小吃这么多，还是一路走一路吃，吃饱为止。如张晓明、赵丹涯，都是人高马大的，可以连吃三四种点心，吃得拍肚子称吃不下了为止。但这是后话了。

但讲究"食"，一定要在温饱之后。1960年，饭都吃不饱了，天天饿得肚子咕咕叫，逮着什么能吃的就吃什么，还会有讲究？有故事说一位有钱人早上起来锻炼，在路上散步，遇上一个东张西望的流浪汉。有钱人有绅士风度，欠身与流浪汉打招呼："早上好！"流浪汉不解地问："你这么早起来干什么？""我出来走走，看看能否为我的早餐增加点食欲。"有钱人说："你也这么早起来干什么呢？""我出来走走，看看能否为我的食欲弄到点早餐。"这就是有钱人和流浪汉对"食"的不同概念。

记得那一年，我的脚肿了，手指一按一个窝，去医院开药，药方是"米皮糠"，这是温州人的叫法，即带点米屑的糠，过去喂猪的，这时当药了。水肿是因为营养不良，而米糠中有丰富的维生素。温州人便说："脚肿吃糠好，肚饿番薯枣。"番薯枣即薯干片，其实这话也是说说而已，肚子饿连薯干片也吃不到。我的父亲身材魁梧，我的兄弟姐妹都仅中等身材，长身体时吃不饱之故。为改善饮食条件，我父亲和弟弟养了一只鸭子。问题是自己都吃不饱，鸭子吃什么？仅仅吃点校园里的野草（我们那时就住我母亲学校里的那个6平米的小阁楼），养了几个月的鸭子不到一斤重，只是那个嘴巴特大，身子很瘦小。中秋节时杀了吃，大家只能喝口汤而已，但那感觉似乎比现在吃鱼翅鲍鱼还要好。有的餐馆就动脑筋搞代用品，如利用地瓜（温州人叫番薯）做和菜，这种番薯和菜也有名字所谓"鱼皮""炸羊尾""扣肉"等。我在那时发表了我的第一篇小说，题目是《车间里的春天》，刊登在《东海》杂志上，稿费大约20元左右，那时我的月工资16元。工友们要我请客，我的稿费已让我父亲替我买了毛线，我只好向互助会借了5元钱，到江心餐馆请他们吃"番薯和菜"。吃时大家都叫好吃，因为那段时间大家都吃不饱，这次是吃得最饱的了，都鼓励我多写文章，好让大家一两个月能吃饱一次。但回到厂里个个吐酸水，番薯吃多了就这个腔调，毕竟是杂粮。而现在的番薯又成了"绿色食品""保健食品"什么的，时过境迁了。如今野菜成了宝，当年的"宝贝心肝肉"（猪下水），倒成了没人要的"野菜"了。

从1964年到1966年，温州的饮食服务业随着经济的复苏而有所发展，小吃恢复，餐馆时有新菜推出，有的餐馆门口甚至有了霓虹灯的广告牌。只是好景不长，聚乐园改为工农饭店，白蛇烧饼店改为新风烧饼店，还有什么向阳点心店、红卫面店等。餐馆里的盘碗中有龙凤、仕女、花鸟等图案的，都被红卫兵砸得稀巴烂。粗制土碗唱了主角，还有什么精细的好菜能供应？在餐馆里吃着粗劣的饭菜，周围还站了不少乞丐，如苍南的宜山、泰顺、文成和永嘉的一些地方，外出乞讨的人很多。记得我还听过一个报告，解释讨饭人增多的事，也说形势大好，不是小好，讨饭人增多，那是因为宜山一带的人有农忙时种田、农闲时乞讨的传统习惯。他们利用这种方式省路费游山玩水，跑跑码头。做报告的人睁着眼睛说瞎话不脸红，听报告的人都脸红了。穷得没饭吃、没衣穿，还游山玩水？后来宜山成为再生腈纶纺织品生产基地，宜山人富了以后为什么不再"游山玩水"？有句成语叫"自圆其说"，谎言也要说圆，可那些年我们的宣传是不圆也说，简直是闭着眼睛说瞎话，反正圆也得听，不圆也得听！

记得是 1972 年，我第一次去广州，望着餐馆里那琳琅满目的菜肴样品，不禁直咽口水。广州的饮食虽然大不如前，比之温州的单调与贫乏却是非常丰富！而且广东人的胆大也让人吃惊，什么蛇、猫、昆虫都上餐桌，让我这温州人闻所未闻。无奈工资低，囊中羞涩，仅仅做着"酒老隆，走广东"的梦罢了。

还是瓯菜好

到 20 世纪 70 年代末，特别是党的十一届三中全会之后，温州的饮食业开始复苏，市饮食公司新建了海天楼餐馆、山外楼餐馆、百里餐馆等，加上改建的温州酒家、天津馆等，形成了饮食业网络。加上迅速崛起的私营餐馆和个体饮食店，温州饮食业进入一个鼎盛时期，温州的瓯菜也形成了一个比较完整的体系。

温州毗邻东海，瓯菜当然是以海鲜为主，口味清鲜、淡而不薄，烹调讲究"二轻一重"，即轻油、轻芡、重刀工，具有比较明显的地方特色，成为浙江菜系的四个地方流派之一，与杭州、宁波、绍兴菜齐名。其中有 46 种菜入选中国菜谱，也算是后来居上。特别是讲究健康饮食的现在，瓯菜清淡不油腻，以自然风味为主，更受人欢迎。温州人轻灵小巧，极少大腹便便，与瓯菜的烹饪有关。"三丝敲鱼""锦绣鱼丝""双味蟳蚄""爆墨鱼花"之类都是温州的名菜，用料讲究新鲜度，刀工精细，看起来赏心悦目，吃起来爽口清鲜。

提到"瓯菜"，也应当说说"瓯菜"的名厨师。民国时期，意大利餐馆的主厨徐岩池被同行誉为瓯菜大师，他烹调的"神仙排翅""清汤菜""叉烧黄鱼"等菜肴都名噪一时。还有南永坤师傅，专功冷碟，造诣很深；他在20世纪40年代创制的蝴蝶双拼盘、龙凤双拼盘至今仍为温州人喜庆宴席所必备。这里还要特别说说金次凡师傅，他是温州市第一位特一级烹调师，不仅技艺精湛，烹调理论水平亦很高。1983年10月，在全国烹饪名师技术鉴赏会上，荣获"全国优秀厨师"称号。他是《中国菜谱（浙江风味）》的主要编写人之一，《温州菜谱》主编，并有多种关于瓯菜的著作，瓯菜在他手中得到发扬光大。此后有不少温州厨师在全国烹饪比赛中得奖，现在活跃在温州饮食业的名厨师大多是他的徒子徒孙。

还有一件事应该好好说一说，温州人接受新事物特别快，在饮食上却似乎是全国最保守的，这种反差几乎让人难以相信。

先举几个例子：川菜是传统的四大菜系之一，在全国各地都很火爆。温州却没有正宗的川菜馆，有的也只是"川妹火锅城"之类变种；京菜同样如此，"东来顺"在温州只开了一年，因生意不好而关闭。京菜中只有一种"北京烤鸭"被温州人接纳，现时许多酒店的菜谱中都有这一品种；潮州菜的命运差不多，有人在黎明路开了一家潮州菜馆，我曾带一位香港朋友去过。这位朋友很喜欢吃潮州菜，认为还算地道。第二次来又去吃，就大摇其头了："什么潮州菜，都变温州味了！"待到他第三次要去吃这变味的潮州菜，菜馆已关门，没有生意。至于淮扬菜、鲁菜什么的，更从来没有进过温州。

粤菜真是鼎鼎大名，不仅全国，在全世界都有影响。粤菜馆在温州命运好些，那年香港黄氏三兄弟与温州的五交化集团合资，将"华联商厦"改为"和氏广场"卖百货，并在四楼开了个"珍宝舫"，专做粤菜，厨师都是香港请的，非常正宗。因为五交化集团的总经理陈建中我过去采访时认识，为人能干厚道，后来成了朋友，便常去"珍宝舫"吃饭。但因"和氏广场"经营效果不佳，连带"珍宝舫"也转手给了我朋友的女婿陈建伟他们。后来的"珍宝舫"是温州化的粤菜了。

杭帮菜是后起之秀，现在的杭帮菜在上海非常火爆。洪波先生在上海连开两家规模很大的"顺风大酒店"，就是杭帮菜，生意好得天天要翻台。他曾问我可不可以在温州开一家"顺风大酒店"，我直摇头。介绍我认识"红蜻蜓"董事长钱金波的香港朋友是在杭州出生的，来到温州之后想吃杭帮菜，我带她找了好多地方，终于在人民广场门口的富丽华大酒店吃到杭帮菜。什么"炸响铃""老鸭煲""西湖莼菜汤"，都还算正宗。可等到她第二次来温州，想再去吃杭帮菜时，"富丽华"酒店已易手，不再做杭帮菜了，说明没生意。

还有西餐的命运也好不了多少，温州至今没有一家正宗的西餐馆，更少有人分得清什么法式菜和意式菜了。温州有的只是西餐酒吧，那是以酒吧为主，连带做做牛排之类的西菜，或者是咖啡吧里烧点罗宋汤就着面包填肚子。曾有两位加拿大人来温州与我谈一个项目，他们是法裔加拿大人，即温州说的正宗的"番人"。在吃了几餐中餐后要吃西餐，我就是找不到正宗西餐馆，到一个西餐酒吧吃了一顿，他们直耸肩。

现在来说一说腺虫病。大约是1997年，温州有人得了一种怪病，皮肤接触到什么东西都感到疼痛异常，不能碰、不能摸，穿衣服都感到痛，后来发展到连风吹到皮肤也疼痛难忍。短短时间内，医院收治了很多病人，最多时有30余人。开始时温州也不知这种怪病从何而来，因何而发，望着痛苦的病人，医生非常着急。后来终于查清，这种病是吃了一种腺螺引起的。这种腺螺广东有，病也是广东传来的，是温州医生找到了治疗这种病的方法。后来住院的病人全部治愈出院，没有一例死亡。温州的医生又将治疗方法介绍给广东的同行，广东的病人也都痊愈出院。因为它的病源很快找到，所以这种病没有向别处蔓延，但这种病对温州人的教训很大，使得温州人不敢乱吃。温州人常说广东人是"生番"，天上飞的除了苍蝇、蚊子不吃，有脚的除了板凳、椅子不吃，硬的除了石头不吃，软的除了棉花不吃，其他什么怪东西都吃。温州人可不敢，"非典"一来，温州人在吃上面更加保守了。

"瓯越之民，断发文身"，广东南海古称瓯越，温州为瓯地，先民属百越之一，也称"瓯越"。温州人事事敢为天下先，唯在吃上如此之保守，也称一怪或一绝。但从上所举的腺虫病、"非典"来看，在吃字上还是保守好。"酒老隆，走广东，十只皮箱九只空"之说是过去，粤菜风行世界却终究未能占领温州市场，温州人只对以本地海鲜为主的瓯菜情有独钟。"天下瓯菜最合口"是一位温州华侨写的一句诗，这或许是温州人恋乡、抱团性格的另一种表现形式，却也说明以海鲜为主的清淡、新鲜的瓯菜的科学性。

还要说明的是温州人在饮食上虽然保守，但并不表明温州的饮食服务业萧条。温州的饮食业发展得异常迅速，酒店越开越大，装潢越来越讲究，名店越来越多。阿外楼已介绍过，云天楼、溢香厅、凯悦、五马美食林等都是一开好几家，规模也都很大。即便是像我们国贸大酒店这种星级酒店，餐饮部的规模也远比外地同类酒店大，我们有 8 个楼层设餐饮厅或包厢，可同时容纳 1250 人用餐，节假日的场面是非常火爆的。而且现在温州的餐饮业低、中、高档齐全，各个阶层、各种经济条件的人都可以找到适合自己消费的地方。如"顶上鱼翅""海上天酒楼"，以供应鱼翅、燕窝、鲍鱼等高档菜肴为主，动辄几千上万元的，而什么"美乐食街""小南国美食坊""天一角食街"之类的，七八个人用餐也仅几百元的消费数，还有大排档就更便宜了。

第二十章　跟风走一回

——玩在温州

正月灯、二月鹞，三月麦秆当吹箫

吃喝玩乐温州人讲"嬉嬉、吃吃、看看戏"，读作"思思、此此、次次四"，既然讲了吃喝，接着就是玩乐。

"山外青山楼外楼，西湖歌舞几时休？暖风熏得游人醉，直把杭州当汴州。"说的是康王南渡，偏安杭州，不思北伐中原，收复失地，惟歌舞升平的景像。流波所及，温州也是"一片繁华海上头，从来唤作小杭州"了。对于宋时生活之奢华，社会生活之奢靡，《东京梦华录》及《武林旧事》均有详细之描述。温州作为一个较为安定的后方城市，集中了不少王亲国戚，及由中原流亡而来的富家子弟，当然也成了一个风月之城。南戏《荆钗记》中对此也有所描述："思远楼前景无限，画楼歌妓颜如花。"思远楼在城西湖边，叶适在《醉乐亭》中有提及。城西还有个众乐园，据《明一统志》中说："众乐园在郡城西，旧郡治北，纵横数里，中有大池塘，亭榭奇布，花木汇列。宋时每岁二月开设酤，众群欢会，尽春而罢。"酤就是酒，仅仅是二月才开园卖酒，春尽便罢，似乎是非常大的私家园林。但这是城外，城内更加热闹了。温州现时的地名中有如"瓦市（肆）巷""锦春坊""花柳塘""游嬉巷"等，大约都是那时歌楼舞榭密布勾栏、酒肆云集的地方。沈克成先生写了一篇《温州地名文化解读》，确是将温州的地名"文化"了，大约是春秋笔法，为温州讳。譬如瓦市巷，他解释为"当时此巷是商贩丛集瓦市之处，赶集之人'聚则瓦合，散则瓦解'，故名瓦市"。其实宋时汴京有瓦市、杭州有瓦市，温州也有瓦市，即城市里的娱乐场所集中的地方,有表演杂剧、曲艺、杂技等的勾栏,也有卖药、沽衣、饮食等店铺,当然还有妓院、茶楼、酒肆。瓦市又称瓦舍、瓦子或瓦肆。

瓦市还是比较高档的娱乐一条街。温州东门有条小弄堂,叫作"上坦园儿",那是过去低档娱乐集中的地方。"上坦"是上岸、上陆地,"园儿"其实是船的谐音,上岸的船工找乐子的地方,因为那是江边的一条弄堂。20世纪70年代我想将我的小房子换成大一点的,找到了那里的一套房子。后来将"上坦园儿"改为"光明巷",意即这里原先过着黑暗生活的妓女都走上光明之路。我将写作的事告诉同厂的一位老师傅,那师傅连连摇手:什么光明巷,那是婊子巷!

南戏由温州发祥,也说明温州人好玩。好玩才会有人表演,表演便演出戏来。温州有民谣云:"正月灯,二月鹞,三月麦秆当吹箫,四月耕田臀晒翘,五月龙船两头摇;六月六,稻谷熟;七月七,吃巧食;八月八,月饼馅芝麻;九月九,登高上捣臼;十月十,柑与桔;十一月,吃汤圆;十二月,糖糕印状元。"这里有农事,有民俗,主要还是说玩。过去温州人一年到头,每个月都有得玩。

正月玩灯,这个灯不是从除夕开始的、家家户户在门口檐下挂的灯笼,而是正月初五起至正月十八为止的闹龙灯。而正月十五元宵节是高潮。龙灯有滚龙、凳板龙和首饰龙。滚龙就是影视上经常看见的布质龙,一节由一个人举着,龙头前面还打一个球,那球代表珍珠宝贝,龙戏珠。然后拉到大户人家的庭院或街上的开阔处,滚舞起来,同时有龙灯师就着锣鼓声唱龙灯歌,为该户主人的全家祈福。那大户人家要"参龙",就是在门口摆一个香案,点着蜡烛香,并且要祭拜。还要在门口道坦上烧堆稻草,那叫踏红,象征一年到头红红火火。同时拿出糖糕、茶点招待龙灯队,让他们吃饱喝足,再带点东西走。龙灯队后面往往跟了一大帮子看热闹的小孩。

凳板龙的龙头与滚龙差不多,龙身却是一条条板凳似的木头,只是凳脚比板凳高一些。凳板龙一如滚龙一样往家家户户拉,但只是敲锣打鼓,不滚不舞,拉到一个大户人家,龙灯师唱龙灯歌时,板凳都停下来,大家可以坐。龙灯歌有一定的套式,现成的唱腔,龙灯师结合这户人家的生意门类或特点,现编歌词现唱,有声有色,常常赢得满堂彩。主人开心了就包红包表示酬谢。首饰龙是一人扛着一个台子,上边是龙灯,灯上挂着许多装饰品,点着香走街串户，在哪户门口停下来，扛的人唱几句表示吉祥、贺喜的词，获取主人的一些糕点或一个小红包。

到了正月十五元宵节，节日的气氛就更浓了。家家户户门前挂着各式彩灯，什么兔子灯、马头灯、莲花灯、宫灯等，都点着蜡烛。街路上，滚龙、凳板龙、首饰龙，之间夹杂着踩高跷的、扮翠柳的，加上锣鼓班与吹打班，一路热热闹闹地游过去，真是人山人海，熙熙攘攘，一派节庆的景象。我在小时候见过瑞安城关的灯会，那种热烈的气氛至今不能忘怀。十几年前自贡市在温州中山公园开灯展，那灯的体积庞大，挺有气势的，但比之当年温州的灯会来说，精致便远远不及了。温州的走马灯以及以各种戏曲人物为题材的抬阁灯，那才叫精美呢。

二月玩鹞，鹞即风筝，但那只是小孩的事，温州的风筝也不及潍坊的风筝多姿多彩。其实温州二月最主要的玩项叫"拦街福"。每年农历二月初一，从康乐坊开始，至三月十五五马街为止，温州城内的主要街道依次举行祈福活动，俗称"拦街福"。拦街福举行之日，那条街道搭彩楼、扎花门、张布幔，悬灯结彩，气氛热烈，热闹非凡。临时搭建的戏台上，各个戏班登台献艺，还有温州的鼓词、提线木偶，以及举行与元宵节时差不多的滚龙灯、踩高跷、猜大谜等活动，可以说是集文娱活动之大成。举行拦街福的街道家

温州苍南的抬阁巡游，摄于 1984 年（萧云集 摄影）

家设祭台、摆盆景、陈花卉，称作"花祭"。沿街店铺除张灯结彩之外还以大减价招徕顾客，引得各方游人云集。入夜灯火辉煌，管弦齐作，城门大开，任人出入，引得乡下人纷纷入城"轧闹热"。此条街道活动暂歇，第二天另一条街道又开始拦街福。凡此活动，连续 45 天。活动的竞争性很强，康乐坊搭了两个戏台，百里坊就搭三个，百里坊的花门扎得很精致，信河街便在彩楼上做文章，各个街道纷纷打出自己的特色。于是热潮迭起，一波又一波。特别要说到的是西郭三港殿的米寿桃，做得高齐屋檐，阔跨街道，寿桃上置《三国演义》《水浒传》《西游记》中的各种米塑人物，栩栩如生。还有蒲州的"珠囤"，状如亭子，由数十万颗彩珠扎成，囤上钩织戏曲人物、龙凤和各种图像，五光十色。这些均是拦街福的保留节目。1952 年，我在五马街还参加过拦街福活动，我学校的老师在临时搭建戏台上扭秧歌。

三月麦秆当吹箫，拦街福未结束，扫墓踏青的活动已开始。"三月三日空气新，长安水边多丽人"，温州的温瑞塘河边，小河船摇曳着，载着妇女小孩去郊外乡下踏青，他们头扎柳枝，手拿清明饼出去，回来时清明饼已经吃光，手捧的是一束束盛开的杜鹃花。

四月是农忙，水稻要耘草，是温州人少有的没有安排玩项的月份。温州民谚云："读书人怕大考，种田人怕耘草。"耘草很辛苦，面朝水田背朝天，还能玩什么？可一到五月，温州人又来劲头了。端午节温州人叫"重五节"，温州水网密布，河道纵横，划龙舟当然是重头戏，几乎村村都置龙舟，南宋叶适有诗："一村一船遍一邦，处处旗鼓争飞扬。"划龙船从五月初一开始，至初十结束，到处都是咚咚的鼓声，摇曳的旗帜，热闹程度不亚于拦街福。只是拦街福活动晚上热闹，而重五节白天热闹。离我家不远就是勤奋河，我酒店旁边是黎明河，两处都可以听到咚咚的鼓声。从宋至今，划龙舟的活动几乎没有停歇，足见这一活动的魅力。

六月稻谷熟，吃第一茬新米要尝新，而尝新前要拜祭，感谢上天赐福。但这一活动只限于农户，无甚影响。七月七的乞巧节，便是孩子的节日了，家家户户吃"巧食"。所谓"巧食"，那是米粉或面粉做成的舌状的糕点。还有在初七晚上，将许多小玩意摆在"道坦天下（也称道坦里）"，叫"乞巧"。或将巧食扔点到瓦背上，好让喜鹊吃了去搭桥，帮助织女渡过银河会牛郎。

七月半是鬼节，不关玩的事。到了八月十五中秋节，又是异常热闹了。

先是送月饼，广式的、苏式的，还有如锅盖那么大的空心月饼，接着是宴席，吃的是新鸭、炒粉干和芋艿。为什么要吃这几样菜，我曾请教过民俗学家，但仍然有点不得要领，估计还是新鸭、芋艿正上市之故，尝新鲜。但这是吃，我们要说的是玩，玩在吃之后，道坦里，家家都摆出了小桌子，桌上摆满了一碟碟瓜果和点心，大家坐在外边赏月到深夜。殷实富户更讲究，有银制的或锡制的一套小摆设，包括放瓜果的小碟和与之配套的小车马、小兵器，有的还有小戏台，上面有戏曲里的小人物，一张桌子摆不够，摆上几张桌子。小孩们先看自己家的，然后走出去，到处看，看看谁家的小摆设更多，做得更精巧。我小时候住在瑞安，瑞安比温州市区还讲究，我家就有一套小摆设，锡制的，每年拿出来摆一摆。可惜每年总有点失落，过了几年小摆设便无影无踪了。在温州，几家银楼的小摆设最讲究。银楼有条件做，也是一种宣传的手段。参观的人络绎不绝，带动了生意。

九月重阳节，带着登糕去登高。登糕是米制的糕团，常常按大小顺序垒叠成塔状，含步步高升之意。温州市区内有九座小山，郊外更是崇山连绵，都是登高赏秋色的好去处。但从我懂事起，似乎没有中老年人登山的，他们更为温饱而奔忙，踏青演化为春游，登高演化为秋游，更成了在校生的专利。这些年生活好了，又将九月初九定为老人节，中老年人组织登山渐渐多了起来。

十月十，柑与桔。温州的柑桔特别多，有一个品种叫"瓯柑"的，温州独有，带点苦味，即张璁请万岁爷吃的那一种。外地人因这特殊的苦味有点吃不惯，温州人情有独钟，"钟"的就是这种苦味，清凉解毒。温州人说"重五节的柑赛羚羊"，就指柑具有羚羊角一样的消热解毒功能。只是这只关吃不关玩，不在此多说。

十一月冬至温州人都要吃汤圆，特别是外边洒上豆沙粉的"擂沙汤圆"，俗称"吃了汤圆长一岁"。这时候问人年纪，都会说："吃了汤圆了，算鬓岁了。"这里的鬓岁便是外加一岁的数字。

十二月近年关，家家户户捣年糕、炊松糕。温州人的年糕分两种，加糖的叫糖糕，不加糖的叫水晶糕。松糕比年糕好吃，松松的、软软的，家家必备。送灶神之类的活动与外地差不多，"上天奏好事，下界保平安"，我小时候读到鲁迅先生写的送灶神一事心里在笑，看来绍兴的灶神与温州的"镬灶佛爷"（温州人对灶神的叫法）一样的笨，吃了点麦芽糖嘴巴就封住了。但我们小孩却不管什么天上、地界的，我们只知道廿四夜有许多茶点可吃，除了麦芽糖之外还有炒米糖、芝麻糖、花生米、柑桔等，那是从祭过灶君之后撤下来的。

"正月廿八、九，欠债赶紧走"，越近年关，债主催讨得越紧，穷人要到外边去避债。到了年三十，家家坐下来吃"分岁酒"，即外地人说的"年夜饭"或"团圆饭"。分岁酒上一定有鱼、芋艿，像征年年有余。但小孩记挂的不是这顿酒，而是酒后的分"压岁钱"，那是他们一年中唯一的收入，铁定都有的，只是多少要看家庭的贫富了。一年中穷人是年关最苦，这时出去躲债，直到家家户户吃分岁酒时才能回家。温州人似乎约定俗成，分岁酒一摆出，讨债的便不会上门了，直至正月末。无论如何苛刻的债主，总要让人过一个团圆年的，好歹过了年再说。

《东京梦华录》写的是当年北宋都城汴梁（开封）的繁华。其中有关吃喝玩乐的，基本上与我以上所述的类似。也就是说，温州的这些季节玩乐，上千年前已经有了，并且是上溯千年中逐步形成的习俗。1949 年后逐步消失，温州现在能保留的只有一样，那就是端午节的划龙舟，以前时禁时开，但总算保留下来了。还有是重兴的滚龙灯，但只是滚龙灯，那唱歌的灯师没有了。这些年我常去国外，方知在国外的华侨社会中，所保留的传统节庆娱乐项目与方式比之我们国内齐备得多。譬如在旧金山的唐人街，在新加坡的牛车水等处，我都能体味到小时逢节庆的那种感觉。我不知道这是先进或落后，是好或是坏，我只是感到惋惜，多姿多彩的传统娱乐方式已被单调划一、长年不变的娱乐方式所取代，虽然这种方式带有更多的科技色彩，带有更多的现代感，比如玩电脑，玩游戏机，玩卡拉 OK，等等。玩这些的弊病先不去说它，与我们这种上了一些年纪，又经历过以前的传统玩乐的人的审美观念是大大地不同了。

跟风走一回

现在来说一说温州人都在玩些什么吧。我认为，温州人的玩比温州人的吃还不如，温州人在吃喝上虽然保守，瓯菜总是温州人自己的菜系。温州人玩只是跟风而已，外地人玩什么，温州人跟着玩什么，一点也没有独创性，我称之为"跟风走一回"，而不是潇洒走一回。

第一个普通的玩法是跳舞，不分男女和老少，不分职业和贫富。大约是2014年，温州松台广场的广场舞还上了"焦点访谈"，一到晚上伴舞音乐轰鸣声使得周边的住户吃不消，交涉无效后，业主们决定集资"以噪制噪"，楼上装"高音炮"对付，做法颇具"温州特色"。节目播出后问题得到解决。

记得早些年我们的电影中，凡有坏蛋在接头，特务在活动，其背景一定是迪斯科舞场，闪烁的灯光，疯狂的扭动之中，夹杂着特务坏蛋的狰狞的脸孔。不知什么时候，年轻人就拎着个四喇叭立体声收音机，在公园等地跳迪斯科了。再接着，那些对年轻人跳迪斯科大摇其头的老干部，在退离休之后，也跳起了迪斯科。十几年前，为了国贸大酒店的装修一事，我跟陈建国他们去了"热带雨林"等娱乐场所去转转，那里的人数之多，音乐之响，灯光之闪烁不定，气氛之热烈，还有跳舞的人群之投入，神情之专注，舞姿之热烈奔放，让我只有震惊的感觉。

进歌厅也是玩的方式之一，只是这些年歌厅生意大不如前。温州的歌厅是20世纪90年代初兴起的，那时的歌厅是演艺场所，大舞台，大场面。我在前面说过，老板们为捧歌手一掷千金，还有一掷万金的。暴发户的心态和行为一览无余。场面之火爆，气氛之热烈，使得歌厅老板和歌手偷着乐。现在的歌厅找个陪唱小姐进包厢里唱歌，小费也就是几百元，不会斗气比富。过去温州有些歌厅的规模之大，会让外地人吃一惊，上百个包厢，陪唱小姐、服务员数百人，真是灯红酒绿，佳丽云集，装潢之讲究，让人纸醉金迷。过去的上海百乐门舞厅已经无法与这种娱乐场所相比。现在有规定约束，这个行业也就萧条了许多。温州人说卡拉OK的名字取得真好，你有权"卡"一"卡"我，我就要设法"拉"你，唱歌娱乐之后大家都"OK"。

"假日俱乐部""演视广场"等，仍旧是表演场所，只是演出的场面比过去的歌厅大，档次也高些，许多明星都在这些场所演出过。但它又区别于温州大戏院、东南剧院等演出场所，那是给更大型的剧团演出的，场面更大，如俄罗斯芭蕾舞团、总政歌舞团的演出就在大剧院进行的。温州的传统戏剧如瓯剧、乱弹以及京剧、越剧，一年难得在大剧场演出几次，大多去农村给农民演出，农民还是喜欢看传统戏剧，特别是越剧和瓯剧，在农村还是很受欢迎。每逢村里喜庆活动或某家寿宴，演戏庆贺算得上是大手笔了，十里八乡的老年人都会接到这个村亲友的邀请前来，自然是包吃的。瓯剧的对白是温州话中带点普通话的腔调，很受农村群众的欢迎，一声"我老老娘——"尾音一拖，会得个满堂喝彩。

　　酒吧、咖啡吧中的演艺吧也是玩乐场所。一边喝酒、喝咖啡，一边看表演、听音乐。表演的有时装、舞蹈、杂技、小品，当中由油腔滑调的"脱口秀"者串台，气氛搞得轻松、诙谐。高档一点的有提琴、钢琴、萨克斯等，形式上有点欧洲、北美的风格了。但温州毕竟是一个中等城市，没有如上海"新天地"那样的一个街区娱乐场所，也没有如欧洲那种路边或露天的咖啡座。这可能与温州人的生活节奏太快、闲情逸致不足，再加空气不如欧洲那样清新有关。但愿再经过若干年的努力，我们能如欧洲的瑞士、美洲的加拿大温哥华那样的优美环境、清新澄明的空气，那时你无论在何处喝咖啡，都能体味到一种闲适的心境。现代人最缺少的就是这一点。

　　旅游当然也是一种主要的玩法，温州有雁荡山、楠溪江两大国家级风景区，山清水秀岩奇，还有等而下之的泽雅、寨寮溪、中雁等山水。但温州人有钱，附近的风景玩够了，国内的也去了，新马泰、越南、柬埔寨也都早已不新鲜，就去埃及、以色列、非洲这些地方。温州海外旅游公司在温州是最著名的国际旅行社，现在在开拓缅甸旅游。缅甸的旅游资源很好，基本上还是原生态的，国家开放得晚，去过的人也不多。

　　我开酒店，有一点也很有趣。其他地方的酒店过春节没生意，温州的酒店春节年年爆满。春节是个团圆的节日，外出的人都回家过年，所以内地许多酒店就没生意，温州正好相反，都回来了。温州人春节期间喜欢住酒店，一家人住到酒店宾馆里，吃住都不用自己麻烦了，洗洗烧烧是最烦人的事，一年忙到头，过年时让老婆舒舒心，让孩子开开心，住宾馆酒店吧！在酒店会见商界朋友实际上更方便，国贸大酒店开业之后每年春节爆满，忙得员工团团转。华人打麻将成风，国内打国外也打，温州人当然不例外，但这十几年来扑克"双扣"风行。青年人在打，中年人也在打；老板在打，干部也在打。中午休息打，晚上下班又电话相约去某某酒店打"双扣"。不过，老年人很少打。

　　再就是有钱人玩车，以前有车开就好了，现在还要玩飙车，玩越野。还有玩运动，游泳爬山、网球羽毛球；年轻人玩心跳，攀岩、滑板、蹦极……花样多多。前些年播放的电视剧《温州两家人》，里面一群富二代玩车，长途越野，但这不是温州独有的，一点也不典型。说来说去，没有温州人首创的玩法，温州人的独创性在这里卡了壳，仅仅是跟风走一回而已。

但"双扣"据说是温州人的发明，当然也有一个渐渐演化过来的过程，不是一开始就叫"双扣"，也不是一开始就是如今的打法。现在风行全国，网上游戏名称就是"温州双扣"，但也有其他地名的"某某双扣"，那可能是玩法当地化了。如果真是如此，也只是个例外，是从温州走向全国的。一种地方的玩法能风行全国，那也是很少见的事情，在此值得一说。

双扣节奏快，记性要好，推算要准，很考验人的心理揣摩能力，讲究配合，时有争执，最能体现一个人的秉性。一会儿一个回合结束，换了对家，刚才的怨气烟消云散，新的搭档合作开始了，似乎与社会现实相应。除了输赢钱财的刺激外，这是不是它的魅力所在？在温州，不会说温州话的温州人不足为怪，据说"只有不爱打双扣的温州人，没有不会打双扣的温州人"。

年纪大的人玩双扣就吃力，老年人和女性玩麻将居多，边玩边聊天，节奏也可以慢些。一些老年人不看报，不会上网，也看不清手机微信，要玩也就只有玩麻将了。

温州人玩牌也是有做生意交际的需要。比如，几个生意人饭桌上的寒暄交际，临了来几局双扣或者麻将，默契和友谊的种子可能因此播种下去。但温州人普遍比较勤奋，沉迷于麻将的中青年相对其他地方可以说是不多。有调侃说，飞机到了成都，空中都可以听到哗哗麻将声。温州人做生意创业的机会多，也很忙，玩物丧志的人就少了。

小钱输赢算怡情，玩来玩去的可能都是圈子里的朋友，输赢也就不那么计较了。一些赌博上瘾的人，那青春就耽误在里边了，俗话说，十赌九输。

双扣算得上是温州的"市粹"。

第二十一章　十年树木百年树人

——陌一陌温州和温州人

十年之计莫如树木

温州又称白鹿城，温州人就是梅花鹿。闲说到这个份上，我觉得自己已经将梅花鹿身上的每个美丽的斑点都画上了，该是结束这本书的时候了，可我总觉得意犹未尽，还想说点什么。

我要陌一陌温州，陌一陌温州人。什么叫"陌一陌"？温州话的独特性表现出来了，"陌"字是形容词，陌规、陌习、丑陌，在温州话中"陌"字是动词，意思是揭一揭丑事，既简洁又形象。

陌温州要陌什么？说来也巧，那年我携夫人在埃及的胡夫金字塔下游玩时，接到李涛先生的电话，称温州电视台有个谈话节目，要请我与沈克成及时任温州市规划局局长肖键雄做嘉宾，谈关于温州的规划和城建。对于媒体的采访我是能避则避的，但就是这个题目却有话要说，毕竟做了这么多年的房地产，考虑过这个问题。可惜远在国外，未能做成这个嘉宾，只好在此自说自话了。

温州毗邻东海，境内有山有水，又有宽阔的瓯江，自然条件得天独厚，比之大连、青岛、厦门这些滨海城市一点也不逊色。可温州整体风貌与这些城市相比差距大了！

先说个温州城建中的笑话：大球山是温州市区众多的小山之一，仅数十米高，旁边还有条小河。因为开山放炮取石，球山已经炸成了癞痢头，俗称癞头山。政府如果下令禁止开山取石，并加之改造，即能成为一个好的自然景区。偏偏决定要去炸平它，腾出空地可以开发。于是往山上填埋了几吨炸药。

20 世纪 90 年代温州城旧貌，郑高华摄于 1995 年 7 月

温州的媒体还将之作为壮举进行连篇累牍的报道，真是肉麻当有趣。不知是施爆的队伍技术臭还是老天认为这样的做法是倒行逆施，轰隆隆几声之后就哑炮了，山体仅仅炸掉了一半，还有几百公斤炸药埋在那剩下的山体腹中。后来政府总算觉悟，在残存的山体处建了一座公园——绣山公园。

好端端的一座山要去炸平它，美美的一条河要去填平它。温州市区被炸平或挖平的还有东屿山与西屿山，被填平的河流数不胜数。温州古城的规划，特点是一坊必有一河，也就是每条路边便是一条河，如今的市区却没有几条河了，战天斗地的结果是毁了山水，瓯地的魅力大为逊色。

我去过不少被联合国评为"最适合人类居住的城市"，如加拿大的温哥华、美国的西雅图、瑞士的日内瓦以及我国的珠海、大连等，城市都不是特别大。相反地，所有的特大城市如美国的纽约，日本的东京，中国的北京、上海，巴西的圣保罗等，都不适合人类居住。

城市的规划，学问高深，非我辈外行可以置喙的，但据说也可以归之为几个简单的原则。我曾参加过在美国旧金山大学举办的新型建材展览会。那会场只有 6 层，3 层却在地下，因为那个地方的规划是教育文化区，楼高限于3 层，为了扩大使用面积，会场另 3 层只好建在地下，建筑造价虽然稍高，但可节省能源，从长远看是一种节约。规划如此严谨引起了我的兴趣。据说旧金山的规划并不复杂，仅仅规定了商贸办公区、居住区、文化教育区和产业区的范围及容积率和限高，规划的原则只有一个：遵崇自然和回归自然。

提高城市品位，登高才能望远。几个政府官员，几位本地专家学者，苦思冥想的结果是：纪念郭璞筑永嘉郡城，便在郭公山上筑一段矮矮的城墙；纪念王羲之在温州庭立五马，便在五马街口立一五马拉车的雕塑。那么纪念刘基岂不是要在文成埋一"泰山石敢当"的基石，纪念张璁，即在三角城头雕塑一人像，举手前瞻做聪明状？想象力之低怎么谈得上城市品位的提高？他山之石可以攻玉，即便外地专家学者的水平不高，也有可以借鉴的地方，不至于近亲繁殖，每况愈下。以前外地人来到温州，总是摇头，谓名不符实，温州在外名声这般响亮，可是城市面貌如此落后。这些年随着高铁的开通，瓯海区府一带、温州高铁南站到机场一带风貌为之一变，总算为温州挽回一些面子。老城区这些年的大拆大建，只能算是缝缝补补。

"十年树木，百年树人"是一个大家都耳熟能详的成语，典出《管子权修》，原话是"一年之计，莫如树谷；十年之计，莫如树木；终身之计，莫如树人"。我认为经过这么多年的努力，温州人早已经解决了"树谷"的问题，现在要考虑的是"树木"与"树人"的问题了。

既然"十年之计，莫如树木"，说明"树木"是可以急功近利的，温州日新月异的变化已经证明，只是尚不尽如人意罢了。温州的物质基础比较好，市政府只要思路对头，方法正确，没有理由不赶上其他沿海城市并超过他们。

山水文化名城的概念不错，温州市内有山有水，自然条件很好，但必须好好梳理。松台山区域规划得最好，治理得也比较成功；华盖山却让米莉莎花苑等建筑破坏了。

塘河是温州的母亲河，治理塘河非常对，我家原先就住在塘河边上。三垟湿地、城市绿肺这一概念的提出也非常及时，不要以为我们这代人是最聪明、最能干的，不要酿成开发便是破坏的悲剧，留下点空间给后代。

温州的江心屿与厦门的鼓浪屿、镇江的焦山屿同称为我国的三大名屿。三大名屿除风景优美之外还有其光辉的历史，鼓浪屿是与郑成功联系在一起的，焦山屿是与戚继光、梁红玉联系在一起的，而江心屿是与文天祥联系在一起的。他们都是反抗异族侵略的民族英雄。近些年有人主张将哈尔滨的太阳岛也列为名屿之一，受到史地学界的反对，因为太阳岛缺少历史。我儿子告诉我，确有四大名屿这一说，版本与上列的不同，分别是温州的江心屿、福建的东门屿、鼓浪屿和台湾的兰屿，这四大名屿都与郑成功有关。江心屿对温州至关重要，没有了江心屿，温州便不能称之为山水文化名城，对江心屿的开发与改造必须慎重其事。东西塔、江心寺和宋高宗驻跸过的原兴庆寺都是江心屿的灵魂。江心寺规模不大，却是禅宗十大寺院之一，在国际佛教界有一定地位。如今江心西园游乐场巨大的摩天轮，把充满历史文化胜迹的江心屿搅得有点不伦不类。江心寺上方的大桥，在设计时好像也没考虑与周边文化胜迹的相应，"孤屿神韵"的画面被破坏了。像温州这样一座历史文化沉淀如此深厚的古城，江心屿周边不应有高大的现代建筑。过江最好是修成隧道，一定要在这里修建大桥，风格方式要考虑。我年轻时候的感受情怀

温州是一个山水文化名城，多名胜古迹。1921年春，吴璧华与周孟由两居士一起亲赴杭州，陪同弘一法师从杭州出发经上海至温州，驻锡庆福寺，弘一法师一驻就达12年之久。在这里完成近代佛学经典《四分律比丘戒相表记》。1922年，弘一法师（后排左三）与尹弘法师、寂山、周师黎、师寿、郭志园、陈祖经七人合摄于南城外温州庆福寺（黄瑞庚　供图）

只在我的回忆里了，江心屿及其瓯江两岸是可以建设成"温州的外滩"。类似的事情在温州还有不少，就说是"历史的局限性"吧。

温州五马街 20 世纪二三十年代所具有的街区特色，是别的城市步行街所缺少的，可惜短了点，未走几步便到头了，让人遗憾。解放路的特色与五马街相近，建筑风格比较一致，打通府前街至百里坊这段路后，是否可以将解放路从五马街口至广场路口的这一段与五马街连接在一起，成为一个步行街区，更能凸现温州的商业历史特色。

我曾居住在温州市中心五马街附近"吴宅"，靠近百年名校瓦市小学。这所"吴宅"可不是以我家姓氏命名，这所独立的四合院有历史，有故事，算得上是文物，是清末民初佛教界有影响的吴璧华居士建造的。吴璧华居士与弘一法师李叔同有深交，1921 年春，吴璧华与周孟由两居士一起亲赴杭州，陪同弘一法师从杭州出发经上海至温州，驻锡庆福寺，弘一法师一驻就达 12 年之久。附近的瓦市小学也是一所有来历有故事的所在。周边更多的是有丰富历史的胜迹。

拉拉杂杂，一时也说不了许多。我以为最重要的是城建部门必须牢记"树木"的原则：即保护自然，尊崇自然，回归自然。不要再与天斗、与地斗，斗的结果不是其乐无穷，而是贻害无穷。

闲人闲说。其实不用陋，温州人心知肚明，温州应当能更好。

百年之计在于树人

现在来陋一陋温州人。我与上海的几位朋友去南美巴西的里约热内卢游玩，我们都很羡慕和赞叹巴西人活得那么开心，那么有滋有味。里约是个非常美丽的海滨城市，几乎被洁白的沙滩所包围，里约人一有空就去沙滩晒太阳。上班之前他们穿着泳衣先去沙滩，手里拎着制服，玩好了穿上制服去上班，下班后又穿上泳衣去沙滩。学生下课拎着书包先去海滩，太阳下山再回家。里约滨海道路都是穿泳衣的人，穿着 T 恤的我们倒成了例外。给年轻的女郎拍照片，她们都很开心，因为你欣赏她的身材，欣赏她的健康和美丽。在沙滩玩排球的有十来岁的小孩，也有 70 多岁的老人，个个兴高采烈，人人面带笑容。依瓜苏是亚马逊热带雨林中的一个小城，就在大瀑布边上，这个大瀑布虽称世界第二，比之美加边境的尼亚加拉大瀑布并不逊色。因而依瓜苏城市周边有不少水面，我们所住的宾馆边上就有大水塘，宾馆备了钓竿供旅客钓鱼。但钓到的鱼不许吃，大的交给宾馆，有人会将之切碎喂鸟，小的放回水塘。我趁早饭前半小时即钓了6条鱼，一条一斤多重的大鱼喂了鸟，其他的放回水中。商店里巴西人分期付款购买商品，总是在寅吃卯粮。但巴西人最开心，巴西的桑巴舞，巴西的狂欢节，巴西人玩疯了。

我的一位朋友叫章鸿杰，去巴西多年，天各一方，从未联系，但我有他消息，听说他做得不错。我便向里约的翻译打听，没想到一问便知，章先生现在是中巴文化交流协会的会长，做汽配生意，也做房地产。他很快地便开车来看我，并带我在里约兜风。他说因为巴西人爱玩，勤劳的华人都能赚到钱。我突然想起20世纪80年代看到过的一本书，那是日本天文学家高田敷在南美居住几年后所写的感受，题目是《丑陋的日本人》。

20世纪80年代的日本是个神话，彩电是日本的、洗衣机是日本的、手里拿的照相机是日本的、胡子长了用的电动剃须刀也是日本的；路上开的好汽车，哇，日本丰田"皇冠"！还有本田、铃木摩托车……日本人的旅行团一拨又一拨，杭州西湖、北京故宫、西安临潼，到处可以听到"空尼西娃""撒由那拉"。日本的新干线火车速度世界第一（现在被我们的高铁比下去了，所谓后来者居上），日本由第二次世界大战的战败国到成为世界上第二经济大国的路只走了不到半个世纪（现在也让位于我们中国）……我们对日本是既羡慕又有点不服气。当聂卫平战胜日本围棋选手时举国欢腾，有终于出了一口气的感觉，他因而被誉为"抗日英雄"。温州人现时似乎也被国人视为神话，但我觉得神话总有终结的时候，要给温州人敲敲警钟，我要陋一陋温州人。

我从阿根廷的布宜诺斯艾利斯出发，乘飞机经智利首都圣地亚哥，加拿大的多伦多、温哥华，到上海后再乘飞机回温州，在飞机上的时间是34个小时。回到温州未等倒过时差，立即翻箱倒柜，找到了这本《丑陋的日本人》，立即浏览了一遍。温州人与日本人如此相似乃尔！让我先抄录该书《前言》中的部分文字吧：

但是，当日本人在国外度过了几个星期、几个月后，自己反会被激烈的国粹思想缠住似的。只要他们基本上习惯了外国的美丽、壮观，就会明白过来：

他们的（指国外）所有文明，绝对不是超越日本人能力的东西；他们的起居行为，不论哪一方面，绝不能与日本人的勤奋相比，日本人好极了！只要乐意，霞关大厦可以盖得更高些。日本人克服几倍于外国人能够忍受的艰苦，取得出色的研究成果，根本不算回事。日本妇女多么文静娴雅，甚至具备献身精神！

可是，假如你度过了若干年岁月世界主义者的生活，而且习惯了外国人观察、思考问题的方法，你就不会去注意电视机数量、比较勤奋程度这些表面的价值判断了。

假如你自夸地说："东京的铁塔超过了埃菲尔铁塔！"法国人会笑着回答："很遗憾，我既无需去超过你们，也没有这笔钱。"如果你扬言："我在拼老命地工作。"西班牙人会不解地反问："那你的夫人怎么办？"

日本人最憧憬的东西，是外国人所轻蔑的；我们回避的，是他们价值高昂的行动。日本人与世界人的精神生活之间，差距实在太大。我认为，其中主要的部分是日本人的人性意识的"延迟"所致。

于是，作者认为："明治（指明治维新）结束百年后的日本，必须再进行一次发现人性的维新。"所以便有了这本《丑陋的日本人》。

瓯地的瓯民确实有如岛国的日本人，在资源贫乏又迫于政治压力的情况下只好作"树谷"之计，致使人性意识扭曲，有成"经济动物"之嫌。因为有时赚钱也如吸鸦片，会上瘾的，加上温州人的特性，口袋里有10元钱时想100元，有100元时想1000元，似乎永远没有停歇的时候。温州人因而比外地人活得辛苦，活得累。"白天当老板，晚上睡地板"，这是形容温州老板的艰苦创业，但温州人宁愿当"睡地板"的老板，也没有想到去当睡席梦思的打工者。譬如苏州人，闲暇时去泡泡茶馆，譬如成都人，抽空大家一起打打麻将，他们都过得比温州人潇洒。茶馆在温州从来没有红火过，温州人没有时间去泡茶馆。温州人唱的是"向前、向前、向前"的战歌，我本人也是属于这种思维方式的。办企业时一门心思，总是第一个到办公室，最后一个离开，兢兢业业、小心谨慎。突然想到是否可以换一种生活方式，譬如暂时放下一切，去写写文章。或与文友们比办企业，与企友们（我杜撰的名词，即企业界的朋友）比写文章，我的压力不是可以一下子减轻了吗？当然这种悟不是陶渊明的"采菊东篱下，悠然见南山"，不是"田园将芜，胡不归"。在信息发达的现代社会，你不可能做隐士。但你可以放慢你的脚步，不要只专注于你的企业或事业，走进大自然，或做一些你爱好的活动。温州人的目的性明确，事事争先，既创造了温州的神话，却也给自己套上了一条锁链，我有点可怜起自己以及和自己一样的温州人了。

温州人的第二大毛病是，作为个体，第一代老板普遍受教育不足，有时不免显露出暴发户的心态和行为来。特别是在20世纪八九十年代，温州人爱显摆，手机刚开始出现时，一些温州人会客，先把砖头一样的大哥大往桌上摆，"咣当"一声，手腕上露出的是粗粗厚重的坦克金手链，手指上还有一颗大大的金戒指，有的还有两颗，或是红蓝翡翠宝石的；戴着劳力士手表的，就频频看时间。这和以前富人镶了金牙齿，笑口常开，夸耀排场是一个道理。那些年全身金光闪闪的温州人大有人在，给人一个缺乏底蕴的暴发户感觉。前面篇章中提到的外地学者认为温州人不是犹太人，这个就给人以一个直观的印象。现在这种表面化的现象见不到了，但还在根子里，是不同的表现形式。

我认为，"树人"要有先文化、后文明这么个过程。一个地方、一个城市甚至一个民族，没有许多代人的努力，不可能形成自己的文化特色和文明的社会行为，更不可能显出文化的底蕴来。去美国你感觉到的是现代，是科技。到了西欧，你感觉到的是历史，是文化底蕴，那对比是非常明显的。比如说突然之间下了一场大雨，美国人可能雀跃欢呼，率性地在雨中奔跑，英国人便少有这样做的。他们可能在躲雨，也可能在冒雨前行，却不是奔跑着，而仍旧是走着，保持那种绅士风度。不能说两者孰优孰劣，只是不同的文化所产生的不同风格。温州这个地方文化底蕴深厚，但城市面貌缺少历史感，民众文化修养方面不足，这是我们在西安、北京、南京、成都、苏州等一些较大的城市都能感觉得到的。可温州又缺少现代感、科技感，这是我们在上海、深圳、香港能强烈感觉到的。我们的政治环境所能给予温州的时间实在太短了，这一代温州人所受的教育也太少了，我们远未完成从文化走向文明的各个步骤。温州人这一群体给人的印象也仅仅是说着古怪的语言、办事风风火火、会做生意会赚钱而已。下一代会有很大的进步，但不得不承认这一代人的欠缺，特别是我开酒店之后，强烈地感觉到了这一点。

如果说"他妈的"是国骂，"捣你妈"便是温州人的"市骂"了。我们经常会在公共场所听到的，而且好些人还会在这三个字前缀"吾阿爸"，翻译成普通话就是"老子"。还有坐飞机到港时，机未停稳，就有人起来拿行李，或在机舱内走动、唤人、打手机。这种现象经常发生在往温州的航班上，这说明温州人大多是急性子，但这也是教养的问题。

在日本，有一种事我不明白，那就是汽车比行人神气。按照我们的习惯，由于车占了地方，增添了不便，所以对行人很客气。如果道路上有行人的话，很远就停车，轻轻按动喇叭提醒人们，靠近行人身边时，说声"谢谢"，道歉后再通过。相反在日本，行人被骂"混蛋"，像老鼠避猫似的惊慌而逃。日本人是不是有一种感觉，即乘车的人比一般人高人一等？

这是两位秘鲁留日学生给高桥教授写的一封信，说的是日本的一种现象，但那是几十年前的日本。而十年前的温州，有一次陈定华邀请与他同机来温州的洪波和越剧名演员方亚芬吃饭。那个饭店离我们国贸大酒店很近，步行约 5 分钟，我提议步行过去。可当我们想走过斑马线到马路对面时，等了几乎有 10 分钟，汽车一辆接一辆，就是没有停下来给行人让路的。他们两人摇摇头："看来温州开汽车比行人神气得多。"当然全国都差不多。现在城市抓文明建设，汽车必须礼让斑马线行人，不然要扣分，情况就翻了过来，倒是有不少行人慢悠悠，或者拿着手机看，慢悠悠过斑马线，也不管你汽车司机的感受。

温州的干部如何？我在前面章节中已经说过，温州干部的廉洁程度还是比较高的，大多都想做出成绩来。并且他们有选择的余地，比外地干部潇洒。但一些干部的素质不高也是不争的事实。我的一位朋友将自己的企业迁到了上海，回来后告诉我说："我在温州觉得自己像孙子，我在上海感到自己像爷爷。"他的意思是指在温州办企业时，任何一个有关的部门都可以来查一查、卡一卡，除非你认识这个有关部门的人。而在上海，有关部门的人会真正做到为你的企业服务。温州还是"人治"，你所熟悉的，你会得到很好的服务；你不熟悉的，对不起，你将会看脸色。我们开酒店的，光许可证便领了十几个，我们面对的有关部门非常多，经常会碰到一些不愉快的事，我们都不知道，什么时间、什么情况下又得罪了某个部门了。有人分析，在温州这么个环境中，这么点工资对温州的干部和公务员，有个心理不平衡的问题。

温州人的第三个毛病是宗派主义、小团体主义、圈子主义或叫"温州人主义"——温州是一个熟人社会。我曾提到过，在欧洲，你会讲温州话是不愁没饭吃的。你可以完全生活在意大利人视线之外，在温州人的工厂餐厅商店工作，在温州人的理发店理发，购买生活品也可以只到温州人的超市，甚至身体不舒服还可以只到温州人的诊所……温州人讲义气，爱抱团，团结就是力量，温州人比其他地方人事业容易做大，他们有"朋"的方式。这是由独特的地理环境造成的一种心理状态，既然靠国家靠不住，我们只能靠自己，靠我们的努力打拼，靠我们的互相帮助。延伸出去就有了温州人的小团体、小宗派。温州人在国外，许多人没有融入当地的主流社会，他们与温州人做生意，跟温州人一起玩，只说温州话。但如果你走出了这个小圈子，一般都能做大生意。在欧洲的温州人有句话："他不错，与番人做生意。"那就说明这人走出了温州人的小圈子。问题是走出去的人不多，在国外的温州人还是小老板居多。圈子小了，不免有矛盾，有碰撞，原有的华侨社团便有分化。因而国外温州人的华侨社团很多，一个国家或一个城市有好几个，诸如"温州同乡会""温州人联谊会""华人华侨总会""华商总会"等，名目繁多，局外人一时不明底里。我有一熟人，侨居意大利的，名片上的头衔很唬人的：意大利某某华商会副会长，意大利某某华侨总会会长，意大利某某餐馆董事长，意大利某某餐饮业协会顾问等。第一个头衔"副会长"共有20多位，是每位旅居意大利某地的华人花相当于5万人民币都可以当的。第二个头衔是他所住的镇的温州华侨社团，整个总会20多人，会长、副会长十几人。第三个头衔是实职，他本人是董事长兼厨师，他太太是账房兼服务员，他们还招了个勤杂工。第四个头衔和第二个异曲同工，这个镇上的十几位温州人大多开餐馆，总会就是餐饮业协会。他当总会会长人家当顾问，反过来人家当餐饮业协会会长他当顾问。而且这十几个人不是亲戚就是朋友，大家抱成一个团，在这个小镇里还挺有影响力的。有一年回了一趟温州，所带的钱不够花了，从我这里借了几万元人民币，好多年未能再见到他，不见他还。说明他的收入不高，不能年年回国探亲。

温州人在国内的其他省市建立的温州商会，这些商会不与国外的华侨社团一样，基本上还是一地一会。比如在石家庄、在成都，做生意的温州人几万，温州商会都只有一个，核心人物不过一桌人。在维权、排忧解难方面做了不少工作。在成都的荷花池、石家庄的南三条两个大市场，我都听外省市在那里做生意的人说过："真干不过你们温州人，动不动一帮人，不像我们单枪匹马。"

温州人的第四大毛病是爱虚荣，讲面子。同样的，这个毛病表现在各个阶层和各个年龄段，比如我上面提到过的华侨社团的事。一个小社团，20 位正副会长，图个虚名，递出的名片好看些，这便是虚荣心。有的老板，欠了一屁股的债，开的是奔驰、宝马。其中有形象的问题，如果座驾一卖掉，债主知道你要倒，纷纷逼上门了。如果你仍旧搞得很风光，债主不怕你不还钱，他的奔驰还值 100 多万呢。当然也有虚荣心的关系，某某人生意做得很不错，开着奔驰、宝马呐。当干部的名片上头衔非印不可，有的将括号也印上了，比如"享受正处级待遇"，真是"括号把级别搞乱了"。我还见过一张名片，括号内的语句是"本单位没有正处长"。也就是说，你别看我是副处长，可我们单位没有正的，我就是第一把手，这就是虚荣心。"年轻人比妻，中年人比富，老年人比子"，这也是虚荣心在作怪。年轻人比谁的妻子漂亮，漂亮的程度可以看出来；中年人比富就有问题，不能把银行存单贴在胸前，只有表现在座驾上、衣着上和作派上。温州人对座驾一向讲究，20 世纪七八十年代是自行车的天下，谁有凤凰六五或六九型的自行车就很时髦、很出风头了。温州买不到，去上海搞"专用券"或计划票，千辛万苦地带回温州。后来是摩托车，并且是带"王"字号的，如本田王、铃木王，所以当时温州的摩托比之外地光鲜得多。现在是奔驰、宝马、凌志和林肯，举债不举债人家不知道，风光最要紧。衣着是跟风，你是梦特娇，我也是梦特娇，你升级到 BOSS，我也跟着升级。还有的跟不起，就到小巷里买冒牌。如有段时间流行法国鳄鱼，各个阶层的人都穿，有一半是冒牌货。作派是表现在歌厅里为捧小姐而斗富，酒席上抢着去买单，这些都是虚荣心在作怪。进入老年已经没有什么可比了，还要比子女，比谁家子女官大，比谁家子女钱多，子女是真正的大老板抑或"空壳大老蟹"就搞不清了。

温州人抱团内敛，过于功利也体现在为朋友"遮戴"上。体现在方方面面的细节中。有一次去国外，一位朋友在酒店大厅的茶座与国外的中资企业高管初次见面，我们同去的有 20 多位企业家。因为白天有活动安排，这位温州企业家与这位未曾谋面的朋友见面时间就定在早上六七点。早上大家都起来经过酒店大厅去用早餐，看见他们谈话，纷纷特意走过去，比如汇报请示等，其实是为这位朋友"遮戴"，抬举他的。我们大家心里都有数，但在国外朋友一时还意识不到。温州人的抱团功夫可以说是淋漓尽致了，但这种明里暗中的客气礼貌抬举也可归于"小聪明"。

办企业，也是以家族企业为主，以现代企业制度管理的企业少，所谓肥水不流外人田；企业小则几百万上千万规模，大则上亿规模。"宁做鸡头，不做凤尾"，家族企业多，大中企业少；家族成员多，职业经理人少。事情总是一分为二的，长处就是短处。

"学以致用"，在温州的体现更多的是模仿。"先模仿，后超越"，但一经成为一种习惯就难以自拔，也就缺少了创新积累；有了这种路径依赖，就限制了温州人的长远眼光，凡事来个"短平快"，复制最快。"原创智慧"方面不如湖北人的出奇，长远规划不如江苏人的眼光，温州人少有长线投资，投下去十年八年才有回报，温州人是不做的，但江苏人做；温州难以吸引高端人才，企业的科研水平也不高；温州企业生命力强，善于变通，但对专业或产品不够执著，视为赚钱工具，过时了就扔掉。所以"温州制造"一流品质的不多，只是多数产品性价比还比较高的。

在温州人还有句话，叫"人情大如债"。这里的"人情"两字不是指人的感情，直译就是礼金。送礼比还债重要，朋友结婚了，一个红包上千元，并且多多益善。也不要怕有去无回，将来你结婚或是你儿子结婚，朋友一定会如数奉还。亲友家有丧事同样如此，礼金是不能少的，否则就失礼，没面子。如果你是娘舅，外甥结婚非送三五千不可。这叫"娘舅最大，狗屎最臭"。既然担了"最大"的名头，就要送最多的礼。但这个礼是有去无回或少回的，好在你也曾经当过外甥。我比较清楚的山东、广西等地，在礼金的问题上就比温州随意得多，数字也少得多。这就是温州人的面子。

温州人的毛病多多，经不起再陋，就此打住。金依诺先生直摇头，这不是温州人独有的毛病，可以说国人皆有之，不怕陋。我仔细一想，他讲的没错，套一句鲁迅先生的话"国人皆有之，于温州为烈"罢了。

温州人真该学一学巴西人了！

终身之计，莫如树人。我以为树人与树木一样，也有个简单的原则，即人性的回归。

后　记

　　学生时代我曾是少先队大队长、学生会的学习委员，但我同时又是校体操队的队员，中学毕业正准备高考时却应征入伍，退伍后在工厂当工人，在印染厂当检验员，后来调到丝织厂设计室成为技术员。期间我在浙江省文联主办的《东海》文学杂志上发表了处女作。纺织机是很复杂的机械，有种织机名为1511织机，是说这种织机一台有1511个零件，所以我熟悉制图技术。我的大学也是在工厂工作期间通过自修完成的。

　　改革开放之初，我先是发表了小说《帽子的故事》，其故事内容也写入了本书。后来我的小说《团长夫人》参加中华全国总工会、《工人日报》社举办的全国征文，荣获优秀文学作品奖，于是公费让我去北京领奖。当初参加征文大赛，我并没有什么期望，这次获奖正是意外的惊喜。给我们颁奖的是中共中央政治局委员、中华全国总工会主席倪志福，同时得奖的有《乔厂长上任记》作者天津蒋子龙和上海作者宗福先等约10人。倪志福主席亲自带我们进中南海参观，还参观了毛泽东、刘少奇、周恩来、朱德等老一辈领导人的故居。《乔厂长上任记》被誉为新时期开篇之作，后来被改编拍成了电视剧和电影，当时的影响很大。北京回来之后，我回到我的设计岗位上。温州市劳动局筹办技术中专，到工厂要抽调我去当教员，教机械制图专业，厂长不同意。我只好到技术中专兼课，想不到组织部派员直接将我的档案提去，让我进了市文化局，文化局领导让我当文学创作室主任，并筹办有史以来温州第一个全国公开发行的杂志《文学青年》，还让我当了副主编兼编辑室主任。

　　命运的转折就这么有意思。

　　20世纪80年代末，《文学青年》杂志停刊了。我们的杂志曾被誉为全国四大青年文学刊物（《青春》《萌芽》《青年文学》《文学青年》）之一！

发行量最大时每期 100 多万册，我们办的文学培训班也是人满为患，刊授学员的来函每天都是几个麻袋，为此在外聘请老师批改作业。

1990 年，我与朋友张执任、汤一钧合作，由我执笔的《遥望温州》在香港出版，据出版社讲，有一部分书被人买了到内地高价出售。在当时，温州纪实而又有一定深度的，大概也只有温州人可以写出来。在这书的最后一段，我还引用了约翰·奈比斯特著作《二千年大趋势》中的一段话："……人类正面临着希望在 2000 年建立一个新的起跑点的挑战，并正在投入一次为期十年的赛跑之中。90 年代将是一个非同寻常的时期，她正在向我们走来，在人类文明史最具有挑战性同时又最激励人心的十年中，你占据最好的位置。"我在《遥望温州》中写道："可我觉得这句话好像是为温州写的，在未来的激励人心的赛跑中，温州也占据着最好的位置。"

很快地，国家有了政策鼓励，我 50 岁就提前退休下海了。我的命运又一次发生转折。下海这二十多年也是我激励人心的赛跑，正是应了自己写的话。

下海前我也办过小工厂，或与朋友或与亲戚合办，下海后我着重做房地产、星级酒店和旅店行业，在广西、上海、山东和温州本地都有房地产开发。有温州国贸大酒店，我担任董事长，后又作为股东参股花园大酒店。再后来投资锐思特汽车酒店和易佰连锁旅店，北边开到沈阳，西边开到宜昌，南边开到深圳，现在成为一个酒店集团，总部迁到了上海。约翰·奈比斯特的话"占据最好的位置"也给了我启发，经商要把握好制高点。

读书就成了这些年我的业余爱好。我是温州人，我热爱温州，还算了解温州。自己亦文亦商，写温州也不至于有隔靴搔痒之感。

本书初版曾得到沈克成、金依诺、林虹、朱闻武、沈迦、王手、金辉、沈绍真、李涛、柯熙、王孔瑞等朋友帮助；再版时老同事黄瑞庚为本书提供了一些有关温州的经典老照片，萧云集摄制提供的照片记录了温州在改革开放前期的影像，弥足珍贵。在此一并致谢。

本书撰写过程中参考引用了一些资料和图片，在此谨向原作者致以谢意。部分文字资料和图片出处不详，恕无法注明作者及其出处，原作者见示请来信联系（Email：wzr200603@163.com），以便再版时补正并支付稿酬。

吴明华

戊戌年冬于温州